U0907788

苏霍姆林斯基在中国丛书

编委会名单

苏霍姆林斯基在中国丛书
总顾问：朱小蔓 /总主编：吴盘生

和谐的追求

苏霍姆林斯基教育思想述要

孙孔懿 著

江苏凤凰科学技术出版社
·南京·

图书在版编目（CIP）数据

和谐的追求：苏霍姆林斯基教育思想述要 / 孙孔懿著 . -- 南京：江苏凤凰科学技术出版社，2017.6（2020.7重印）
（苏霍姆林斯基在中国丛书）
ISBN 978-7-5537-8143-3

Ⅰ. ①和… Ⅱ. ①孙… Ⅲ. ①苏霍姆林斯基(Suhomlinskii, Vasilii Aleksanlrovich 1918-1970) — 教育思想 Ⅳ. ① G40-095.12

中国版本图书馆 CIP 数据核字 (2017) 第 078665 号

苏霍姆林斯基在中国丛书
和谐的追求：苏霍姆林斯基教育思想述要

著　　者	孙孔懿
责任编辑	傅　昕　吴梦琪
责任校对	郝慧华
责任监制	曹叶平　周雅婷
出版发行	江苏凤凰科学技术出版社
出版社地址	南京市湖南路 1 号 A 座，邮编：210009
出版社网址	http：//www. pspress. cn
印　　刷	溧阳市金宇包装印刷有限公司
开　　本	787mm × 1092mm　1/16
印　　张	13
字　　数	205 000
版　　次	2017 年 6 月第 1 版
印　　次	2020 年 7 月第 4 次印刷
标准书号	ISBN 978-7-5537-8143-3
定　　价	32.80 元

总 序

怎样培养真正的人：教育永恒的命题

《苏霍姆林斯基在中国丛书》的编写，历经数年，已初见成果。现在，其中第一批著作即将出版，这是一件喜事，我感到十分欣慰。

这套丛书是我国一群热爱、研究苏霍姆林斯基，特别是践行其教育思想的教育工作者的心血之作。丛书向人们真切、生动地展现出在中国教育改革进程中，一大批志士仁人满怀热诚和景仰，向一位享誉世界的教育家苏霍姆林斯基认真学习的动人情景；丛书也有力地证明，中国基础教育界在改革开放三十多年来，学习、研究和运用苏霍姆林斯基教育思想于中国中小学教育改革实践，取得了可喜的成果。

1979 年，当华东师范大学杜殿坤先生翻译、整理的苏霍姆林斯基教育著述（尤其是《给教师的建议》）一经面世，渴望学习、渴望提升教育能力的中国教师，立刻像久旱逢甘雨，将其视作至为宝贵的精神食粮。自此，我国教育界形成了一次次学习苏霍姆林斯基教育思想的热潮。

苏霍姆林斯基教育思想在当代中国的传播，大致产生过三次高潮，时间分别是：20 世纪 80 年代初中期，20 世纪 90 年代中后期，21 世纪初至今。

这三次传播高潮，主要表现为三个重要事实。

第一，苏霍姆林斯基的全部著述陆续翻译出版，并应读者要求不断再版重印。据统计，至 1986 年，国内翻译出版苏霍姆林斯基教育著作就已达 24 本，每本发行量都很大，如杜殿坤先生编译的《给教师的建议》就一再再版，突破了一百万册。同时，热心阅读、研究和传播苏霍姆林斯基教育思想的人们，凝聚成了学术团体，如 1998 年建在中国教育学会比较教育专业委员会之下的“苏霍姆林斯基研究分会”（北京师范大学外国教育研究所），如 2004 年建立在中央教育科学研究所之下的“中国苏霍姆林斯基研究中心”，如 2015 年在中国陶行知研究会领导下组建的“苏霍姆林斯基研究专业委员会”。总之，人们像推崇我国著名教育家陶行知那样，期望同样享誉世界、受到我国中小学教师爱戴的苏霍姆林斯基，对中小学教师产生更为广阔、深刻的思想影响。

第二，我国一批中小学校借鉴苏霍姆林斯基的教育思想，积极开展中小学教育教学改革，持续地反对和抗衡那种“以知识为本、分数至上为特征，以牺牲学生身心人格健全发展为代价”的应试教育，在改革探索的热潮中作出了诸多创造，如“情境教育”“愉快教育”“和谐教育”“审美教育”“成功教育”等，成为中国学校中推行素质教育的基层典范。这批学校的校长及创造性探索教师，无一不是学习苏霍姆林斯基教育思想的模范，他们和他们的学校，把我国的中小学素质教育，由民间发端而不断推动，并最终上升为国家政策，他们在此过程中带了头、立了功。

第三，我国一大批中小学教师，以苏霍姆林斯基为楷模，坚持以儿童为本、教书育人的立场，积极效仿苏霍姆林斯基，对自己的职场实践进行持续地教育研究；同时，出现了一批教育科学研究工作者，他们扎根教育实践，以潜心研究、传播苏霍姆林斯基教育思想为志业。由于苏霍姆林斯基教育思想的滋润，经过教育实践的历练，他们或成长为当今中国最优秀并享有盛誉的教育家型教师和校长，或成为很“接地气”、善于结合理论与实践、受到基层教师普遍欢迎的教育科学研究者。

回顾这三次传播高潮，分析客观存在的各种事实，考察它们产生的国内背景，研究其可能构成的长远影响，我以为这种持续性传播主要与以下三个主题密切相关，它们是：①持续地反对和抗衡应试教育，推动中小学校的素质教育；②不断调整、深化基础教育的课程改革；③鼓励教师成为职场中的研究者，引导中小学教师走向职业的专业化。

苏霍姆林斯基教育思想在我国得到广泛和持续地传播，正与这三个主题的展开过程融为一体。事实上，苏霍姆林斯基的整个教育生涯，也是与这三个主题息息相关的。我们看到：他扎根一所乡村学校几十年，一贯强调在智力教学中实现德育，旨在培养健全、和谐发展的人；他重视基础知识和基本技能，但反对死记硬背，强调激发兴趣，培育学习愿望与勤奋品质，力求学生获得智力劳动的心灵成果与其中的创造喜悦；他强调优化学校教育，同时十分看重课外阅读、同辈交往以及校外实践活动对孩子的影响；他身体力行，坚持每年听 360 节以上的课，注重现场观察每个儿童，分析师生关系，体验课堂情感，发挥校长最为重要的管理作用；他亲自主办家长学校，探访学生家长，共商孩子教育问题；他制定“第二教学大纲”，开设“蓝天下的课堂”，带领孩子户外游历；他如饥似渴地学习理论，不停顿地思考日常教育教学，把职场当作教育科学与艺术结合的试验场和诞生地；作为一线教师、校长，他在科学研究上取得了骄人的成就，但他的研究不为别的，只为儿童的发展，只为改善教育……这一切的一切，都深深吸引了人们，打动了中国教师的心，得到中国中小学教师的共鸣、欣赏和由衷钦佩。由此可见，苏霍姆林斯基教育思想与实践，正是应合了改革开放以来我国中小学的素质教育、课程改革及教师专业化的追求方向与基本理念，正符合我国中小学教师专业素养提升的内在需要与外部要求。这样就不难理解，苏霍姆林斯基为什么注定会受到中国教师的爱戴，成了他们的效法榜样，甚至是精神偶像。

苏霍姆林斯基这个名字，在当代中国教师心中已经矗立起一座不朽的丰碑！

本套丛书邀请的作者正是我国教育工作者中的优秀代表。他们现身说法介绍自己的学习和研究经历，展示自己的精神成长历程。丛书总主编吴盘生老师是一位资深教育科研工作者，他曾因工作需要被派遣到乌克兰大使馆工作，有幸结识苏霍姆林斯基的家人，多次进行实地考察和访谈，由此进入对苏霍姆林斯基教育思想的深入研究。近几年，他倾心策划和组织一批对苏霍姆林斯基特别有感情，对苏霍姆林斯基教育思想有研究并积极践行的教育工作者，着手这件有意义的工作——编写丛书。我相信，这套丛书不仅给中国教育界留下一幅中国同仁学习苏霍姆林斯基并取得成效的历史画卷，而且能折射出中国基础教育改革的不凡历程，讴歌中国教师为教育理想而奋斗的峥嵘岁月。借丛书出版之际，我向吴盘生老师及各位作者表示由衷的敬意和感谢。

苏霍姆林斯基，一位异域教育家，竟然获得中国当代教师如此的热爱和追随，而且是那么的自然而然、经久不息，这在当代教育界的国际交流史上算得上是一个奇迹！当然，这也是一种值得好好研究的教育文化现象。

现在，我们关注的是：今天应当怎样学习苏霍姆林斯基呢？

自苏霍姆林斯基著述传入我国，三十多年过去了，今天中国的教育环境已经发生了巨大变化。新生代教师所面对的，再也不是“无书可读”的窘境，而是日新月异的网络时代，是多元文化的涌现，是应接不暇的海量信息。此时，我们的确需要回答：今天为什么还要学习苏霍姆林斯基？苏霍姆林斯基还能吸引我们今天的教师吗？今天应当怎样学习这位非凡的教育家？

2008年我访问巴甫雷什中学，曾与苏霍姆林斯基的女儿苏霍姆林斯卡娅院士讨论过这个问题。我们之间有过如下共识：正因为市场经济条件下文化多元，正因为科技主义与物质主义的潮流迅猛，我们更有必要请教苏霍姆林斯基！因为他高洁的思想与磊落的人格恰恰是当今时代稀缺的财富！苏霍姆林斯基把全部身心都贡献给孩子，体现出了他的伟大人格。他集中了全部生命、意识和情感，专注于钻研怎样培养真正的人，专注于思考什么是教育的最高追求和核心价值，从而体现出了他的神圣精神。在今天，他如此的伟大人格和神圣精神显得尤其宝贵！的确，当今时代，特别需要苏霍姆林斯基这样清醒、执着的教育家，因为他的信念和价值观可以警示世人，抗衡时代衍生的缺陷和偏见，可以给教育工作者以示范和鼓舞，影响他们的理念、信仰，提升他们的情操、境界。

当前和今后中国教师如何学习苏霍姆林斯基呢？

我以为最重要的，是深刻认识苏霍姆林斯基教育思想的本质精神和永恒价值。我觉得，他的全部思想与本质，就是毕生思考和实践“怎样培养真正的人”。苏霍姆林斯基在去世前写出了最为重要的一篇论文《人是最高价值》，其中写道：“在我们社会的旗帜上清楚地书写着：人是最高价值，没有什么事比活生生的人更加重要。”苏霍姆林斯基把教育认定为人学，他说：“教育——这首先就是人学。不了解孩子——不了解他的智力发展，他的思维、兴趣、爱好、才能、禀赋、倾向——就谈不上教育。”20世纪50年代初，当有人预言21世纪是“数学的世纪”时，苏霍姆林斯基就坚定地判言“21世纪将是人的世纪”，他坚信没有人的素质提升，就没有人类社会光明的未来。他对教育活动的本质、对教育的根本价值的理解具有永恒的意义。

关注人的心灵成长，是苏霍姆林斯基对教育活动本质的深刻理解，是他全部教育思想中最为聚焦，也最富有特色的方面。这是我个人的研究心得。

我看到，苏霍姆林斯基把情感教育与道德教育看得最为相关，在其著述中，关于情感与人的精神成长的关系，关于情感教育的论述，特别丰富、深刻。他把情感视作道德发生的基础，强调要“重视人的同情心、善良、怜悯、敏感性、友谊、义务感、责任感”，认为它们“能够增强精神情感力量，这些情感力量微妙地交织在一起，进而达到高尚的情感激动。只有这些情感的培养才能使道德概念变为信念”。从苏霍姆林斯基的诸多论述中看出，他把同情、怜悯看成人最基础的情感，把正义感看作青少年道德良知中最深刻的情感。同时，他明确指出：自尊感是学生道德发展的重要因素。“教师要善于在每一个学生面前，甚至是最平庸的、在智力发展上最有困难的学生面前，都向他打开他的精神发展的领域。”

正因为如此，他从来不把德育从全部教育活动中抽离出去、割裂开来、仅当作一种专项工作，而要求所有教师不是只教某门课程，他常对教师说“你不是教物理，而是教人学物理”。他要求学校教育工作努力做到综合地、和谐一致地影响人的发展。

苏霍姆林斯基的全部教育思想，包括教育目标、过程、机制与方法，都与建构人的精神世界相关，他从不把具体的德育工作看作外部知识的堆积，看作外在纪律的束缚，看作形式主义的刻板的措施，而是把德育看作心灵沟通、精神建构的过程，主张让尽量多的人和物进入童年的精神生活，并在整个少年时期在情感领域中一直保存着这些人和物的迷人的吸引力。在他看来，所有的教育工作，都只有在人产生内在的感受时、具有属于自己的感受时，心灵才能得到扩展。因此，他坚定地相信，教师对学生最重要的影响，是教师本人的情感世界、精神和心灵，是“教师在传导到学生意识里去的思想中表现出自我，使学生的心灵接触到的不是冷冰冰的道理，而是教师充满激情的活生生的个性”。

时至今日，随着物质财富日益丰富，我国基础教育学校的硬件设施已越来越好，现在特别需要的，是追求教育的内在品质，是更加重视在人的发展方面那些精神性的特征，我把它称之为“内质性”的特征。这种“内质性”主要表现在身心内部，它们较为隐蔽并且往往变化缓慢，难以从表面测定，但如果轻视、忽略它们，教育（德育）便会走向短视、肤浅，形式主义和功利主义便会随之滋生，因为重视儿童的精神性特征即“内质性”，才是道德教育，也是真正的教育的根本性特征。

对儿童彻底的爱、无保留的爱，作为伟大的动力和个性品格，成就了苏霍姆林斯基，爱所有的孩子是他坚定的教育信仰。他相信每一个孩子身上都有“金矿”，但他又说，“才能不是从天上掉下来的，而是由教育家发掘出来的”。他尤其相信，“在道德发展这个领域，通往顶点的道路对任何人都没有封锁，这里有真正的和毫无限制的平等，这里每一个人都可以成为伟大的、独一无二的人”。这样，他就把真正的教育，与技术层面、功利意义上理解的教育区分开来了。

今天，在主张教育民主、维护教育权利、推进全民教育的时代，人们愈益看重教育的普及，但至2015年年底，联合国教科文组织发表了第三份综合性的长篇教育报告：《反思教育——全球共同利益的诉求？》。报告在肯定全民教育运动成就的同时，提出了着眼于全局的人文主义教育观，指出教育应当“超越知识”“超越个人竞争”。这种面对全球教育形势作出的反思和研判，又一次强有力地证明苏霍姆林斯基的思想高度和远见卓识。正因为苏霍姆林斯基相信人可以变好，信仰教育的力量，他才可能彻底地做到把全部心灵献给孩子、献给教育，才会心甘情愿地在孩子身上花费那么多的心血，心无旁骛地几十年扑在一所乡村学校。苏霍姆林斯基虽然生活、工作在苏联的国家体制及主流意识形态下，但他的教育思想和实践经验，却能够超越时空，具有广泛而长久的力量；他为培养“真正的人”而殚精竭虑的教育精神和教育大爱，具有永恒的价值。

反观我国教育现状和基础教育的教师队伍素养，继续学习苏霍姆林斯基很有必要。自21世纪以来，我国教师虽然在入职学历标准、学科专业要求、教育技术条件方面有一些提高，但总体文化素质并没有随之提升。这表现为：教师对自身职业的理解、对教育活动本质的理解限于表面，情感性人文素质不高，构建良好、和谐之师生关系的能力不足，尤其是对苏霍姆林斯基的了解程度、读苏霍姆林斯基原著的普及程度远不能与他们的前辈和兄长辈教师相比。对于一位教师来说，放着苏霍姆林斯基著作少读或不读，这是极大的精神损失！

我希望本套丛书能够燃起新生代教师关注苏霍姆林斯基的热情。我相信阅读的力量：教师们一旦走近了苏霍姆林斯基，深入读进去，与伟大心灵相遇，那么，教师的价值认同、情感态度会一点一点地发生变化，而教师一旦改变了自己的精神状态，渴望扩展自己的精神世界，用心钻研如何培养真正的人，他便是一个求真向善的人，他的精神世界会充盈、积极起来，他们的学生自然会受其感染和影响，并形成正向反馈。如此，发生积极变化一定是可期待的、也是必然的。

苏霍姆林斯基创造了教育奇迹，那是在他的国家、他所处的民族文化背景下，在他的那个时代。但是，必须指出，苏霍姆林斯基并不只是一个理想主义者，他一生都在思考：如何在现实条件下创造最好的教育条件和环境，如何改变现实，团结教师，协同各种教育力量，与他一起奋斗，去培养“真正的人”。他高度关注现代科技发展，富有现代意识，主动思考未来，他坚持马克思唯物主义的方法论，在学校教育中强调认识外部世界与自我表达相平衡，集体生活与个性舒展相平衡，坚持认为这才是和谐教育。

同样是在《人是最高价值》这篇重要论文中，他尖锐地提出一系列问题：在苏维埃中小学中，“人是最高价值”这一原则是否在教育教学过程中得到了贯彻？教师在工作中是把每个学生看成不可替代的个体，还是“目中无人”？孩子们在学校里是在发现自我和发展自我，还是“失去自我”？他们在学校里生活得怎么样：幸福还是不幸福？这些提问至今还是那么振聋发聩！

至此我们可以看到，苏霍姆林斯基敢于独立思考，他不盲从，不跟风，他对位高权重者、对前辈学术权威，也敢于直言和批评。他是一位饱含良知、坚持真理、实事求是的教育家。同时，他不仅是博览群书的饱学之士，是教师的精神领袖和带头人，也是学校教育及现实教育问题的积极变革者，他的教育研究和实践始终面向问题，着眼解决问题，探索教育改进改善之道。

当我们能够如此理解苏霍姆林斯基，如此去学习他的著作和为人时，我们就不会满足于寻章摘句，或企图从中寻找灵丹妙药，也不会苛求他的著作及话语中的时代局限，而是学习他着眼现实、解决问题的务实态度，学习他与时俱进的进取精神，立足自己的本土和具体情境，把对教育的信仰化为爱的力量，真正贯彻到解决本学校、本班级、本学科的育人事业中来。

中国基础教育深化改革、提升质量的道路漫长，教师队伍素质提高是一项特别艰巨的任务。今天，教师需要榜样，需要从活生生的、平凡而伟大的榜样中获取智慧和力量。我深信，在中国基础教育界，一是本邦的陶行知先生，一是域外的苏霍姆林斯基，他们二位的著作、教育思想、教育家生涯和个人生命故事最是教师教育与教师自我教育的百科全书，最是教师成长道路上一座取之不尽、用之不竭的富矿。

回顾历史，展望未来，我满怀希望。愿中国教师学习苏霍姆林斯基教育思想的积极行动，在中国大地上成为一种长远的历史文化现象，成为赓续绵延于教育界的道德佳话。

我愿意与同仁一起，为继续学习苏霍姆林斯基教育思想、促进我国的教育改革而尽些心力、做些实事。

以上想法，因参与丛书讨论而引起，现整理成文，是以为序。

朱小蔓

（北京师范大学教授、博士生导师，中国陶行知研究会会长，
中国陶行知研究会苏霍姆林斯基研究专业委员会名誉主任）

2016 年 10 月　北京

目 录

引 言

厘清原点：为了再出发

自20世纪80年代始，苏霍姆林斯基的大批著作被陆续翻译到中国。三十多年来，苏霍姆林斯基教育思想在中国的影响日渐广泛。它以书刊为载体出现在学校图书馆的书架上，出现在教育工作者的案头枕边；它以语录的形式出现在学校墙壁上，出现在教育论文和教育讲座中；它还渗透于教育工作者的头脑乃至血液中，体现在无数的课堂教学上，洋溢在许许多多生动活泼的校园里。许多教育工作者成了苏霍姆林斯基教育思想的追随者、实践者，用今天的流行语说，成了“苏粉”“苏迷”。

不过，正如“一千个读者就有一千个哈姆雷特”那样，每一位教育工作者心中的苏霍姆林斯基形象都不全相同，其理解的苏霍姆林斯基教育思想也不都一致：有全有偏，有深有浅，甚至有正有误，还有适度与失度、确切与牵强之分。倘若实事求是地评估苏霍姆林斯基教育思想在中国的影响，我们在振奋、肯定之余或许还会遗憾地发现：我们对这位伟大教育家思想的了解还很不够。我们熟悉他的一些语录，而对他教育思想的精髓与体系却缺乏深切了解。更令人担忧的是在个别地方，旗号是苏霍姆林斯基的，实质性的思想内容却与之相悖。若干年前，笔者曾参加过某地举办的“苏霍姆林斯基教育思想国际研讨会”，在参观“实践现场”时，发现几所“实验学校”都做了突击性的临时整修和布置，全体学生在操场上长时间地一动不动地列队等候，直到中外参观者走近，老师一声令下，各种表演开始，操场上立马出现生龙活虎的场面，好不热闹！“实验学校”宣称，这就是他们“实践”苏霍姆林斯基教育思想的现场展示。

能否认为这种“做给你看”的情景就是苏霍姆林斯基教育思想的体现呢？或者说这就是苏霍姆林斯基教育思想的中国化呢？是或不是，我们依据什么加以鉴别和评判呢？

这里需要一个坐标、一个原点。所谓原点，就是出发的地方。在坐标系中，原点是判定空间任意一点位置的参照点。有了原点，我们才能明白我们所处的位置，才能判明我们与原点的空间关系：在左或是在右，在上或是在下，相符或是背离，停留或是发展，前进或是倒退，等等。原点，就是一个公认的判断标准或自我监测标准。我们学习、继承、弘扬和发展苏霍姆林斯基教育思想，首先需要厘清它的思想原点。与“原点”相关的还有一个概念，曰“原典”，即经典作家的原著，它是确定某位教育家思想和精神原点的最直接最权威的依据。就苏霍姆林斯基教育思想的原点而言，它不在别处，它蕴含在苏霍姆林斯基的原著之中。我们倘若不提苏霍姆林斯基，那我们尽可以任性地信马由缰；倘若提及他，自称是对他教育思想的落实、发展和创新，那就必须老老实实地读他的书，看看他到底讲了些什么，他主张什么，他反对什么，他有哪些内容不适合中国国情，需要“中国化”，又有哪些内容在今天已不合时宜，需要淡化、舍弃或者批评、发展。就是说，无论是学习、实践还是创新、发展，都需要认真学习和不断重温苏霍姆林斯基的原著，厘清他教育思想的原点，进而确立我们“站在巨人肩上”的立足点和再攀登、再出发的起点。我们如果不尽可能多地读一些苏霍姆林斯基的著作，甚至不知道苏霍姆林斯基赞成什么，反对什么，不了解他教育思想的最基本的观点，我们如何实践他的思想呢？如何将他的思想中国化呢？如何奢望创造性地发展他的思想呢？

以上文所举现场参观一事为例，组织者想要展示的是自己对苏霍姆林斯基教育思想的理解，想要以此表现学生的突出地位，然而没有想到的是，这些做法其实竟是以学生为道具的一种表演，违背了教育“教人求真”和“学做真人”的本义，它甚至正是苏霍姆林斯基深恶痛绝的形式主义！活动的组织者似乎没有注意到苏霍姆林斯基著作中这么多尖锐的批评：

——形式主义给教育工作带来极大的危害：儿童们和少年们做的许多事情没有触及到他们的内心，而仅在意识表面上爬行（例如，有时甚至连帮助残疾者和病人也变成轮流值班的“措施”，并逐渐成为用打分数来评定好坏的“课程”……很难找到比这种做法更扭曲儿童心灵的事情了）。[1]

——教师和少先队辅导员为少年和青年男女准备下的那些豪言壮语，常常又是怎样地在扭曲着他们的心灵啊！按事先写下的发言稿人为组织和“暗

① 苏霍姆林斯基著，蔡汀，王义高，祖晶主编：《苏霍姆林斯基选集（五卷本）》（第三卷），教育科学出版社 2001 年版，第 753 页。

中安排”的辩论会，对年轻人说来具有多大的危险性啊！……[①]

——遗憾的是，成年人有时会把儿童引入一种似是而非的文明游戏中去。一个学校别出心裁地搞了个什么少先队员示范辩论会。向八年级少先队员们分发了发言稿的小条子，要他们背下发言的内容；又让其他少先队员背下了反驳的词句，准备好对对方发言进行质疑、批驳。各中队的辅导员都被邀来观摩学习。这场表演的组织者兴奋异常，因为他们在为组织少先队员辩论会提供范例，一切都是按事先的设计进行的！他们就是没有想到这种设计从头至尾都是虚伪的，这种表演是对少年心灵的玷污……[②]

——我真想高声疾呼：同志们，清醒一下吧，你们在干什么？！不要把神圣而珍贵的东西变成一文不值的游戏。不要戏弄孩子。孩子们喜欢玩耍，但不喜欢人家把他们当做玩物。他们会为此使你付出沉重的代价：他们会对神圣、伟大的事物抱无所谓的态度。这是比教育工作中的无意疏忽更加危险的。”这里举出一个令人震惊的事例：在一次预先排练好的“观摩性辩论会”上，一位16岁的共青团员把他预先准备好的插话不合时宜地提前背了出来，结果使得那些充满崇高精神的言词带上了讽刺含义。大家好不容易才忍住没有笑出声来。这场表演使前来观摩的人们感到哭笑不得。[③]

——我劝告参与教育的一切人：要像害怕火灾一样害怕那种思想游戏。遗憾的是，这在学校里是常有的事。……我真想走进如此行事的那些学校的教师办公室（学生是想不出这一招的），问一问：你们这是在干什么？你们为什么要摧残儿童的心灵？[④]

……

如果说当年的苏霍姆林斯基面对种种形式主义尚能以责问来表达自己的强烈不满，那么今天他倘若地下有知，面对这种种打着他的旗号而违背他的根本意愿的说法和做法，该是多么悲愤与无奈！这正应了陈桂生先生的担忧：

---

① 苏霍姆林斯基著，蔡汀，王义高，祖晶主编：《苏霍姆林斯基选集（五卷本）》（第五卷），教育科学出版社2001年版，第370页。

② 苏霍姆林斯基著，蔡汀，王义高，祖晶主编：《苏霍姆林斯基选集（五卷本）》（第五卷），教育科学出版社2001年版，第456页。

③ 苏霍姆林斯基著，蔡汀，王义高，祖晶主编：《苏霍姆林斯基选集（五卷本）》（第四卷），教育科学出版社2001年版，第789页。

④ 苏霍姆林斯基著，蔡汀，王义高，祖晶主编：《苏霍姆林斯基选集（五卷本）》（第五卷），教育科学出版社2001年版，第531页。

“一种深刻的思想，辗转相传，难免被浅化，从而使这种思想的原创者徒然蒙羞。”[①]

诚然，任何一位教育家都有自己的局限性，加上时代在前进，地点在转移，情况在不断变化，我们没有理由以刻舟求剑的态度对待前人的教育思想，更无须将苏霍姆林斯基的每句话都视为我们不可违背的出发点。不过，教育是永恒的事业，任何一种教育思想总会或多或少地含有若干不变的成分，这正是它能超越时空的价值所在。几十年前诞生于苏联的苏霍姆林斯基教育思想能为今天的我们接受和欢迎，就因为其中有一些永恒的普适的思想财富。在今天看来，构成他思想原点的是他的基本立场、基本目标、基本态度和基本原则。他的基本立场就是孩子的立场。他将自己关注的中心归纳为“爱孩子”三个字。这里的爱当然不是口头的抽象的爱，不是溺爱，而是出自肺腑的真爱，是对每一个孩子，特别是处于弱势地位孩子的具体的爱，是明智的能为孩子深切感受到的爱，是能促进孩子健康成长的爱。他的基本目标是让每个孩子成为真正的人。他的基本态度是相信孩子。他相信每一个孩子都有自己独特的才能，相信每一个孩子都能成为最好的自己。他的基本原则是将相信、尊重与严格要求结合起来，是让孩子亲近自然和社会，让学校、家庭和社会的教育相一致，等等。今天，他的这些最基本的东西仍然值得肯定，值得借鉴，值得在更大范围内获得真正的实现。同时，苏霍姆林斯基教育思想没有终止我们的探索，我们应该也能够比他走得更远，但在大方向、大原则上，则需要与他保持基本的、内在的一致。最起码，我们总不能将他始终坚持和强调的基本思想抛弃在一边，而将他明确反对的东西做一番改头换面，然后说成这就是对他的教育思想的本土化发展吧？

对苏霍姆林斯基教育思想的理解有一个统一的恒常的依据，即作者白纸黑字的原著。书中自有“言如玉”，书中自有理想国！马斯洛曾经提倡：阅读应当“以一种非常特殊的方式洗耳恭听，这种方式可以称为道家的——静默的，不作声，安宁的，充分地听，不干预的，受纳的，耐心的，尊重眼前的问题，谦恭对待眼前的问题”[②]，还要注意倾听它的言外之意。美国政治

① 陈桂生：《教育学的建构》，湖南教育出版社1998年版，第142页。
② 马斯洛著，林方译：《人性能达的境界》，云南人民出版社1987年版，第126页。

哲学家约翰·罗尔斯在领着学生读书时，总是要求学生带着敬意去阅读，倾听作者的思想，抱着崇敬的心灵与他们展开思想的对话，理解、解释、运用、检审、辩护他们的思想，与他们的思想融通；倘若不去关注那些伟大的心灵对人类生活和世界的思考，就等于放弃了自己的思想源泉，就等于放弃了去经历人类思想过程中最美好的事物，就等于甘愿处于思想的庸俗之中。[①]

阅读需要理解。不同的读者有不同的知识背景、人生阅历和生命体验，阅读同一文本所形成的理解见仁见智。就阅读和理解的方法论而言，现代解释学就存在客观主义和历史主义两种截然相反的观点。客观主义解释理论把诠释学定义为“避免误解的技艺”，认为正确理解文本的方法在于返回源头，恢复文本的本意。美国当代文学评论家赫施（1928— ）作为客观性解释理论继承人，坚守理解的客观性与有效性，质疑历史主义的相对主义立场。他大声疾呼“保卫作者”，力主维持作者作为文本意义诠释者的首席地位，重建作者原意，寻找作品中客观存在的不变的意义。而历史主义观点则认为：还原主义主张难以实现。因为即使在源头处，作者的文本也存在着自身的差异和矛盾，例如早期著作与晚年著作的差异，不同情境下的不同论说，无不孕育着解读的多向可能性。其次，不同时代不同学术背景的理解者有不同的着眼点和侧重点，每种理解都只能是相对的和历史的，对作品的理解和解释乃是对已经形成的文本的再生产或再创造，作品意义的生产是一个创造性的诠释过程。

笔者对苏霍姆林斯基教育思想的理解和解释，总体上倾向于客观主义立场，同时兼顾历史主义的某些主张。这并非奉行折中主义，而是出于笔者对世界的基本认识。笔者以为，世界常常是确定的，日落月升，寒来暑往，万世不变。同时，世界常常又是不确定的，一次地震可以瞬间改变环境，改变命运。因此，世界既是确定的又是不确定的。二者互为补充，相辅相成。我们对某一作者，对作者的某一文本的理解也是如此。绝对化和极端相对主义都不可取。确实，同一位作者在不同时期不同情境下，从不同角度对同一问题的阐述确实会有所不同，但不能以此认为无法判断他的观点。他总会有一个基本的立场和倾向。否认这一点，我们就会走向虚无主义，就会陷入无休

① 金生鈜：《教育研究的逻辑》，教育科学出版社2015年版，第135-136页。

止的争论之中，就无法形成公认的交流和沟通的平台。

这就需要引入一个“共同理解”的概念。所谓“共同理解”，并非某个先有的固定的框架，它由若干个人对同一文本的不同理解凝结而成，是经过不断汇聚、碰撞、取舍、综合、提炼，不断去粗取精、去伪存真而形成的历史性存在，并且在不断吸取个人富有创意的真知灼见和排斥异端邪说中向前发展。它在无形之中规范着个人的理解，引导着理解整体走向广阔和纵深。同时，个体理解者也能在参照共同理解的同时不断克服自身的狭隘与偏颇，逐步贴近作者的本意，达到与作者的“视域融合”。这种融合并非一成不变。例如我们今天对苏霍姆林斯基教育思想的理解，就可能与二三十年前有所不同。20世纪90年代，教育理论界涌现出一批苏霍姆林斯基教育思想研究成果，在一定程度上代表了那个年代的学者对苏霍姆林斯基教育思想的理解。我们应当尊重这些财富。同时应当看到，时代在前进，我们作为阅读者本身也在发展。我们无法逃脱时代对自己的影响，更无法逃脱自身阅历和体验的潜移默化。眼光变了，对象也就变了。我们面对同样的苏霍姆林斯基著作，无论是个人理解还是共同理解，都会在广度、深度、侧重点等诸多方面发生变化。这样的变化还在继续，没有止境。一旦停止，苏霍姆林斯基教育思想的生命力也就终止了。

综上所述，学习、实践和发展苏霍姆林斯基教育思想应当有一个原点，一个以苏霍姆林斯基原著为基本依据的原点，一个以绝大多数中国读者共同理解为基础的原点，一个随历史前进步伐而缓缓移动的原点，一个能让我们更好地定向、定位和再出发的原点。笔者认为，每个读者都应该也都可以为完善和深化我们的共同理解做出贡献。出于这一考虑，本书各章后面都附了一个“推荐阅读原著篇目”，旨在为读者提供拓展阅读的线索，期待读者进一步阅读苏霍姆林斯基的原著，厘清其思想原点，以便更好地向着我们的理想目标进发。

近十多年来，笔者千方百计搜集到苏霍姆林斯基著作的全部中译本达三十余种（详见本书附录），逐部通读数遍，陆续形成了若干研究成果，本书即是其中的部分内容。限于篇幅，本书只能简要呈现苏霍姆林斯基关于德育、智育、体育与健康教育、美育、劳动教育、和谐教育和教师教育等最基本的思想观点。

第一章

Chapter 1

教育思想的背景、源泉与人学基础

任何一位伟大的思想家都是伟大时代的产儿。时代的勃勃生气为他们注入丰沛的气概。苏霍姆林斯基一生中遇上的最伟大的事件，就是俄国十月革命的胜利和苏联的建立。这个时期的物质生活比较艰苦，而精神上却是一个令人振奋的激荡期，许多人都被鼓动起来，以积极的创造精神去建立一个新的社会。这是苏霍姆林斯基人生经历和教育活动的宏大舞台，是他教育思想诞生的时代背景。

第一节 时代潮头一朵极富生命力的浪花

苏霍姆林斯基在世的52年（1918—1970），正是苏联从艰难起步进入社会高速发展的黄金时期。本节拟将目光聚焦于这个特定时期，考察时代精神对苏霍姆林斯基教育精神和教育思想的深刻影响。

一、社会变革催生他的感恩心和责任感

1918年9月28日，苏霍姆林斯基出生在乌克兰一个普通农民家庭，这是十月革命爆发后的第二年。

1917年爆发的十月革命，是20世纪最震撼人心的伟大事件之一。它开辟了俄国历史以至世界历史的新纪元。俄国著名哲学家季诺维也夫在1994年评论说："苏联时期是俄国历史上的顶峰时期……这是俄国历史上最伟大的时代，是人类历史上最壮观的现象之一。"[①] 季诺维也夫曾经是苏联时期的"持不同政见者"，他在苏联解体后所做的评论，应该具有一定的客观性。

十月革命标志着乌克兰苦难史的结束。乌克兰位于东欧平原中部，素有"欧洲粮仓"之称。这既为乌克兰人提供了丰足的物质生活资源，同时也引来四周入侵者虎视眈眈的目光。周边交替崛起的强国不断发动侵略战争，内部贵族之间你争我夺，一次次地将这片国土撕成碎片。1654年，乌克兰为了反对波兰占领者的统治，与沙皇俄国结成统一国家。此后直到1917年俄国十月革命爆发，其间的263年，乌克兰一直受沙皇的统治。十月革命爆发后的几年中，乌克兰共产党（布）逐步取得了领导权，建立起苏维埃政权。1922年12月30日，俄罗斯联邦同乌克兰、白俄罗斯等共同发起成立苏维埃社会主义共和国联盟（简称"苏联"）。从此，被一次又一次战争折磨得痛苦不堪的乌克兰人民迎来了期待已久的和平，逐步走上了稳定发展的道路。

1926年，苏霍姆林斯基进入本村的七年制学校，开始了自己的求学生涯。他是一名好学生，是少先队壁报的主编，是扫盲运动的积极分子。七年

① 吴式颖：《俄国教育史》，人民教育出版社2006年版，第287页。

制学校毕业后，他有机会进入克列缅丘格师范学院读书。不料，一次急性胸膜炎中断了他的学业。康复后，他响应迅猛发展的教育事业的召唤，于 1935 年走上了教育岗位。与此同时，他参加了波尔塔瓦师范学院的函授学习，到 1939 年取得中学文学教师资格。

作为一名与新时代同步前进的热血青年，苏霍姆林斯基对翻天覆地的社会变化有深切的认识。他说：只有人们理解和感觉到我们时代的意义，才有可能决定自己的立场。他自豪地写道："在社会本质方面，我国实现了生产资料的全民所有制，没有人剥削人的现象。我们国家是世界上最强大、最美好、最幸福的国家。"他的感恩之心进一步生成强烈的责任感。他还写道："你应感谢伟大十月社会主义革命；是革命拯救了你的祖国，免遭外国奴役的威胁；是革命拯救了你的人民，你的祖辈，还有你和你的后代，免遭贫穷、苟且度日，精神空虚和愚昧无知；是革命把你的祖国在全人类面前抬高到光荣的高峰；……这不仅使你为祖国的命运负有巨大的责任，而且使你的生命有着深刻的意义。"[①] 他多次提醒自己：要在道德上无愧于领受一切欢乐和幸福，就要用自己的劳动（工作）和自己对社会所提供的恩惠的正确态度来证明。

二、科技时代，更是一个"人的时代"

政治和经济上的翻身，释放着人民群众的创造力。先进思想的普及与深入，刷新着人们的精神面貌，新思想、新方法、新事物、新成果层出不穷。1935 年 9 月 2 日，是苏霍姆林斯基刚刚走上教育岗位的日子，苏联《真理报》刊登了一则简讯：采煤工人斯达汉诺夫在 6 小时一班的工作时间里开采了 102 吨煤，超过了普通定额的 13 倍，一周后他又创造了日采煤 175 吨的新纪录，全国兴起了学习和赶超斯达汉诺夫的竞赛运动。在这样群众性的创新运动推动下，苏联于 1937 年完成了第二个"五年计划"，工业生产总值跃居欧洲第一，世界第二。

这样的形势给予苏霍姆林斯基莫大鼓舞。他和各条战线上的劳动者一样，满怀热情不知疲倦地工作。他的教学工作不仅受到孩子们的欢迎，也得到了学校领导的肯定。1939 年，他加入了苏联共产党，开始担任学校教导主任，

① 苏霍姆林斯基著，蔡汀，王义高，祖晶主编：《苏霍姆林斯基选集（五卷本）》（第二卷），教育科学出版社 2001 年版，第 491–492 页。

他的思考开始从自身扩大到全校教育教学工作的改善。然而未曾料到的是，和平历史在此急转而下。1941 年 6 月，法西斯德国闪电式入侵的炮声如晴天霹雳，随即爆发了空前规模的卫国战争。苏霍姆林斯基凭借丰厚的精神积累，迅速奔赴战场。在战场上，他以连队政治指导员的身份身先士卒，冲锋陷阵。在一次战斗中，他身负重伤，侥幸地与死神擦肩而过。在这次生死考验中，他的精神境界实现了一次重大飞跃。

1942 年 6 月，苏霍姆林斯基带着体内无法取出的弹片，怀揣一份“二级伤残证书”重返教育岗位，先后担任中学校长和区教育局长。1948 年，他毅然辞去区教育局长职务，到帕夫雷什中学担任校长。他在这里工作了 22 年，直到去世。他将这所偏僻的农村十年制学校办成了世界知名的教育实验基地，全面系统地形成了自己的教育思想。

苏霍姆林斯基身在乡村学校而时刻关注世界，关注时代。他注意到，第二次世界大战结束后，人类对两次世界大战的巨大灾难痛定思痛，深感弘扬人道主义的必要。联合国发布了《世界人权宣言》（1948）。苏联全力以赴地恢复和发展国民经济，努力提高人民生活水平。1953 年斯大林逝世后，苏共中央开始纠正个人专权、贬低人格、压制民主等不正常现象，于 1961 年提出了“一切为了人”的口号。社会上涌出一批人学学者和人学著作，社会主义人道主义开始纳入学校道德教育的内容。苏霍姆林斯基多次指出：世界已进入“崇尚人”的时代。

“人的时代”的根本特征，在于社会绝大多数人的社会地位发生了根本变化：从奴隶到主人，从旧社会的埋葬者到新社会的建设者，从愚民政策的受害者到人类文化的主动吸收者。就后者而言，社会主义政治制度的建立和经济的飞速发展，促进了苏联文化教育事业的空前进步，千百万工人农民有机会受到普通教育和高等教育，苏联人民的科学文化素质显著提高，精神世界发生了深刻变化。这首先表现在公民对待劳动的态度上。社会主义制度给每个劳动者提供了表现才干的机会，在各行各业创造性劳动中，个人的能力和天赋能够得到最鲜明、最完整的体现。同时，人与人之间不再存在主奴关系，而是主体间分工协作的关系。异化了的人际关系正在走向正常，走向平等、互信、互助、互利。

“人的时代”的另一个重要特征，在于人的全面发展条件日益具备。首先，社会主义制度废除了生产资料私有制，从政治、经济、文化等各个领域解放了人，为人的全面发展提供了前提条件。其次，历史上形成的工农、城乡及体脑劳动间的巨大差别，正在社会发展过程中逐步缩小。第三，苏联社会和学校长期坚持集体主义教育，弘扬集体主义精神，收到较大成效，各个领域都涌现出若干优秀集体，这无疑是个人全面发展的最佳精神环境。第四，生产力高度发展，劳动效率不断提高，劳动强度逐步下降，劳动时间日益缩短，为人们发展多方面的兴趣爱好提供了必要的自由时间和剩余精力。有感于此，苏霍姆林斯基确认自己的时代是人类精神伟大而美好的时代，每个人全面发挥自己的一切才能的目标正在逐步实现——这是他教育思想形成和展开的坚实基础。

三、万象更新，躬逢创造精神风云激荡

十月革命后，苏维埃政府开始对国民教育进行根本改造，旗帜鲜明地强调了学校与政治、与生产劳动的联系。教育发展被纳入国民经济发展的轨道，教育的社会地位不断提高。即使在卫国战争那样的紧张时期，苏联政府仍然表示：“无论我们怎样全神贯注于战争，关心儿童和他们的教育，仍然是主要任务之一。……关于普及义务教育的法律，在战争条件下仍然是不可动摇的。……毫不以战争形势为借口。”① 战后，由于苏联政府大量投资和全社会努力，学龄儿童接受义务教育不仅免交学费，贫困工人、农民家庭子女还得到许多物质上的帮助。社会竭尽全力满足儿童和青年的教育需要，为他们体魄和精神的发展创造最优越的条件。

苏联政府制定并实行“重视知识，重视人才，重视技术干部”的政策，使得教师的政治和经济待遇获得大幅度提高。全国各地数以千计的教师当选为各级苏维埃代表大会的代表。苏联教育家马卡连柯说：“十月革命后我面前开辟了广阔的远景。我们教师当时为这种远景陶醉得简直忘乎所以了。”② 苏联政府和有关部门每年授予“克鲁普斯卡娅奖章”“乌申斯基奖章”“马卡连柯奖章”。仅 1949 年，就有 10 万多名优秀教师荣获各种勋章和奖章。这些政策与教师的勤奋工作形成了良性循环。到苏霍姆林斯基逝世的 1970

① H.A. 康斯坦丁诺夫等编，吴式颖等译：《苏联教育史》，商务印书馆 1996 年版，第 491 页。
② H.A. 康斯坦丁诺夫等编，吴式颖等译：《苏联教育史》，商务印书馆 1996 年版，第 412 页。

年前后，苏联教育飞速发展，成为世界上的教育大国和教育强国。有学者评论：苏联的教育曾经是“世界上最优越的教育之一”[①]。

与此同时，苏维埃教育学理论与教育研究也走向兴盛。俄国教育有重视理论的传统。皮格戈夫于 1856 年发表的《人生问题》就提出了“全人教育”“学会做人”的问题。俄国还重视翻译国外教育名著，早在 1756 年，莫斯科大学就翻译出版了夸美纽斯的《世界图解》、洛克的《教育漫话》、卢梭的《爱弥儿》等。到 20 世纪四五十年代，苏联出版了当代教育家的许多著作。1920 年至 1924 年，苏联教育人民委员部曾成立过“和谐教育研究所”。在卫国战争最紧张的 1944 年，俄罗斯联邦教育科学院正式成立，并于 1967 年扩展为苏联教育科学院，联合各种力量展开教育科研。特别是以克鲁普斯卡娅等为代表的苏维埃国民教育的领导者们，开始以马克思列宁主义理论为指导，力图形成新型的教育学。“苏维埃教育学反映了劳动群众的利益和新生社会的需要，它用来同资产阶级教育学原则相抗衡的，是人类先进思想家的伟大思想：人道主义、集体主义、国际主义、民主精神，尊重孩子的个性，把教学同生产劳动相结合看成全面发展个性的必要前提和条件的思想。”[②]到 20 世纪 50 年代，教育界已经形成了热爱、关心并使少年儿童得到全面发展的独具特色的苏联教育思想。在教育理论和实践相结合的良好学风中，苏联涌现出一批批研究型教师。他们多以辩证唯物主义方法论为指导，批判地继承教育的历史遗产，结合本国教育和自身实践经验，提出新的教育理论和教育方法，促进了教育事业的发展。人们熟知的教育家马卡连柯、教育科学院院士贡恰罗夫（旧译冈察洛夫）、教育家斯卡特金、教学论专家达尼洛夫、长期进行“教学与发展”实验的赞可夫、提出“教学过程最优化”理论的巴班斯基、提出“纲要信号”法的沙塔洛夫等都是教师出身，并且始终保持与学校实践的紧密联系。

同行们的成功探索，无疑给了苏霍姆林斯基极大的鼓舞与促进。他坚持在教学第一线从事教育研究，1945 年，他在报纸上发表第一篇教育文章。1955 年，他在国立舍甫琴科大学（基辅大学）顺利通过副博士学位论文《学

① 顾明远：《〈20 世纪苏联教育经典译丛〉总序》，载苏霍姆林斯基著，世敏等译：《爱情的教育》，教育科学出版社 2001 年版，第 1 页。

② H.A. 康斯坦丁诺夫等编，吴式颖等译：《苏联教育史》，商务印书馆 1996 年版，第 438–439 页。

校校长——教育教学工作的领导者》。1956 年，他的第一本教育著作《学生集体主义情操的培养》出版了，受到广泛欢迎，从此一发而不可收，他又陆续撰写了 41 部专著，600 多篇论文，1200 多篇供孩子们阅读的故事，逐步形成了他所称的“我的教育体系”“我的教育学”。他先后获得过列宁勋章、马卡连柯奖章、乌申斯基奖章；1957 年光荣当选为俄罗斯联邦教育科学院通讯院士；1958 年获“乌克兰功勋教师”称号；1968 年当选为乌克兰苏维埃社会主义共和国教师代表大会代表和全苏教师大会代表，同时被授予“社会主义劳动英雄”称号；1970 年 4 月完成了作为教育科学博士学位论文的《全面发展的人的培养问题》，可惜他没有来得及进行答辩便英年早逝。

由于卫国战争中滞留在他心脏附近的弹片的侵害，更因为他夜以继日地忘我工作，苏霍姆林斯基终于支撑不住，他病倒了，被领导强制性地送进医院。1970 年 9 月 2 日，他的心脏停止了跳动，享年 52 岁。他定格在一生的光辉顶点上。巧合的是，这一年前后正好是苏联社会发展的光辉顶点。在他去世之后，苏联逐步陷入停滞、衰退，最后竟悄然解体了。从这个意义看，苏霍姆林斯基是幸运的。他生活在苏联社会发展的黄金时代，他没有看到苏联落幕的悲剧。更幸运的是，他本人并未随着苏联解体而被尘封进历史，他的著作在他的祖国，在中国和世界许多地方，仍然受到广泛欢迎。人们不能不思考：为什么一个固若金汤的国家联盟如此脆弱，而一位教育家的人格、精神和思想却能这样传之久远？这难道仅仅是一种偶然的幸运吗？

第二节　苏霍姆林斯基教育思想丰富多样的源泉

苏霍姆林斯基的著作之所以被誉为“学校生活的百科全书”，被誉为“不仅是今天的教育学，而且是明天的教育学”，正是因为他善于吸收古往今来珍贵的教育精神与教育思想，其间总是伴随着他自己的独立思考，不断注入他自己的实践经验和智慧，最终综合成打着他自己印记的教育思想体系。

一、以马克思列宁主义的教育思想为指导

苏霍姆林斯基说过：“在研究培养全面发展的个人的问题上，作者一向

依据的是马克思列宁主义关于教育的学说，马克思列宁主义关于文化遗产中那些经过实践检验的理论原理。”[①] 他通过历史比较发现：只有马克思和恩格斯才揭示并说明了人的全面发展的客观必要性，认为这是进步的最重要的条件。为了使人的所有方面都得到和谐的发展，为了使劳动成为自由的、吸引人的、富有创造性的事情，为了使科学和文化能造福于社会全体成员，就必须消灭资本主义的生产关系，这才是那种把劳动当作生活需要的、新的、真正人的劳动态度的客观基础，也就是人的全面发展的客观基础。

他意识到：以马克思列宁主义教育思想指导教育实践，并不意味着会背诵经典作品中的词句，而是要形成自己的世界观，学习用他们的观点看待世界和人。他坚信马克思主义不是什么生吞活剥的东西，而应当是经过实践者自己深思熟虑的思想。他总是力求创造性地对待马克思列宁主义关于全面发展的理论，用在新的社会政治条件和意识形态的条件下所产生的新认识，来进一步创造性地丰富这个理论。

二、广泛吸收前辈与同辈教育家的思想

苏霍姆林斯基的著作中多次出现国内外若干著名教育家的名字，赞颂他们的精神，引述他们的观点，表达对他们的景仰。他写道：古往今来一切杰出的教育家之所以成为教育文明和人道主义的灯塔，首先正是因为他们热爱儿童。夸美纽斯、裴斯泰洛齐、乌申斯基、第斯多惠、卢梭、列夫·托尔斯泰、克鲁普斯卡娅、沙茨基、马卡连柯、亚努什·科尔恰克——这些名字有如人类睿智之爱的永恒火光，将永远照耀我们。他还写道：作者经常研究克鲁普斯卡娅、卢那察尔斯基、加里宁、捷尔任斯基、基洛夫的著作。在这些党和国家卓越的活动家的著作里，不仅总结了社会主义建设过程中培养新人的经验，而且深刻分析了人走向全面而又和谐发展的历史道路。在这些著作中，无论对于理论或者对于实践，都含有极为宝贵的东西。他还肯定同辈教育家在教育科学上做出的贡献，这些贡献如同一砖一瓦，经过不断积累，最终建立起我们的教育理论大厦。

在这些教育家中，有两位对苏霍姆林斯基的影响最大。

① 苏霍姆林斯基著，蔡汀，王义高，祖晶主编：《苏霍姆林斯基选集（五卷本）》（第一卷），教育科学出版社 2001 年版，第 73-74 页。

一位是波兰教育家科尔恰克。苏霍姆林斯基在阅读了科尔恰克的著作后不能自已，动情地写道："那本波兰文灰皮书里的这些话使我终生难忘。当我在战后不久得知科尔恰克的英雄事迹之后，他的话对于我就成了指导终生的遗训。亚努什・科尔恰克曾任犹太区孤儿院的院长。纳粹分子要烧死这些不幸的孩子们。他们让亚努什・科尔恰克选择：或者离开孩子们而保全性命，或者和孩子们一道去死。他毫不犹豫地选择了死。……英雄决定同孩子们一起去就义，并安慰他们，竭力设法不使幼小的心灵被即将降临的死亡所折磨。亚努什・科尔恰克的生平，他那高洁完美品德的力量，给我以极大的鼓舞。我懂得了：要成为孩子的真正教育者，就要把自己的心奉献给他们。"[①]苏霍姆林斯基担任帕夫雷什中学校长后的第一件事就是搜寻战争孤儿。他要给饱受战乱之苦的儿童一个温暖的精神家园。他决心让孩子们远离各种恐惧，让孩子们生活在阳光、欢乐与信任之中。对孩子们的爱，成了他教育生命之所系。

另一位是苏联教育家马卡连柯。

马卡连柯（1888—1939）出生于铁路工人家庭，1900 年他 12 岁时，就读于克列缅丘格市立四年制学校，1904 年进入该校附设的一年制师资训练班学习，1905 年毕业后（17 岁）到附近一所铁路职工子弟小学当教师。1914 年—1917 年进入波尔塔瓦师范学院深造，其间撰写的论文《现代教育学的危机》获得金质奖章。毕业后他担任过波尔塔瓦市第二小学校长。1920 年他受波尔塔瓦教育厅委托，举办以流浪儿童和少年违法者为对象的"高尔基工学团"。他以辩证唯物主义为指导，高度地信任人，相信教育的力量，确定"尊重与要求相结合"的总的教育原则，提出了社会主义的教育目的，着力通过集体教育、劳动教育和自觉纪律教育塑造共产主义新人。他在长达 16 年的时间里，把近 3000 名流浪儿童和少年违法者教育成有道德有文化的公民，不少人后来成了教师、医生、工程师、卫国战争英雄。他用文学形式总结了自己的教育经验，主要作品有《教育诗》《塔上旗》《父母必读》等，形成了具有特色的教育思想体系。1939 年 2 月，他获得苏联政府颁发的劳动红旗勋章，光荣地加入了苏联共产党。同年 4 月 1 日，他因心脏病突然发作在列车上逝世，

① 苏霍姆林斯基著，蔡汀，王义高，祖晶主编：《苏霍姆林斯基选集（五卷本）》（第三卷），教育科学出版社 2001 年版，第 13-14 页。

享年 51 岁。他把自己的一生无私地奉献给了教育事业，苏俄教育科学院设置了马卡连柯教育遗产研究室。他位于克列缅丘格铁路工厂旁边的故居被辟为马卡连柯故居纪念馆。在波尔塔瓦市郊他创办的“高尔基工学团”旧址上，乌克兰政府建起了马卡连柯纪念馆。

马卡连柯的基本信念是：“教育学是最辩证、最灵活的一门科学，也是最复杂、最多样化的一门科学。”[①] 他强调教育的培养目标既要适应社会、政治、经济和时代的要求，又要注意人的个性特点。他重视科学文化对个人成长的作用，但又反对将教育局限于知识技能的传授。他强调社会主义人道主义，坚信人的可教育性，将尊重与要求的统一视为教育的基本原则。他强调集体主义教育，主张在集体中、通过集体和为了集体而进行教育。他强调劳动是教育的根本因素之一，是集体生活的重要组成部分。他还重视纪律教育和家庭教育。马卡连柯在教育实践中提出了许多具有独创性的见解，反映了教育的客观规律，许多观点都具有普遍的指导意义。特别是他对教育事业鞠躬尽瘁的奉献精神，对苏联广大教育工作者，对后于他 30 年投身教育事业的苏霍姆林斯基，都产生了极大影响。

苏霍姆林斯基在波尔塔瓦师范学院参加过两年的函授学习，作为马卡连柯的校友，他与马卡连柯在思想感情上的联系无疑比一般人多了一条纽带。他满怀景仰地写道：“马卡连柯是我最爱戴和敬重的一位教育实践家。我在学校工作了 32 个年头，在 32 年里我竭尽全力从他的实践中探索各种理论结论。我赞叹他对空话和大话的强烈憎恶，也钦佩他在教育事业中敢作敢为的胆识。我爱他，因为他具有一种真正的、严格要求的仁爱心，也因为他对人怀着深刻的信念。我爱他，还因为他在建立苏维埃学校的艰难年代里挽救了数百名儿童，并以自己的经验证明了苏维埃教育学乃是真正富有人道精神的教育学。对于我来说，他并不是某种可望而不可及的楷模，而是一位友人和为了人而进行的斗争中的战友。”[②]

苏联教育理论界有学者认为：苏霍姆林斯基是马卡连柯的继承人，他是一个在马卡连柯思想的最有力的影响下培养和成长起来的教育家。在两位教育家的品格中，一切都是相互吻合的：他们对于儿童的爱和他们的严格要求；

① 吴式颖等编：《马卡连柯教育文集（下卷）》，人民教育出版社 1985 年版，第 15 页。
② 苏霍姆林斯基著，肖勇译：《教育的艺术》，湖南教育出版社 1983 年版，第 196 页。

他们对于文学的爱好和对于教育学的激情；他们对于一切涉及儿童的问题的不折不挠的精神，和不屈服于流行而无生命力的教育主张的骨气；他们在维护自己的观点方面表现出的坚定性，他们对于个人实验的深刻信念；他们多年如一日忠于学校工作的操守；他们对于经验的理论思考所做的努力。这样的评价应该说是公正的。

需要指出的是，苏霍姆林斯基并未原封不动地接受马卡连柯的教育思想。他在实践中逐渐发现马卡连柯思想的某些缺点。他以“吾爱吾师，吾更爱真理”的态度对此提出了自己的意见。他由此意识到：别人的思想不管如何睿智，即令这些思想能减少我们在节奏很快的生活中的试验，也不能够取代我们对每个孩子的现实思考，因为我们工作的对象是有生命的人及其灵魂。

三、来自同事、家长、学生甚至教堂的启示

苏霍姆林斯基有一群志同道合、肝胆相照的同事，他和同事们共同的实践智慧是他教育思想的重要源头。他自述道：在工作过程中，我在培育儿童集体中遇到过许多困难，为了克服它们，我曾求教于那些能够细致体察儿童心灵和集体脉搏的、富有经验的低年级教师。我们常常在晚间，在校园里安静下来时，聚在一起交换个人想法，谈我们是如何深入理解儿童的。正是在这些夜晚，在我们交谈、切磋和思考中，点点滴滴地汇成了大家一致认可的教育思想。我从这些真正的教育家那儿学习指导学生进行脑力劳动的真正本领，从他们身上我发现了依我看来是极其细致的教育艺术的特征。总结了这些教育大师宝贵的点滴经验……我感到非常欣慰。[①]

家长和民众的教育智慧受到了苏霍姆林斯基的高度重视。他在著作中经常引用乌克兰民族的谚语、俗语、民间格言、益智习题、故事、民歌、寓言、传说。他深深感到“民间教育学”仿佛有一种神奇的力量，“给我们开辟了教育智慧的新源泉，它是书本教育理论所不知道的”[②]。“我们相信父母们的教育学能力和教育学天才。父母的语言、父母的生活智慧是人民教育学取之不尽的源泉。假如愿走近这个源泉并带给他科学知识，那么我们枯燥的教

① 苏霍姆林斯基著，蔡汀，王义高，祖晶主编：《苏霍姆林斯基选集（五卷本）》（第三卷），教育科学出版社 2001 年版，第 162-163 页。

② 苏霍姆林斯基著，蔡汀，王义高，祖晶主编：《苏霍姆林斯基选集（五卷本）》（第二卷），教育科学出版社 2001 年版，第 707 页。

育学理论就会闪出金光，就会鲜花开放、欣欣向荣。”[①] 他常常感叹道：人民是教育智慧活生生的永不枯竭的源泉。如果我们不经常地同民众进行这种精神交流，我们便不能成功地对青年一代实施教和育。

他还注意从孩子们身上吸取朝气与活力。他注意到：就天性而言，儿童是乐观主义者，在感知世界时都怀着明朗、愉快和欢悦的情绪。乐观主义对于童年来说，恰似闪耀着七色光彩的彩虹，“没有乐观主义，也就没有童年”。儿童感知世界的乐观主义精神给予他极大启发，“当我由于自己的某种内在原因感到精神力量低落时，这种愿望尤为强烈”。与儿童的交往，会使你精神抖擞，充满朝气，所以这时我比任何时候都更愿意跟儿童待在一起。“正是与这些儿童的友谊，成为我灵感生机勃勃的源头，成了每一位因极度紧张的劳动而殚精竭虑的教师所需要的振奋精神的清泉。”[②]

在苏霍姆林斯基敏感的眼光中，甚至连日常生活中的宗教活动也蕴藏着值得借鉴的教育智慧。他发现许多宗教仪式经常翻新花样，例如设计交替明灭的烛光，专门吸引孩子的眼球。这一点对儿童的吸引力特别大，因为孩子对一切新颖的、不寻常的、稀奇事物的感受性极强。他进而发现老练的教士们总是将宗教仪式激发审美情感的深度视为成功的标志。庄严的歌唱，芬芳的香火，让人虔敬景仰甚至神魂颠倒和达到忘我境界的陈设，“所有这一切是那样使孩子们着迷，以至他们恋恋不舍地离开教堂，迫不及待地在等待下一个宗教节日来临”。他由此想到，应当让儿童从一入学就受到比教堂具有更鲜明、更优美的形式的思想教育。“要在孩子形成世界观的关键时期，借助于崇高的且能为孩子理解的事物、图景、形象，激发孩子的审美情感，召唤他们的积极行动。”他相信如果学校做到这一点，教堂就将软弱无力，因为教堂的审美形式是以压制理智为前提的，而在学校里被激发出来的审美情感，则能使孩子们的理智得到发展。

四、卫国战争中对人性与教育的思考

苏霍姆林斯基亲自参加过卫国战争，在战场上目睹战友们浴血奋战、慷

---

① 苏霍姆林斯基著，杜志英等译：《家长教育学》，中国妇女出版社 1982 年版，第 60 页。

② 苏霍姆林斯基著，蔡汀，王义高，祖晶主编：《苏霍姆林斯基选集（五卷本）》（第五卷），教育科学出版社 2001 年版，第 441 页。

慨捐躯。他自己身负重伤，经及时抢救才得以摆脱死神，最后被定为二级伤残军人。他的妻儿在战争期间惨遭杀害。他不仅承受着个人的痛苦和仇恨，更看到了整个民族乃至全人类的痛苦。在战地医院病床上的许多日子里，他思念着家人，沉浸于对人类前途、祖国命运、生命价值和教育功能的深沉思考。

他想到了全人类的前途和命运。苏联卫国战争是世界反法西斯战争的一个主要战场。深受这场战争祸害的不只是苏联人民，也包括发动侵略战争的国家的人民。他清醒地意识到：一分钟也不应忘记世界上还有劳动人民的痛苦、贫困和磨难，千百万人在挨饿，战争武器库里装满了足够把地球上一切生灵毁灭 3 次的致命武器。在对人类命运深深的忧思中，他站到了全人类的立场，以博大的胸怀和广阔的视野给自己提出这样的目标：为了地球上永远不再发生战争，为了各民族兄弟般的情谊，我们丝毫不应该忘记和宽恕这一切。“应当从小就把孩子领进一个充满人类各种遭遇、操劳和忧虑的巨大世界中去。”①“要使我的学生们都能成长为在精神上是美好的、勇敢的、诚实的、公正的人，也就是要成为同形形色色的邪恶进行毫不妥协斗争的战士。”②

苏联卫国战争的胜利谱写了一曲爱国主义凯歌，证明了爱国精神是赢得一切反侵略战争的无敌力量。苏霍姆林斯基写道：爱国主义不是一句空洞的口号，它意味着——祖国的荣誉、光荣、强大和独立是最珍贵、最神圣的东西，是我们每个人的生命所不能比拟、不能相提并论的神圣信仰。没有神圣的信仰，从何谈起准备去冒枪林弹雨，抛头颅、洒热血而奉献自己的生命呢？他还想到：不是一切人都会遇上战争。应当在青少年面前展示一个社会生活的广阔天地，引导他们在这个广阔天地里，为祖国的独立、荣誉、尊严、强盛而奉献自己的青春乃至生命。

对卫国战争的反思，还使苏霍姆林斯基形成了对人道主义的完整理解。他深深体会到人道主义不但要有爱，还应有恨。爱与恨是情感世界对称发展的两极，爱愈深而恨愈烈。对侵略者的刻骨仇恨，源于对祖国和人民的挚爱。仇恨与挚爱就这样和谐地统一于苏霍姆林斯基身上。他在《把整个心灵献给

① 苏霍姆林斯基著，蔡汀，王义高，祖晶主编：《苏霍姆林斯基选集（五卷本）》（第三卷），教育科学出版社 2001 年版，第 209 页。

② 苏霍姆林斯基著，蔡汀，王义高，祖晶主编：《苏霍姆林斯基选集（五卷本）》（第二卷），教育科学出版社 2001 年版，第 404 页。

孩子》德文版后记中写道，是对法西斯的恨激发了他对孩子们的爱。他还说：温情和仇恨——对我来说一切都汇集在这两个概念当中，即对祖国、对所有亲近和珍爱的人的温情以及对敌人的仇恨。

经过这场血与火的精神洗礼，苏霍姆林斯基深感生命的宝贵，并把这种珍爱转化为对更多生命的普遍关怀，将同情心扩大到自己能力所及的教育范围。他写道：要在学校环境中去平息孩子在家庭生活中所遭遇的那些苦痛、悲伤和冲突。他在学校中进行的关爱生命的教育，以生死观为核心的积极人生观教育，无不体现着他这一时期的深刻思考。他在卫国战争中获得的深刻体验，为他的教育思想注入了浓浓的爱国主义、英雄主义、人道主义和正义必胜的乐观主义精神的元素，拓展了他关注人类生存状况的天下情怀，实际地影响着他的教育实践，也铸就了他教育思想的独特风格。

五、教育实践探索与理性反思的结晶

实践取向是苏霍姆林斯基教育思想的重要特色。他说："教育学中的创造性指的是帮助人了解自己的内心世界，首先是了解自己的智力的一种能力，是帮助人开动脑筋，教会他认识什么是美，如何用自己的劳动并通过自己的努力去创造美的一种能力。"① 他举例说：我研究了孩子们的思维，特别是一些思想迟钝的孩子们的思维，并不是为了某些理论上的目的，而是为了减轻他们的脑力劳动，教会他们怎样学习。

他的教育实践多是以问题为前导的探索性实践。他认为，没有问题就不会有思考，更不会有探索。他的爱思考的头脑总是不断产生新的问题，其中居于首位的不是学校的事务性问题，而是教育的重大问题。例如他写道："社会随着每一代人出现在我们教师面前，同时向我们提出一个个最最难解之谜。每年，我和家长们把一群群少男少女送上劳动生活的自立之路，我仔细地审视着他们的眼睛，每次都激动地思考着同一件事：在我们塑造的人身上，最主要的是什么？在那个短促的 6 月之夜，从晚霞满天到旭日东升，当少男少女们兴高采烈、尽情欢乐时，当我和他们一起走向田野，迎接他们毕业后新生活的第一轮红日时，我的心狂跳着，一些折磨人的问题使我不得安宁：人

① 苏霍姆林斯基著，蔡汀，王义高，祖晶主编：《苏霍姆林斯基选集（五卷本）》（第一卷），教育科学出版社 2001 年版，第 626 页。

的内在本质是什么？怎样塑造它？如何使人的个性的主根固着在土壤里？人之美，新的苏维埃人之美，其强劲的幼芽从中脱颖而出的子粒在哪儿？”[①]“我曾试图设想我的每一个学生长大成人后将是怎样一个人。使我惴惴不安的是：孩子，你将成为怎样的公民，成为怎样的人？你将给社会带来什么？什么是你的欢乐？你将赞赏什么、憎恨什么，你将以什么为自己的幸福，将在世上留下怎样的痕迹？”[②]像这样的问题，在他的著作中比比皆是。正是这些困扰他的问题，引导他不断深入进行探索性实践。

他同时注重对实践经验进行理论提炼。他将这种提炼比喻为沙里淘金。他说：任何成功都是来之不易的，一切好的东西背后都是巨大的劳动。要以分析的眼光来看活生生的教育工作：一天从一堆沙土中淘出一粒金子，一千天就能淘出一千粒金子。善于积累事实，善于从一些具体事物中看出共性的东西，有了这样的智力训练形成的基础，必然会有那么一个顿然领悟的时刻，那长久躲闪着你的真理实质就会突然出现在你面前。他深知：各种教育现象相互之间存在着复杂而多方面的联系，某一种具体的教育现象看来似乎与其他现象并不相关，但实际上却有千丝万缕的联系。“因此，我们对教育过程中的每一种现象或事物都应当从各种不同的角度去观察，有意识地把它同教育过程中的其他方面、其他因素和组成部分联系起来加以考虑。”[③]基于这一认识，他总是在尽量掌握大量事实材料的基础上，小心翼翼地做出结论。

苏霍姆林斯基的视野和胸怀极其宽广，他的思想源流极其丰沛，这就决定了他的教育思想必然会产生世界性的和恒久的影响。有研究者做过比较：“苏霍姆林斯基在结合教育实际进行理论研究的时候，注意总结历史经验并得出了比较正确的结论”，他善于在批判继承中创新，“他没有像赞可夫那样一度将自己的理论观点与所谓传统教育理论的观点完全对立起来”[④]，这是他较之后者取得更杰出成就的重要原因。

① 苏霍姆林斯基著，蔡汀，王义高，祖晶主编：《苏霍姆林斯基选集（五卷本）》（第五卷），教育科学出版社2001年版，第692页。

② 苏霍姆林斯基著，蔡汀，王义高，祖晶主编：《苏霍姆林斯基选集（五卷本）》（第三卷），教育科学出版社2001年版，第305页。

③ 苏霍姆林斯基著，蔡汀，王义高，祖晶主编：《苏霍姆林斯基选集（五卷本）》（第四卷），教育科学出版社2001年版，第842页。

④ 吴式颖主编：《外国教育史教程（缩编本）》，人民教育出版社2003年版，第559页。

第三节 “人学”观点：教育思想的理论基础

苏霍姆林斯基所说的“人学”有狭义与广义之分。狭义的人学是指他对学生进行的“关于人的谈话”，其主要目的是使学生清醒地认识自我，确立自尊，学会思考自己的命运，思考“我为什么活在世上”“我要给后人留下什么”“生活的意义何在”这些具有世界观意义的大问题。广义的人学则是苏霍姆林斯基对人、人的心灵和人的教育的基本认识，是他几十年教育创新的思想结晶。他写道：“教育——这首先就是人学。不了解孩子——不了解他的智力发展，他的思维、兴趣、爱好、才能、禀赋、倾向——就谈不上教育。”[①]“矫正这种人（难教儿童）的心灵是教育者最困难的课题之一；在这种最细致微妙的劳动中实际上是在进行人学方面的主要检验。做一个人学家，意味着不仅能看到、感受到孩子是怎样认识善与恶的，而且还能保护那娇嫩的童心免遭邪恶的伤害。”[②]他还写道：文学即人学，是自我认识、自我教育和自我肯定的最细腻的手段之一，教授和学习文学便是弹奏心灵的音乐。狭义和广义的人学相互贯通，可以统称为苏霍姆林斯基的人学。综观他的著作可以发现，他的人学思想是他教育思想的基础、核心和灵魂，本书各章均将有所体现，本章先简要介绍以下基本观点。

一、人的矛盾性、复杂性与教育的必要性、创造性

苏霍姆林斯基多次论述过人的矛盾性和复杂性。他写道：我们是和生活中最复杂、最珍贵的无价之宝，也就是人在打交道。“人最复杂，最丰富，有着自己的喜怒哀乐。”[③]人是万物中最奇怪、最复杂、最美丽、最不可思议的。“谈到人的深刻的个性世界，我们就会涉及既是细微的、脆弱的、娇柔的，又是无比强大的和战无不胜的力量。这种力量的作用，从实质上反映了生活的意义和本质。……在我们为之沉思和忧虑的这个个性世界里，有美与丑、

① 苏霍姆林斯基著，蔡汀，王义高，祖晶主编：《苏霍姆林斯基选集（五卷本）》（第三卷），教育科学出版社 2001 年版，第 11—12 页。

② 苏霍姆林斯基著，蔡汀，王义高，祖晶主编：《苏霍姆林斯基选集（五卷本）》（第三卷），教育科学出版社 2001 年版，第 25 页。

③ 苏霍姆林斯基著，蔡汀，王义高，祖晶主编：《苏霍姆林斯基选集（五卷本）》（第五卷），教育科学出版社 2001 年版，第 603 页。

诚挚与狡诈、负责与渎职、关心与冷漠、道德上的忘我精神与卑污行径、自我献身的豪迈与可耻的恐惧、勇敢与怯懦、大度的宽宏与卑下的暴虐、明智的自由与对苏维埃社会中这种最大的自由财富的滥用、直率与伪善，以及侠义精神与蛮横行为。”[①] 他分析说：人之所以复杂而精细，是因为每一个人都生活在一定的具体环境中，每个人都处在种种不同的、有时是相互矛盾的思想影响之下。就是说，人的矛盾性和复杂性根本地来源于社会生活的矛盾性和复杂性。

强调人的复杂性，并不意味着人的不可知。苏霍姆林斯基坚信任何现象都有自己的因果关系，都可以被人解释和认识。不过，认识人要比认识一般事物复杂得多，要用整个心灵去接触人的命运。人又是发展变化着的，对人的认识不能浅尝辄止。对于教育者而言，他无论怎样了解受教育者，每天都能在受教育者身上发现新颖、美丽和奇异的东西，每一次都能让自己对人的复杂和伟大惊叹不止。人的矛盾性决定了教育的必要性，决定了教育必须扬善抑恶，长善救失。人的复杂性则要求教育工作放弃简单化、刻板化，体现教育工作的创造性。苏霍姆林斯基指出：有一种包罗万象的、最复杂和最高尚的工作，对所有人来说都是一样的，而同时在每个家庭中又是各自独特的、不会重样的工作，那就是对人的养育和造就，其中包含着巨大的创造可能。

二、人的永恒价值与祖国和人民的利益紧密相连

“人的价值”是苏霍姆林斯基人学中的核心话题。“价值”是一个关系概念，孤立存在的人无所谓价值，因而人的价值其实是指人的社会价值，即个人在社会生活中的作用，亦即用双手为别人所创造的东西的社会意义。只有具有高度义务感的人，才能得到真正的人类幸福；只有忠于崇高的理想，才能丰富人的内心世界，提高人本身的存在价值。

苏霍姆林斯基写道：每个人都会死，但人民是永生的，人类的幸福是永生的。所以，每个人都应该努力在自己的身后留下点什么，让后人一想起这些，内心就会充满感激之情。一个人最大的幸福，就是把个人融入人类不朽的汪洋大海之中。今天青年人的个人幸福的一个最重要的条件，是意识到、

---

① 苏霍姆林斯基著，蔡汀，王义高，祖晶主编：《苏霍姆林斯基选集（五卷本）》（第五卷），教育科学出版社 2001 年版，第 878-879 页。

感觉到、体验到自己的充分价值，自己的创造力和才能，自己在创造性劳动中的成就，自己在社会中的地位。对于感受到这种幸福的人来说，诸如宿命论、无可幸免论、人的无能论等都是荒谬的。人生中有暂时价值和永恒价值，苏霍姆林斯基总是“号召每个受教育者在某种永恒的事业中肯定自己生命的价值，号召他们创建一种流芳百世的事业以使自己永垂不朽”①。他还写道：人的价值最璀璨的一个方面，就是向祖国表达自己忠诚和忠心的能力。他常常将孩子们带到卫国战争烈士墓前，让孩子们想到：英勇的无名战士献出了自己的生命，乃是为了他们的幸福和安宁，为了他们能在静静的、神秘的群星闪烁下安睡，为了苹果能飘香，为了草原上螽斯能温柔地歌唱，为了母亲在新年的夜晚能把圣诞老人的礼物放到孩子们的枕头边上，为了父亲能从养蜂场的蜂房里带回琥珀色的蜂蜜。他相信：“这个世界上有比我和你的生命更珍贵的东西——祖国的生命；有比我和你的个人利益更高贵的东西——祖国的利益；只有当祖国是幸福的，我和你才能是幸福的。”②他还相信：“从这个关于人学的话题里”，所有学生都能理解到“人的永恒价值”，“都会领悟到那无与伦比的美和无可比拟的壮举的伟大意义”③。

三、开掘人性中“英雄性、理想性和非凡性的源泉”

从根本上看，教育是人性的优化和提升。苏霍姆林斯基指出：教育的实质正是在于克服自己身上的动物本能和发展人所特有的善良本性。需要在每个人身上找到人性中最美的一面，使其大放光彩。他相信教育能使学生用人性的最高标准衡量自己，教育能使人的精神世界更加丰富，使人性升华到新的顶峰。

“人类有许多高尚品格，但有一种高尚的品格是人性的顶峰，这就是个人的自尊心。”④为此，“应当在每个人的心灵里开掘出人的自豪感的源泉。……

① 苏霍姆林斯基著，蔡汀，王义高，祖晶主编：《苏霍姆林斯基选集（五卷本）》（第三卷），教育科学出版社 2001 年版，第 486 页。

② 苏霍姆林斯基著，蔡汀，王义高，祖晶主编：《苏霍姆林斯基选集（五卷本）》（第二卷），教育科学出版社 2001 年版，第 242 页。

③ 苏霍姆林斯基著，蔡汀，王义高，祖晶主编：《苏霍姆林斯基选集（五卷本）》（第五卷），教育科学出版社 2001 年版，第 681 页。

④ 苏霍姆林斯基著，蔡汀，王义高，祖晶主编：《苏霍姆林斯基选集（五卷本）》（第二卷），教育科学出版社 2001 年版，第 783 页。

这就是必须在每个人的心灵里开掘出英雄性、理想性和非凡性的源泉”[①]。苏霍姆林斯基在向学生讲述统帅、革命家、学者这些杰出人物的优秀事迹和生活故事时，敏锐地发现有的学生并没有自我省察和自我沉思的迹象，问题在哪儿呢？他发现学生认为不是一切人都能成为统帅和优秀革命家，我们这些平凡的普通人无法像他们那样生活。于是他又向学生们讲述许多为了祖国的自由、荣誉和独立献出生命的平凡人物的故事。他力求使每个学生确立起一个坚定信念：只要在生活里有一个神圣之物，就能成为一个真正的人。这个神圣之物就是祖国。一个人在为祖国服务的事业中越是鲜明地表现出自己的作为，便越接近英雄主义、高尚品德和自我牺牲这个永垂青史的顶峰。

苏霍姆林斯基强调指出：立志成为平凡岗位上的英雄不能单凭一时心血来潮式的感情冲动，需要激发起一种坚忍不拔的精神力量。而且，“这种力量蕴含在一种创造热情之中，如果他所从事的是自己喜爱的工作，那么这种热情就能够遍及一个人的整个精神世界。能够起到教育作用的，不是出力进行劳动这件事情本身，也不是学生们在进行劳动时所表现出来的那种热情，而是在劳动过程中人们所拥有的那种精神状态以及他对自己劳动成果的理解和感受。……只有当一个人在劳动中已经创造出突出的业绩，只有当他的劳动已经获得了高超的技艺时，他才能充分感受到这一点。一个劳动创造者的尊严感、荣誉感和自豪感能使他的思维和感受变得更加完美，这种思维和感受的有机结合体，我们便称之为劳动的幸福”[②]。一个人如果在劳动（广义的劳动包括学习这样的脑力劳动）中付出了全部心血，就能通过劳动认识自身的价值，看到自己的尊严和荣誉，就能够骄傲地宣称自己站上了人生的顶峰。

〖推荐阅读原著篇目〗

《人是最巨大的财富》，载《苏霍姆林斯基选集（五卷本）》第五卷。

《我们的职责是培养人》，载《苏霍姆林斯基选集（五卷本）》第五卷。

⑤ 苏霍姆林斯基著，蔡汀，王义高，祖晶主编：《苏霍姆林斯基选集（五卷本）》（第五卷），教育科学出版社 2001 年版，第 679–680 页。

① 苏霍姆林斯基著，蔡汀，王义高，祖晶主编：《苏霍姆林斯基选集（五卷本）》（第五卷），教育科学出版社 2001 年版，第 113 页。

《我的教育信念》，载《苏霍姆林斯基选集（五卷本）》第五卷。

《寄语后来人》，载《苏霍姆林斯基选集（五卷本）》第五卷。

《遵循列宁思想办学》，载《苏霍姆林斯基选集（五卷本）》第五卷。

第二章

Chapter 2

德育：旨在培养社会认可的好人

幸福，是苏霍姆林斯基重要的教育目标。他认为教育的理想就在于使所有的儿童都成为幸福的人。他对什么是幸福有一系列深刻理解，而最重要的则是："做一个好人是最大的幸福"[①]。"为了真正懂得幸福的含义，人从童年起就应该在为他人、为集体、为社会创造幸福中去寻找欢乐。"[②]他的德育思想，集中体现为让孩子们愿做好人，学做好人，成为好人，充分享受人生中最大的幸福。

① 苏霍姆林斯基著，李元立等译：《论爱情》，工人出版社1986年版，第97页。

② 苏霍姆林斯基著，刘爱琴、安方明译：《胸怀祖国》，湖南教育出版社1985年版，第27页。

第一节 “好人”的内涵与作为德育目标的意义

苏霍姆林斯基常常将自己的教育思想体系自豪地称为“我的教育学”。他有他自己的教育主张、创新精神、探索体验和实践智慧，也有他自己喜爱的概念和独特的表述。“好人”，就是他在道德教育中常常使用的一个重要概念。培养“好人”，是他主张的德育目标。

一、“好人”即“大写的人”“真正的人”

苏霍姆林斯基德育概念中的“好人”，与他经常使用的“大写的人”“真正的人”同义，“就是指他是公民——社会主义祖国的爱国主义者，是祖国大地的英勇保卫者，是为实现共产主义理想而斗争的思想坚定的战士，是诚实的、干练的、热爱自己工作的劳动者，是集体主义者，是能享受欢乐和人生乐趣的有教养的人，是忠实的父亲和丈夫，是温柔的母亲和妻子。”①

他特别强调“好人”就是“美好、善良的人”。他说：“为了使每个学生随着年岁的增长，将来能成为一个好丈夫、好妻子、好父亲、好母亲而对他们进行的品德教育，……必须做到使孩子们的全部生活——他们的所见所闻、所作所为以及他们的一切感受，都要使他形成信念，确信生活中最宝贵的是人；最高尚的品德、荣誉和道德精神，是给人造福，为人创造美，同时也使自己成为美好、善良的人。”②他相信，当一个男孩子如果得知同学因病不能上学时，眼里就泛出泪花来的话，那他长大成人之后必定会是个体贴、关心人的丈夫和父亲；他的良心就不会允许他做出损害姑娘、妻子、母亲的事情，因为善良情感是良心的头道防线。他还认为道德中的人是统一的，不可分割的；一个人不可能既是一位好公民、一位为人类的崇高理想而战斗的真正战士，又是在精神—心理和道德关系中心灵空虚的人。这就是说，好人也一定是精神世界充实的人，是人性丰满的人；其成

① 苏霍姆林斯基著，蔡汀，王义高，祖晶主编：《苏霍姆林斯基选集（五卷本）》（第一卷），教育科学出版社 2001 年版，第 116 页。

② 苏霍姆林斯基著，蔡汀，王义高，祖晶主编：《苏霍姆林斯基选集（五卷本）》（第四卷），教育科学出版社 2001 年版，第 318 页。

为好人的高尚意愿，“不是为显示，不是为求取赞扬，而是出于高尚情操的自然需求”[①]。

与“好人”相关联的概念有“好孩子”“好学生”。苏霍姆林斯基相信：每个人都能有引以为自豪的东西，每个孩子都能成为好孩子、好学生。他批评一些学校以分数衡量学生的做法：分数好的学生就是好学生，这就给分数赋予了道德含义，从而错误地根据学生所得的分数对他的道德面貌下结论。这种错误做法使得孩子在分数后面消失了，孩子的无限性和多维的精神世界也在分数中泯灭了。其实与好人一样，好孩子、好学生也是多种多样的，其共同的本质则在于善良情感和奉献精神。“我们呼唤做好孩子的意向中，最重要的一点就是孩子的善良意志，这是奉献的源泉。”[②]即使在智育领域，分数也不应是唯一标准，应当使学生首先成为勤于思考的知识猎取者，寻根问底的真理探索者，知识世界的旅游者，只有这样他才能成为一名好学生。

二、德育就是“让儿童们渴望成为一个好人”

在谈到教育使命时苏霍姆林斯基说：“我们最重要的一个教育手段是十分尊重自己学生的人格。我们的使命是用这一手段去培植非常细腻而又精致的想法——希望成为一个好人，希望成为一个今天比昨天更好的人。这种愿望是不会自发产生的，只有经过教育才能够培养起来。我们社会的性质和基础提出的要求是，把这种真诚的愿望（受教育者希望自己成为一个更好的人，教育者则希望看到受教育者成为一个比现在更好的人）成为联系教育者和受教育者的主要桥梁。”[③]在他看来，所谓“真正的教育”或“真正的教育者”，就是能将孩子们培养成为好人。而儿童要成为一个好人的志向，需要通过他自己的意志力量表现出来。“真正的教育恰恰在于使学生想到自己、评价自己、用人性的最高标准衡量自己。让秉性最复杂、最难教育的学生在理想人物的

① 苏霍姆林斯基著，蔡汀，王义高，祖晶主编：《苏霍姆林斯基选集（五卷本）》（第三卷），教育科学出版社 2001 年版，第 126 页。
② 苏霍姆林斯基著，蔡汀，王义高，祖晶主编：《苏霍姆林斯基选集（五卷本）》（第二卷），教育科学出版社 2001 年版，第 293 页。
③ 苏霍姆林斯基著，蔡汀，王义高，祖晶主编：《苏霍姆林斯基选集（五卷本）》（第三卷），教育科学出版社 2001 年版，第 434 页。

影响下挺起腰来，让儿童们渴望成为一个好人。”[①]“真正的教育者要唤起自己的学生努力成为一个好人的志向。教师基于他教导学生的道义权利对学生所怀有的真挚诚恳的感情，这正是激励学生要实现成为一个好人的志向的生气蓬勃的力量。”[②]

培养学生成为好人的愿望，是苏霍姆林斯基人道主义教育思想的重要体现。他的人性论依据是：没有不想成为好孩子的儿童。因此，教师应该像园丁精心照看果树，爱护它的每一枝、每一叶一样，爱护和保持孩子们身上的一切好品质。应当让儿童发挥内在的精神力量来克服自己的缺点。苏霍姆林斯基强调指出：教育上的明智和技巧，在于精心保护和珍惜孩子心灵中对美好事物的向往之情，以及他们要成为一个好人的志向。如果儿童还没有这种向往和志向，那就要去培养。如果孩子没有内部的精神动力，如果孩子没有做一个好人的愿望，学校便不可想象，教育也不可想象。

三、善良情感既是德育目标也是德育条件

具有人道主义善良情感的好人无疑是德育的重要目标，同时也是德育乃至教育的重要条件。苏霍姆林斯基将善良情感视为学生“可受教育的能力”。他认为教育的核心或者说教育的最宝贵之点，就是使一个人想成为好人，想竭尽自己整个心灵的全部力量，在集体中“显示出自己是一个优秀的、完全合格的公民，诚实的劳动者，勤奋好学的思想家，不断探索的研究者，为自己的人格的尊严而感到自豪的人。这就是我们必须细心地准备的土壤”[③]。他指出：就像板结的土壤不能渗入水份也不能变得肥沃一样，学生的心灵也是这样，它只有像准备好接受优良种子的土壤一样，才会接受教师真诚的教育。就是说，“孩子们对教师在阐发道德价值的实质时所发表的言论的敏感程度、思想反应和个人态度，取决于他们的善良情感的发展程度”。“如果一个学生能把别人的痛苦、不幸和忧伤放在心上，如果他多次体验过帮助人的热情，而且把这种热情付诸于行动的话，那他就会把教师的话当作直接对

④ 苏霍姆林斯基著，蔡汀，王义高，祖晶主编：《苏霍姆林斯基选集（五卷本）》（第一卷），教育科学出版社 2001 年版，第 570 页。

① 苏霍姆林斯基著，蔡汀，王义高，祖晶主编：《苏霍姆林斯基选集（五卷本）》（第四卷），教育科学出版社 2001 年版，第 709 页。

② 苏霍姆林斯基著，杜殿坤编译：《给教师的建议》，教育科学出版社 1984 年版，第 471 页。

他发出的号召来接受”；相反，“凡是善良感情没有得到发展的学生，对老师的言语就会无动于衷”，简言之，德育过程“在很大程度上取决于情感教育和善良情感的形成”[①]。苏霍姆林斯基举例说：夫妻真正相爱，同时又有博爱之心的家庭，才会培育出好孩子来。我一眼就能看出夫妻恩爱的家庭培养出来的孩子，他们内心平和，身心健康，满怀热爱真善美的信念，善于倾听老师的意见，善于接受诸如言教、美育等好的影响。可见，培养人的善良情感就是创造人的接受教育性，这是道德教育的一条红线，一条培养学生成为好人愿望的起跑线。

第二节 如何培养学生的善良情感

苏霍姆林斯基认为：“善良情感、情绪素养——这是人性的核心。”[②]他深信每个人的心灵深处总会存在善良情感。卫国战争后期面对着一些沾染了不良习性的流浪儿，他仍然坚信：“他身上总会有一些善良的东西。一个真正的教育者要坚持去发掘这善良的、人性的东西。”[③]他创造性地开设了一门“人道主义课”，就是要培养学生的善良情感，即让孩子们通过创造善良事物来表现自己作为人的精神实质。

一、从关心动植物到关心人、尊重人

苏霍姆林斯基相信：“为每一个人培养起善良、诚挚、同情心、助人精神及对一切有生之物和美好事物的关切之情等品质，是学校教育的基本的起码目标。学校教育就要由此入手。薄情会产生冷漠，冷漠会产生自私自利，而自私自利则是残酷无情之源。为了防止薄情的滋生，我们培养孩子们要学会真诚地关怀、惦念、怜惜一切有生之物和美好的东西——树木、花草、禽鸟、动物。如果一个孩子会深切地关心在隆冬严寒中无处栖身的小山雀，并设法去保护它免遭灾难，能想到保护小树过冬，那么这个孩子待人也绝不会

① 苏霍姆林斯基著，蔡汀，王义高，祖晶主编：《苏霍姆林斯基选集（五卷本）》（第四卷），教育科学出版社 2001 年版，第 308-309 页。

② 苏霍姆林斯基著，蔡汀，王义高，祖晶主编：《苏霍姆林斯基选集（五卷本）》（第三卷），教育科学出版社 2001 年版，第 80 页。

③ 苏霍姆林斯基著，蔡汀，王义高，祖晶主编：《苏霍姆林斯基选集（五卷本）》（第四卷），教育科学出版社 2001 年版，第 780 页。

冷酷无情。”[①] 他在细心观察中发现，女孩比男孩总是更多些善心。他分析：“女孩子之所以比较善良、富于同情心、温柔，大概是由于她从幼年起就已经带有一种尚未意识到的母性本能的缘故。在她成为新生命的创造者之前，爱护生命的情感早已在她的心灵中确立了。善的根源在于奠定、缔造、创立生命和美。”[②] 他得出结论：善良情感往往与对生命的呵护息息相关。于是他引导孩子关心生命，特别是弱小生命。他努力使每个孩子都有自己的一棵树、一丛玫瑰、一株菊花，让孩子在照料植物时能培养起高尚的情感和动机。学校还开辟了受伤小动物的“医院”。孩子们将一只冻得发抖的小瘦猫救起，将它跟小兔养在一个笼子里，还给它们带来胡萝卜和牛奶。当看到小猫和小兔彼此紧紧依偎在一起熟睡的情景时，孩子们的欢喜劲儿简直难以形容。他们担心吵醒小动物，都低声细语地说话。苏霍姆林斯基写道：“那不是微末琐事，而是善良情感的一条渠道，我一直怀着急切不安的心情期待那周围世界的美什么时候能在最冷漠的心灵中唤起善良的情感——抚爱和恻隐之心。”[③] 他进而发现：热爱有生命的东西，造就有生命和柔弱的东西，能给予儿童莫大的幸福，因为他能把他认为是无限珍贵而又十分亲切的东西留在自己的心灵中。这东西开始是花和小鸟，后来是人，最后是见解和思想。珍惜有生命的、美好的、唯一正确的东西的能力，犹如一根粗壮树苗的幼根，他把它称为思想性。

世界上最宝贵的是人。他将孩子们萌发的善良之心进一步引导到对人的关心上。他认为教育工作的一项最重要的任务，就是使每个孩子的心灵里都有一种美好的愿望，希望能给别人带来欢乐、幸福、福利、平安和好处。这也就是真正爱别人的道德内容，即教育孩子诚心关怀别人的内心精神世界，教育他愿意为了亲人的幸福而付出自己的精神力量。孩子首先要热爱自己的父母，让父母为自己具有公民的美德、诚实和自尊而感到骄傲。他教导孩子说：要善于根据眼神、言语、动作和行为最微小的细节去感受他人，而首先是感受自己母亲的忧伤、不安和苦楚。他有感于一位五年级学生的话：“我

① 苏霍姆林斯基著，蔡汀，王义高，祖晶主编：《苏霍姆林斯基选集（五卷本）》（第四卷），教育科学出版社 2001 年版，第 247–248 页。

② 苏霍姆林斯基著，蔡汀，王义高，祖晶主编：《苏霍姆林斯基选集（五卷本）》（第三卷），教育科学出版社 2001 年版，第 76 页。

③ 苏霍姆林斯基著，蔡汀，王义高，祖晶主编：《苏霍姆林斯基选集（五卷本）》（第三卷），教育科学出版社 2001 年版，第 78 页。

应当好好学习，我妈妈的心脏不好。”他希望所有孩子都能好好学习，以优良成绩给家庭带来欢乐、幸福、和睦和安宁。他要求每个一年级学生都要在宅旁园地里栽种给父母、爷爷、奶奶的苹果树。一连几年的栽培劳累终会迎来这一时刻：孩子们怀着心儿突突跳的喜悦，等待着从树上摘下第一批果实敬献给最亲爱的人——父母、爷爷、奶奶。他相信这一时刻比千百次教育谈话和教导更有价值！这一时刻将在孩子心灵中留下不可磨灭的痕迹——好像即将登上道德发展中的第一个高峰。

二、爱与恨相反相成的人道精神培育

随着孩子们年岁增长，苏霍姆林斯基的要求也日益提高：要求孩子们学会分辨善恶，爱憎分明。他写道：“学校的全部教育，就其实质而言，就是要培养学生的如下品质：爱和毫不妥协的精神、爱和自豪感、爱和恨，也就是对祖国、对亲人的爱，对敌人的恨；对父母的爱，对伴侣的爱，对与已具有相同观点、信念、热情和愿望的那些人的爱。”[①] 他相信：善与恶的概念在他们的心里必定会形成对善的极为热情的追求，对恶的毫不妥协和极端厌恶的态度。这种追求和这种毫不妥协的态度在行动中表现得越积极，道德和美的一致性在年轻的心灵里的根就扎得越深。“在我们这个时代，善的标志不只是要为自己亲近的人创造幸福与欢乐，而且还要对邪恶毫不妥协以及与思想上的敌人进行无情的斗争。”[②] 当然，所谓的“恶”，所谓的“敌人”，不是个别人或少数人的对立面，而是人民公敌。

一个善良的人不仅要仇恨敌人，也应憎恨现实中的丑恶现象。苏霍姆林斯基常对学生说：要记住生活中不只是有美的和高尚的东西，遗憾的是还有丑恶、阴险和卑鄙的东西，还有精神空虚和无知。他主张教育一方面要培养人对于美好的、惹人喜爱的、令人神往的东西的敏感性；另一方面也要培养对于丑恶的、不能容许的、不可容忍的东西的敏感性。要让学生懂得，丑恶的事物无孔不入，社会生活中存在的一切卑鄙、肮脏、丑恶的东西只要找到一点点微小的缝隙，就会钻进来填补这个真空。“假如你对丑恶现象视而不

① 苏霍姆林斯基著，蔡汀，王义高，祖晶主编：《苏霍姆林斯基选集（五卷本）》（第一卷），教育科学出版社 2001 年版，第 747–748 页。

② 苏霍姆林斯基著，蔡汀，王义高，祖晶主编：《苏霍姆林斯基选集（五卷本）》（第三卷），教育科学出版社 2001 年版，第 462 页。

见，继而用市侩哲学‘与我无关’来安慰自己，那你就会在丑恶现象面前失去自卫能力。……应当永远做一个在道德上进攻的人、一个毫不妥协的人、一个不屈不挠的人。”[①] 相反，假如对一切都逆来顺受，闭目塞听，默然苟安于得过且过的生活，一任丑恶的事物吞噬和消灭善良，一任善良处于弱肉强食和无法自卫的地位，丑恶现象就会愈演愈烈。苏霍姆林斯基强调：对待丑恶现象的积极态度，就是不但要憎恨它，还要采取不容忍、不妥协的态度，要做一个为我们世界真正的美而斗争的战士。

三、在灵魂深处发动以善制恶的斗争

苏霍姆林斯基发现："对于卑劣的、丑恶的东西的这种愤慨和厌恶，会渐渐地迁移，用来检查自己——这是一种极其微妙的转变，一个人对于美好事物的追求和对于丑恶事物的深恶痛绝的品质，在决定性的意义上取决于这种转变。"[②] 教育的艺术在于要使每个人的心坎里都有一个小型的斗争领域。就是说，要让"一个人不仅在他不慎做了不好的、不应有的、卑劣的事情时，他会感到对自己愤怒和厌恶，而且甚至在想象自己有可能做出这样的事情时，也会痛恨自己。这样，卑劣低下的事就会成为他内心不能容忍的、不可能也不容许去做的事。痛恨自己的卑劣是羞耻心这种高尚情感的源泉，是良心的忠实守卫者。羞耻心是抵制卑鄙无耻行为的强有力的抗毒剂，是义务感和责任感的道德情感的支柱。一个人由于有了厌恶感而产生羞耻心，而由于有了羞耻心，他就能坚决抵制任何‘哥儿们’和‘市井小儿’的引诱和唆使，就不会去做不道德的、违法乱纪的事"[③]。这样，人的善良情感就从内部滋生起来了。

第三节 帮助学生确立"成为好人"的道德信念

道德信念是人的道德面貌的主导的核心因素。一个人的信念的形成，就

① 苏霍姆林斯基著，蔡汀，王义高，祖晶主编：《苏霍姆林斯基选集（五卷本）》（第二卷），教育科学出版社 2001 年版，第 416 页。

② 苏霍姆林斯基著，杜殿坤编译：《给教师的建议》（修订本全一册），教育科学出版社 1984 年 6 月版，第 363 页。

③ 苏霍姆林斯基著，蔡汀，王义高，祖晶主编：《苏霍姆林斯基选集（五卷本）》（第一卷），教育科学出版社 2001 年版，第 172 页。

是人的真正诞生。“如果一个人的信念没有经受过考验，没有在克服困难与障碍的过程中得到磨炼的话，那他就不能成为一个真正的人。”[①] 信念不仅是一个人对世界观概念和道德概念的真理性的认识，而且他自己准备按照这些准则和概念去行动；它强调积极的态度与自觉的意志和行动，是一个人所知、所想、所感与所为的统一。

一、把人类的道德财富揭示给年轻的心灵

苏霍姆林斯基提出：“进行道德教育的技巧和艺术就在于，要把道德财富揭示给年轻的心灵，要运用鲜明的形象，激起真情实感，唤起对理想的追求。”[②] 道德教育的最主要的方法之一，就是要使每个学生在少年时代就怀有赞扬好人高尚精神的深厚感情，并爱上这种人，尊敬这种人。实际上，相信人、相信人道主义的美都取决于这一点。如果缺乏这一点，正在成长着的青少年的内心就是空虚的。一个人空虚的灵魂会贪婪地吸收不好的东西，同时很难使它受到好的东西的影响。他写道：“如果您想让少年开始思考自己，开始用人类道德的最高标准来衡量自己，就在他的心胸间唤起对道德美的赞誉和道德功勋的惊叹之情吧。道德财富不是抽象的道理和死板的原则。道德财富——这是活生生的人们的血肉，这是炽热之心的跳动，这是一个人为了人类的幸福而感到的幸福，这是欢乐和痛苦。要在少年眼前描绘出成为人类道德美之永恒体现的活生生的人的光辉形象，让他屏息聆听，让道德美和道德功勋的明亮火炬照亮他的心灵，沁入他内心深处的每一个角落，让这颗心跳得更欢跃。”[③]

他千方百计地让学生产生对以杰出人物的生活为源泉的道德美的赞誉。他发现，不需要到远隔千山万水的地方去寻找令人赞叹的理想人物，在孩子们的身边就有这些光辉形象；教育工作的秘诀就在于让学生善于发现生活中的理想人物。为此，他经常组织学生与各条战线上的英雄模范人物座谈，谈理想，谈人生，谈奉献。

① 苏霍姆林斯基著，蔡汀，王义高，祖晶主编：《苏霍姆林斯基选集（五卷本）》（第三卷），教育科学出版社 2001 年版，第 461 页。

② 苏霍姆林斯基著，蔡汀，王义高，祖晶主编：《苏霍姆林斯基选集（五卷本）》（第一卷），教育科学出版社 2001 年版，第 160 页。

③ 苏霍姆林斯基著，蔡汀，王义高，祖晶主编：《苏霍姆林斯基选集（五卷本）》（第五卷），教育科学出版社 2001 年版，第 372-373 页。

十六岁的玛丽娅在《我的道德理想》的作文中写道："做一个诚实的劳动者——工人或集体农民——受到的尊敬并不亚于工程师、农艺师、教育家。据我看，主要的问题在于：一个人在劳动中要发挥出自己全部的精神力量。一个好的女挤奶员，假如她把自己的全部创造精神投入劳动，她就同农业部长一样是一个社会活动家。我不想当工程师或者农艺师，我没有这样的能力，但我能成为一个好的挤奶员。我爱上了安娜，她是我们集体农庄一位有才干的女挤奶员。有一头母牛原来每天只能产七公升牛奶，当安娜殷勤照料它后，这头母牛竟能产十七公升牛奶。安娜对我说：'热爱劳动吧，你会成为一名能手的。'"①

实践让苏霍姆林斯基相信："道德美引起的赞誉，会在少年那里激发出观照自身美的愿望，激发出对自身道德美的审美情感。……美会自动地施影响于一个人的心灵而无须任何诠释。……无须向少年烦琐絮叨地去阐述那种不必解释就十分了然的东西。一位英雄的形象已征服了他的心灵，就一任创造想象力驰骋，去默默描绘他自己在这位英雄生活和斗争的环境里的情境吧。"② 教师不仅应当引导学生钦佩英雄人物的勇敢行为、英雄气概和自我牺牲精神，更应当让学生理解其背后的高尚道德动机。他主张要给青少年充分的独自遐想的时间，使其情不自禁地于独处之际在自己的想象里描绘优美动人和英勇豪迈的宏伟画卷，情不自禁地设想自己在艰难环境里为善良的胜利而斗争的情景，这就是那种具有个体特色的精神活动；没有这种精神活动，就不可能萌发真诚之心和人道之举。他相信："假如您能激发起少年的这种高尚情感，他就会更迫切地想使自己更接近道德楷模。"③

二、道德习惯和道德信念中的道德情感

比道德概念更重要的是一个人的道德习惯。苏霍姆林斯基指出："道德习惯的实质就在于，人的行为已经由良心的呼唤所支配，而这种呼唤的主调则是情感。我永生都铭记着法国著名文化活动家爱德华·赫里欧里奥的名言：

① 苏霍姆林斯基著，陈炳文译：《年轻一代的道德理想教育》，湖南教育出版社1984年版，第71-72页。
② 苏霍姆林斯基著，蔡汀，王义高，祖晶主编：《苏霍姆林斯基选集（五卷本）》（第五卷），教育科学出版社2001年版，第374页。
③ 苏霍姆林斯基著，蔡汀，王义高，祖晶主编：《苏霍姆林斯基选集（五卷本）》（第五卷），教育科学出版社2001年版，第377页。

其他一切都被遗忘时，所保留下来的那就是修养。确实，道德修养并不是要保留在记忆中的一堆堆知识，而是由深刻感受和领悟了的知识凝结在心灵里的东西。”[①] 道德习惯是初步的道德修养，具有一种如同条件反射般的重复性和自动化特征。如同一个有文化的人读一个单词时不必思考该词的每个字母一样，一个有道德教养的人，做出高尚行为时也无须对行为实质所反映的思想去进行逻辑论证。

比道德习惯更重要的是道德信念。两者相比，后者更多地具有内在性、难以改变的根本性以及更多的创造性。德育是一项树立道德信念的特殊过程，道德信念能不断激发青少年创造出新的道德行为，是一个人的精神面貌及其言行一致的主要标志，是道德发展的最高目标。形成坚定的道德信念是一个长期的复杂的过程。

无论是道德习惯还是道德信念的形成，都离不开道德情感。“情感，是道德信念、原则性和精神力量的核心和血肉。没有情感，道德就会变成枯燥无味的空话，只能培养伪君子。正是由于这个原因，形象地说，由道德概念通向道德信念的甬道是以行为和习惯为起点的，而这些行为和习惯则是充满深切情感并包含孩子对待他所做的事和他周围发生的事情的个人态度。只有我为他人做好事自己并不受益，只有当我不止一次地体验过自己不受益而为他人做好事的快乐——这种仅仅由于做了好事而感受到快乐的时候，我才会在有人做坏事而于我毫无损害的情况下，也把它当作自己的不幸来感受和体验。”[②] 苏霍姆林斯基举例说：校园里有几百棵果树。在老师的提醒下孩子们也能注意照看它们，但这只是事情的一个开始，更主要的是要让孩子在看到有树被毁坏时会感到心痛。假若我们随后能看到，孩子在发现有折断的树枝时能跑回教室或者家里去找小绳，或者当他自己不会用绳缠扎时，会带着不安的心情去向老师或者高年级同学报告风把树枝吹断的事，我们认为我们的目的就已经达到了，小树对他来说已成为有生命的、应该保护的东西了。当孩子们这些呵护生命的行为逐渐形成习惯后，当他们遇到手提重箱的老人需要帮助“这类涉及他人或是社会的事时，他们已经无法漠然处之和视而不

① 苏霍姆林斯基著，蔡汀，王义高，祖晶主编：《苏霍姆林斯基选集（五卷本）》（第四卷），教育科学出版社2001年版，第259页。

② 苏霍姆林斯基著，蔡汀，王义高，祖晶主编：《苏霍姆林斯基选集（五卷本）》（第四卷），教育科学出版社2001年版，第256-257页。

见，不能不自然相助了。……这时，人要做好事，不是因为想听到什么赞扬（在道德教育中赞扬是一种十分微妙而又并非毫无危害的手段），而是因为如果他对之漠然不顾的话，将会使他为此感到内疚”[①]。德育就是要培养这样的情感。

苏霍姆林斯基相信：“激情对于信仰如此重要和必不可少，就像从冬眠中唤醒大自然少不了春雨一样。”[②]他同时指出：培养感情是培养人的精神面貌的最困难的任务之一。任何感情本质上都是道德因素和审美因素的统一。一个人对于某一事物、现象、情况抱肯定或否定的态度，实际上是他的审美观点的反映。他不同意某些教师的观点：认为学生的意志、努力不要用在表达感情上，而首先要控制、抑制感情，要分析自己在表达感情时做得对不对。他认为：抑制、制止道德高尚的感情，会挫伤一个人对周围现实的热情和积极性，使其出现对善恶漠不关心、谨小慎微，对某种不良行为和现象本来一眼就能做出正确评价，却还说要分析分析。这样的人常常寻找种种借口，拒绝感情促使他应采取的行动；清醒的算计会抑制他所怀抱的高尚感情，而没有感情就没有活人，人就会成为人类以极大的热情才寻找到的真理的冷漠的持有者。他呼吁：“让学生们尽可能积极地表示自己的感情，特别是表示对损害人的自律感，对不诚实、两面派、口是心非行为的毫不妥协态度的感情吧！让他们从获得情感的互相冲突和斗争的经验中树立起道德信念吧！”[③]

三、防止信念形成过程中的种种脱节

“信念就其本质来说，不可能是一种不劳而获的精神财富。只有通过积极的活动，信念才能起作用，才能得以巩固，才能变得更加坚定。一个人只有确认了一定的原则，并愿意为实现这些原则而斗争，在任何情况下都不放弃这些原则，他才能对某些东西产生信念。”[④]苏霍姆林斯基每每痛心于“道德落后于知识的现象”，他分析这中间除了缺少道德情感滋养的原因，至少

---

① 苏霍姆林斯基著，蔡汀，王义高，祖晶主编：《苏霍姆林斯基选集（五卷本）》（第四卷），教育科学出版社 2001 年版，第 257—258 页。

② 苏霍姆林斯基著，刘爱琴等译：《胸怀祖国》，湖南教育出版社 1985 年版，第 44 页。

③ 苏霍姆林斯基著，李元立等译：《论爱情》，工人出版社 1986 年 1 月版，第 52 页。

④ 苏霍姆林斯基著，蔡汀，王义高，祖晶主编：《苏霍姆林斯基选集（五卷本）》（第三卷），教育科学出版社 2001 年版，第 662 页。

还有三方面的脱节。

一是课堂教学中知识性要求与思想性要求的脱节。本来，知识中蕴含着的思想是道德信念的源泉，学生在获得知识时应当发生一种“精神活动”，即以积极主动的努力，使社会的政治、道德、审美思想、观点、信念、理想等道德财富变成个人的财产，变成内心的宝藏，变成行为的规范和准则；惟有这种精神活动才能在少年的心灵里产生出神圣和不可违背的原则，使之成为道德的核心；没有这种精神活动便没有对理想的追求，也便没有个性。遗憾的是，他看到部分学生掌握的知识很肤浅，他们意识中留下的只是一些零碎的知识；不论教材中包含着多么丰富的道德思想，学生在学习过程中都常把掌握知识放在首要地位，着重学会、记熟和弄懂教材，教师全力以赴追求的也是这一目标；而这种学会、记熟教材的目标越是被置于首要位置，它占去学生的精力就越多，它的思想性就越是退居次要地位，知识转化为信念的效率就越低。“如果教育工作仅仅局限于要使学生‘背熟功课——回答问题——获得评分’的框框里，那么总的说来，要把知识变成信念是不可想象的。”[①]

二是因缺乏道德实践和道德经验所造成的言行脱节。苏霍姆林斯基相信：学生想成为好人的愿望，只有当他在用自己的双手和智慧创造出的某种东西上看到自己、感到自豪、体验到创造者无与伦比的自尊感时，才能牢固地确立起来。例如为使儿童相信善良，就要使他们看到依靠自己的力量所创造的善良美好的事物，让他们在为他人谋得的幸福中看到自己付出的一分心血。当儿童在创造的善行美德中反映出他们的气质、个性的时候，信奉善良才能成为他们心灵中的神圣信念。他们在受良心驱使去创造善良事物时，就将如同一个口干舌燥的人不能绕过清泉一样不能不去创造美好事物。这种道德经验是个人的精神财富，拥有这种财富会使一个人具有崇高的生活目标，追求精神价值丰富的生活就成为他习惯的自然而然的事情。

三是道德实践形式与精神目标内容的脱节，亦即“做好事”与“做好人”的脱节。苏霍姆林斯基举过一例：

六年级的5个男生去帮助一位老婆婆挑水浇白菜。在路上，他们遇到一个老爷爷，大家都熟悉他：他眼神不好，拄一根拐棍为自己探路。孩子们突然想

① 苏霍姆林斯基著，蔡汀，王义高，祖晶主编：《苏霍姆林斯基选集（五卷本）》（第一卷），教育科学出版社2001年版，第643-644页。

到要拿这位老爷爷开开玩笑，便在他必经的路上找到一处坑洼地段，往那里灌满水，然后躲在灌木丛后……老爷爷顺路踏进了这个陷阱，那模样儿逗得少年们哈哈大笑，孩子们笑累了之后又回到水井旁汲水，给老婆婆浇白菜……

原来这些少先队员去帮助老婆婆不是出于良心的托付，而是学校计划里有这项活动，而且还要竞赛评分。苏霍姆林斯基批评说：这种装模作样的积极主动，这种矫揉造作的善良，这种充满高谈阔论、慨然允诺和装腔作势的所谓思想性的喧嚷，阉割了诚恳、真挚、人道的真正的思想性，是在怎样地摧残着年轻人的心灵啊！孩子们做的一些好事，“如果没有内在动机的激励，如果它的推动力不是良心的感召，那又有什么价值呢？”①

四、鼓励学生终身不懈攀登道德高峰

学习是学生主要但远非唯一的任务。苏霍姆林斯基强调：不要把学校和学生的精神生活仅仅局限在掌握教学大纲所取得的成绩上。一些学生正是在这个领域遭遇到难以克服的困难，但是，他相信这些学生也能获得长足的精神发展。“培养全面发展的人的技巧和艺术就在于：教师要善于在每一个学生面前，甚至是最平庸的、在智力发展上最有困难的学生面前，都向他打开他的精神发展的领域，使他能在这个领域里达到顶点，显示自己，宣告大写的‘我’的存在，从人的自尊感的泉源中汲取力量，感到自己并不低人一等，而是一个精神丰富的人。这个领域就是道德发展。在这里，通往顶点的道路对任何人都没有封锁，这里有真正的和毫无限制的平等，这里每一个人都可以成为伟大的、独一无二的人。”②

出于这样的信念，他对道德教育的可能性做出了充分肯定。

他在道德教育中常常会关注细节，但他从不停留于琐事，从不忘记从高处着眼。他认为在人的情感世界中，如果一个人把自己看作是非常渺小、微不足道的尘屑，这种感情是最可怕的。他总是教育学生对于那些干瘪、平庸的人物毫不容忍。他多次提出：孩子应当对攀登上道德品格高峰的人深表敬意，应当去仰望人的高峰，而不应当低着头去凝视坑洼和沼泽。让少年公民

① 苏霍姆林斯基著，蔡汀，王义高，祖晶主编：《苏霍姆林斯基选集（五卷本）》（第五卷），教育科学出版社2001年版，第371页。

② 苏霍姆林斯基著，蔡汀，王义高，祖晶主编：《苏霍姆林斯基选集（五卷本）》（第一卷），教育科学出版社2001年版，第94页。

的头永远仰望着闪着崇高思想的高峰，只有在这种条件下，他才会体验到对祖国的高尚的责任感。要对孩子们讲英雄业绩美，使他们的眼界永远向着高峰。“教育上一个重要的目的，就在于使每个人在童年时代就能体验到人对义务顶峰的追求是一种魅力和美。教育的理想就在于使每个人去追求自己的顶峰，不要迷失通往顶峰的方向，更不要从旁而过。只有精神力量才能使人成为真正的人。”①

千里之行始于足下。苏霍姆林斯基指出，“儿童通往义务顶峰之路，形象地说，便是从自己意识生活的最初几步开始，就要用整个心灵接触人的命运。要让别人的遭遇成为对他具有切肤之感的本人的事情；要让通往认识最高利益之路经过人的遭遇；要让一个人在向理想接近时认识自我，自觉地对待自我”，不断提高“向自己提出要求的能力和驾驭自己良心的能力”②。他还提醒说：向道德顶峰的攀登是逐步的又是不间断的，无止境的。一个人任何时候都不可能说“我已达到顶峰了”，人总是艰难而幸福地前进在道德完善的路途上。

第四节　好人需在社会关系和社会实践中锻炼确认

苏霍姆林斯基认为：人的品质是在人出生以后，靠人与人的关系即社会关系而形成的。即使是内心的精神活动，也“不是什么脱离了日常工作的自我反省和自我剖析，而是一种创造性的劳动，是受到崇高目标鼓舞的一种积极的社会活动。精神活动——这是包括劳动在内的各种社会关系的反映，这些社会关系表现在人的内心世界、他的爱好和志向以及他的愿望中”③。学校的任务在于，使每个青少年的精神世界不要局限在个人和家庭利益的狭隘圈子里，只有在广阔的社会关系和社会实践的锻炼和考验中，才能造就真正的好人。

① 苏霍姆林斯基著，蔡汀，王义高，祖晶主编：《苏霍姆林斯基选集（五卷本）》（第二卷），教育科学出版社 2001 年版，第 221 页。

② 苏霍姆林斯基著，蔡汀，王义高，祖晶主编：《苏霍姆林斯基选集（五卷本）》（第五卷），教育科学出版社 2001 年版，第 701–702 页。

③ 苏霍姆林斯基著，蔡汀，王义高，祖晶主编：《苏霍姆林斯基选集（五卷本）》（第三卷），教育科学出版社 2001 年版，第 654 页。

一、成为学习和劳动集体中的好成员

个人离不开集体，集体也离不开个人。真正的集体和个人之间总是发生着良性循环。一方面，真正的集体总是充满着欢乐和善心。“欢乐和善心是一种使集体得以树立宽宏大量的集体关系的精神，是集体的道德力量、道德美和道德尊严的丰富源泉。哪里的集体宽宏大量，心地慷慨、温情、敏感，哪里的集体活动首先表现为对弱小而无力自卫的生物的温情关怀，哪里的个人也就会感到自己是花环上的一朵独特的花。”[①] 另一方面，一个优秀的集体并非从天而降，而是每个成员以各自的高尚精神和健康个性精心缔结的。“一个人生活在集体之中并承认自己是这个集体里的一员，自己愿意做个好人，也希望别人承认自己是好人。”[②]“只有健康的、生机蓬勃的小溪、泉水和水滴才能汇成集体的大河。如果这些小溪污染了，大河就会成为一潭臭水。”[③]

作为集体中的一位好成员，他会尊重集体的共同观点和信念，尊重集体中的其他成员，能够按自愿和良心的吩咐不仅在极需要的时刻，而且在日常生活中、在通常环境里，思考能为他人做什么并准备做什么。苏霍姆林斯基对孩子们说：你生活在人们中间，你的每一个愿望和每一个行为都会影响到周围的人。在你“想做什么”和“可以做什么”之间有一条严格的界限。你要检查自己的行为，问一问自己：你是否对他人做了什么不好的事？给他们添了什么麻烦没有？你所做的一切都应当让好人高兴，恶人难受。他认为：“教育工作的一个最重要的规律，就是要使学校和家庭培养儿童具有对别人的利益、幸福、欢乐、命运和生活负责的精神。要使儿童懂得并体会到，他的一举一动都在他周围人的精神生活中，即在他的同伴、父母、老师和根本不相识的‘旁人’的精神生活中反映出来，要使一个人懂得，只有当他不给别人造成不幸、委屈和不安的时候，他才会感到自己是心安的，是幸福的。……

---

① 苏霍姆林斯基著，蔡汀，王义高，祖晶主编：《苏霍姆林斯基选集（五卷本）》（第一卷），教育科学出版社 2001 年版，第 688 页。

② 苏霍姆林斯基著，杜志英等译：《家长教育学》，中国妇女出版社 1982 年 9 月版，第 101 页。

③ 苏霍姆林斯基著，杜殿坤编译：《给教师的建议》（修订本全一册），教育科学出版社 1984 年 6 月版，第 469 页。

一旦知道自己的轻率举动给某人带来了痛苦，就会坐卧不安。”①

更重要的是，集体的每个成员都应当在能够最充分显示其天资、才能与爱好的活动领域里发挥自己的积极性，增强整个集体的活力。苏霍姆林斯基写道：集体成员应有不同的兴趣和爱好，阅读不同的书籍。每个人都有自己的创造性，人人都用自己的某种东西把集体充实起来。有了这多种多样的爱好，集体的智力生活就非常丰富了。只有当每个人都有独特的面孔，都在设法使同学之间的相互关系日益丰富时，集体才有力量。

二、为社会尽职尽责的好公民

苏霍姆林斯基写道：“人的内在本质，他那决定一切和一切由之生发的主根，是义务，是每个人在社会主义祖国面前，在人民的意识和道德财富面前，在他人的命运、欢乐、幸福、生活、生死面前觉悟和感受到的自身责任。义务——是道德的焦点、精神的核心，决定着我们期待于学生的一切。”②特别是，“现代人在智力上的超前发展，不断对人的道德提出新的要求。……智慧赋予人以如此巨大的支配自然界的权力，以至一个人就可以决定成千上万人的命运，……譬如在水电站、矿井、原子能发电站、铁路枢纽的调度室里等等。现在，一个所谓的普通劳动者，就必须非常细心，思想高度集中，具有顽强的耐心和极其沉着冷静的头脑，而所有这些品质又都取决于人的道德感——对于人们的义务感和责任感”③。今天在校的学生是“课桌旁的公民”，是将要持有公民身份证和应征入伍证的人，是明天的劳动者、战士和公民。因此，应当让在校学生像公民一样生活，让社会精神和公民精神在他的内心世界中居于至高无上的地位，让他“成为名副其实的公民”。

这首先要求学生具有强烈的义务感。义务感是一种对他人、集体和社会的利益的认识和体验，“是这样一种劳其心智、乏其体肤的紧张劳动。这时对于一个人来说，不是属于他本人，而是属于他人、集体、社会的事情，却

① 苏霍姆林斯基著，李元立等译：《论爱情》，工人出版社1986年1月版，第181–182页。
② 苏霍姆林斯基著，蔡汀，王义高，祖晶主编：《苏霍姆林斯基选集（五卷本）》（第五卷），教育科学出版社2001年版，第693页。
③ 苏霍姆林斯基著，蔡汀，王义高，祖晶主编：《苏霍姆林斯基选集（五卷本）》（第四卷），教育科学出版社2001年版，第760–761页。

成了自己的、切身的、灵犀相通的、非常重要的事情”[①]。义务感也是“一个人内心的执法官，是最重要的良心动因。对于良心而言，义务感有如航船的舵和桨；没有义务感便没有良心，便没有做人的高尚原则”[②]。一个好公民应当在对社会负责的基础上，对自己负责，对自己的良心负责。

更重要的是学生学会以主人翁的态度采取相应的行动，包括主人翁感和对前辈创造的一切的继承感，也包括对我们生活中还存在但又不应当存在的一切负责的责任感。非常重要的是，不让对不良现象的了解转化为蛊惑人心的闲聊。一个真正的公民不会仅议论不良现象，更多的是思考如何消除这种不良现象。他记述过这样一次有意义的活动：

一次，我带同学们去参观校外美丽的园地。看到葡萄园里一串串亮晶晶的葡萄把藤条都坠弯了，同学们兴奋无比。我又让同学们看到，园田旁有一片连杂草也不长的荒地。我告诉同学们：几十年前，这块土地也生长着绿油油的麦子。后来由于雨水冲掉了沃土层，土地就撂荒了，只剩下这么一片黏土。我和同学们都惴惴不安：这是人民的财产啊！我们要与它休戚与共。公民教育的宗旨就是：使孩子具有向往光明的理想和正视现实的忧患意识，形成最初的公民的愿望。不应如此！理应如彼！要激励他们挽起袖子投身工作。

我们先在荒地的一侧种上了虞美人花，让盛开虞美人花的花圃与那片不毛之地形成鲜明对照，激发同学们开始年复一年地改造那块荒地。使荒地起死回生这个念头鼓舞着同学们，他们兴致勃勃地开始了改造荒地的劳作。同学们一有空闲就往荒地运送腐殖土。水桶、铁锹、箩筐这些粗笨的农具竟成为儿童与土地联系的纽带，他们不仅用手而且用心向土地倾注衷情。他们因成功而喜，因失败而忧。有些日子他们欣喜若狂，有些日子则泪流满面……然而，同学们相信理想会实现，相信目标会达到，相信自己的不懈努力会成功。

随着岁月流逝，劳动成果越来越显著。五六年过去了，这几十平方米的荒地终于变成了肥沃的良田，充满了生机。这片昔日的不毛之地上盛开着虞美人花，一派花团锦簇的景象。第二年，这片土地又变成了麦浪翻滚的良田。[③]

---

① 苏霍姆林斯基著，蔡汀，王义高，祖晶主编：《苏霍姆林斯基选集（五卷本）》（第五卷），教育科学出版社 2001 年版，第 525 页。

② 苏霍姆林斯基著，蔡汀，王义高，祖晶主编：《苏霍姆林斯基选集（五卷本）》（第五卷），教育科学出版社 2001 年版，第 697 页。

③ 苏霍姆林斯基著，蔡汀，王义高，祖晶主编：《苏霍姆林斯基选集（五卷本）》（第五卷），教育科学出版社 2001 年版，第 777–779 页。

苏霍姆林斯基援引马克思在青年时代的话说：最幸福的人是致力于使尽可能多的人成为幸福者的人。他希望孩子们“不应只是美好歌剧的听众，只是幸福家庭晚会的客人，而应是这个社会的建设者和主人，感觉到自己的责任——既对给予他们的一切负责，也对他们的后人负责”①。

三、捍卫祖国独立自由的好儿子

俄语中的“祖国”与“生养”“父亲”是同根词。苏霍姆林斯基解释道：“在世世代代人们的意识中，爱国主义的概念本身就是从人性的这一珍宝——生养和抚育我们的母亲的形象中结晶出来的。”②爱国主义者就是祖国的儿子。对于一个人来说，祖国是最珍贵、最神圣的，一个人如果失去了祖国，也就失去了个人的一切。“祖国是我们的无价之宝，是我们父亲、祖父和曾祖父的土地，这土地给我们提供起码的生活资料，并埋葬着我们的祖先。侵略者践踏过我们的土地，但谁也没能摧毁我们人民的精神，扼杀人民心中的神圣珍宝（祖国），征服她的精神；谁也没能散布对祖国的灾难、对祖先遗骨和我们土地上用汗水和老茧培育出的每一株麦穗的漠不关心。”③卫国战争的胜利证明了苏联战前爱国主义教育的成效。以帕夫雷什中学为例，该校战前6届毕业生总共有147名男女青年，其中42人在前线为祖国的自由独立献出了生命，一些留在法西斯占领区的青年则参加了地下反法西斯组织，表现出敢于胜利、敢于牺牲的精神。

苏霍姆林斯基强调：我们不但自己永远不能忘记这一切，而且要和传递接力棒一样，将人类良心的记忆传给后代。他想到，今天一个刚满7岁的孩子还在怯生生地跨进学校大门，在习字本上练习简单的笔画，而再过10年，我们就会看到他已成为一个公民。10年之后就将手握钢枪保卫我们的祖国，一旦需要，他将和敌人进行殊死的搏斗。“要使自己的学生从年龄很小的时候起就树立这样的信念：人的生命是无比宝贵的，但是还有比我的、你的生命更为宝贵的东西，那就是祖国的永生。……我们的每一个学生都应当在思

① 苏霍姆林斯基著，蔡汀，王义高，祖晶主编：《苏霍姆林斯基选集（五卷本）》（第五卷），教育科学出版社2001年版，第38-39页。

② 苏霍姆林斯基著，蔡汀，王义高，祖晶主编：《苏霍姆林斯基选集（五卷本）》（第二卷），教育科学出版社2001年版，第745页。

③ 苏霍姆林斯基著，刘爱琴等译：《胸怀祖国》，湖南教育出版社1985年版，第4页。

想上做好为祖国献出生命的准备。……这并不是说在战斗前就准备去死，而是说要蔑视死亡而决心取得胜利。”[①] 只有这样，我们才算培养出了值得后人世世代代怀念的好人。

〖推荐阅读原著篇目〗

《怎样培养真正的人》，载《苏霍姆林斯基选集（五卷本）》第二卷。

《德育》，载《帕夫雷什中学》，《苏霍姆林斯基选集（五卷本）》第四卷。

《第 5 次谈话关于道德教育的几个问题》，载《和青年校长的谈话》，《苏霍姆林斯基选集（五卷本）》第四卷。

《道德的形成，公民的诞生》，载《公民的诞生》，《苏霍姆林斯基选集（五卷本）》第三卷。

① 苏霍姆林斯基著，蔡汀，王义高，祖晶主编：《苏霍姆林斯基选集（五卷本）》（第一卷），教育科学出版社 2001 年版，第 202—203 页。

第三章

Chapter 3

智育：着力增进儿童的智力尊严

苏霍姆林斯基指出："教学——这并不是机械地把知识从教师的头脑里灌输到学生的头脑里，这是一种极其复杂的道德关系，在这种关系里起主导的、决定性作用的特征，就是培养儿童的荣誉感和自尊感，并在此基础上培养他要成为一个好人的愿望。教师的任务就在于，要敏锐而巧妙地、坚持不懈而严格要求地培植儿童的智力和道德力量，帮助儿童把学习看成是一种要求做出很大努力的劳动，这种劳动只有在依靠自己的力量去克服困难而取得成果的时候才是愉快的。这里有 3 个阶梯：做出自己的努力，靠劳动取得成果，享受到脑力劳动的欢乐。"① 让学生拥有智力尊严，享受脑力劳动的欢乐和幸福，是他智育思想的灵魂。

① 苏霍姆林斯基著，蔡汀，王义高，祖晶主编：《苏霍姆林斯基选集（五卷本）》（第一卷），教育科学出版社 2001 年版，第 108-109 页。

第一节 “智力尊严”：智育思想中的一个核心概念

儿童的尊严，是苏霍姆林斯基关注的中心。他的著作中频频出现人格尊严、儿童尊严、道德尊严、精神尊严等概念。他还提出：“培养智力尊严——这是精神生活的重要方面。”[①]“在学生掌握知识的过程中，要使他确立起自身的尊严感，珍惜自己的荣誉、名声。”[②]“使学生因学习得好而自豪，为自己的成绩和知识而感到公民的尊严。”[③]

一、智力尊严在儿童“心灵深处最敏感的地方”

每个孩子的心灵深处都有自己的尊严感，一种如同花朵一般娇嫩的内在感受，它最容易受到伤害，这样的伤害无异于让孩子蒙受耻辱。苏霍姆林斯基举过两个例子：

有一次，在五年级一个班上检查家庭作业，文学课女教师叫起一个比较差的学生来。教师对这个学生造的一个句子感到不满意，她一句话没说，只是挥了一下手。这个孩子却为此哭了一晚上……

在七年级一节地理课上，教师要求学生们按照暗射地图回答问题。但是教师特许一位久病的女同学按一般的地图回答问题。这个女同学把地图打开，挂到墙上之后，结结巴巴地回答起来。她答着答着忽然哭起来了。因为教师对她的宽容，使她感到受了侮辱……

苏霍姆林斯基揭示了教育工作的一条真理：在了解儿童内心世界的时候，不应伤害他们心灵深处最敏感的自尊感。不恰当的、没有分寸的关心，如果伤害了儿童的人格、自尊和自豪感，那么也会像直接的侮辱一样刺伤儿童的心灵。智力尊严不仅容易受到伤害，而且在受到伤害之后会造成严重后果。假如每一个学生没有在劳动中表现出自己，没有体验到自身的尊严感，那么

① 苏霍姆林斯基著，蔡汀，王义高，祖晶主编：《苏霍姆林斯基选集（五卷本）》（第一卷），教育科学出版社2001年版，第425页。

② 苏霍姆林斯基著，蔡汀，王义高，祖晶主编：《苏霍姆林斯基选集（五卷本）》（第四卷），教育科学出版社2001年版，第729页。

③ 苏霍姆林斯基著，蔡汀，王义高，祖晶主编：《苏霍姆林斯基选集（五卷本）》（第二卷），教育科学出版社2001年版，第617页。

教师就会成为无能为力的教育者，教师的教导和劝告就不会被年轻人的心所接受。“如果孩子没有了学习的愿望，那么我们的全部计划、探索和理论就都化为灰烬，化为死气沉沉的木乃伊。”① 尤其可怕的是孩子对自己的荣誉和尊严漠然置之。如果一个学生丧失了尊严，总是感到自己不够格，总是感到自己低人一等，他就成了不幸的人，他就会形成孤僻戒备的心理，以致发展到最可怕的地步。

智力尊严不是空中楼阁，它建立在智力劳动的基础上。人在求知过程中不仅认识真理，也在肯定自己。因此，要使每个学生都能通过勤奋学习去显示自己的智慧，才能赢得尊严，使知识和智力财富成为个性的自我表现。换言之，只有通过劳动才能确立自己的荣誉和尊严。“劳动之外的尊严是不可思议的，因为在这种劳动中，有我的力量、我的智慧、我的创造。”② 尊严的获得和增进也与克服困难联系在一起。苏霍姆林斯基认为，孩子的智力尊严与学习、劳动、成绩、成功、荣誉、自豪等概念相联系，是在克服困难中所获得的欢乐和自豪，是由于付出体力和精力以胜利者姿态登上高峰时的一种感受。他主张，布置给学生的智力作业应有一定的难度。因为一个有思想的劳动者的自尊感，只有在智力劳动是对力量的某种考验时才能出现。学生通过这种考验成为胜利者，就会高兴而自豪地说：“这是我求出的答案。这是我发现的解答。”孩子会在克服困难的过程中体验到一种无可比拟的自豪感，从自己创造的东西中看到自己，看到自己智力的、体力的、意志的、创造性的、道德的力量。

二、儿童的高峰体验：“觉得自己是个思想家”

苏霍姆林斯基相信每个人都能成为聪明人，他的依据是：“人的内心里有一种根深蒂固的需求——总想感到自己是发现者、研究者、探寻者。在儿童的精神世界中，这种需求特别强烈。但如果不向这种需求提供养料，即不积极接触事实和现象，缺乏认识的乐趣，这种需求就会逐渐消失，求知兴趣也与之一道消失。我认为，不断扶植和加深学生想成为发现者的愿望，并通

① 苏霍姆林斯基著，蔡汀，王义高，祖晶主编：《苏霍姆林斯基选集（五卷本）》（第三卷），教育科学出版社 2001 年版，第 223-224 页。

② 苏霍姆林斯基著，蔡汀，王义高，祖晶主编：《苏霍姆林斯基选集（五卷本）》（第二卷），教育科学出版社 2001 年版，第 438-439 页。

过特殊的工作方法实现他的这一愿望，是一项十分重要的教育任务。”① 他提出：智育的实质就在于使一个人通过获得知识而变得聪明起来，为此，要使学习成为丰富多彩的精神生活的一部分，这样的精神生活才有助于儿童的才智发展。要让学生学习时不是死记硬背，而是在游戏、故事、美、音乐、幻想和创造的世界中进行朝气蓬勃的智力活动，成为这个大千世界的旅行者、发现者和创造者。他要求教师在备课的时候，要费尽心机地考虑：“怎样才能引导学生实现这种提高，怎样帮助学生‘攀上高峰’，使他们成为‘思想家’和‘发现者’。”② 在他的大声呼吁和身体力行示范之下，帕夫雷什中学的智育工作出现了前所未有的崭新局面，他欣喜地看到孩子们在走进大自然后，“思想活跃和丰富起来了，儿童正在养成思考能力，尝到了思索的无比快乐和认识的极大喜悦，觉得自己是思想家”③。学生“觉得自己是思想家”的体验，标志着他们登上了智力尊严的高峰。

三、儿童的智力尊严呼唤完备的和谐的智育

苏霍姆林斯基所指的智育是“完备的智育”“和谐的智育”。他指出：“智育包括：获得知识和形成科学的世界观，发展认识能力和创造能力，培养脑力劳动文明，使一个人在整个一生中都对丰富自己的智慧和把知识运用于实践感到需要。智育是在掌握知识的过程中进行的，但是不能简单地把智育归结为积累知识。在教养程度和智力训练程度之间，在学校里所获得的知识分量和智力发展程度之间，是不能画等号的，虽然后者也有赖于知识的分量。智育是一个很复杂的过程，它包括形成世界观的信念，形成智慧的思想方向性和创造方向性，它与个人的劳动、社会积极性紧密地联系着，从而又把学校内的教学教育工作跟社会生活和谐地结合在一起。”④ “智育对于人之必不可少，不仅是为了劳动，而且是为了精神生活的充实。无论是未来的数学

① 苏霍姆林斯基著，蔡汀，王义高，祖晶主编：《苏霍姆林斯基选集（五卷本）》（第二卷），教育科学出版社 2001 年版，第 611 页。

② 苏霍姆林斯基著，杜殿坤编译：《给教师的建议》（修订本全一册），教育科学出版社 1984 年 6 月版，第 536 页。

③ 苏霍姆林斯基著，蔡汀，王义高，祖晶主编：《苏霍姆林斯基选集（五卷本）》（第二卷），教育科学出版社 2001 年版，第 576—577 页。

④ 苏霍姆林斯基著，蔡汀，王义高，祖晶主编：《苏霍姆林斯基选集（五卷本）》（第一卷），教育科学出版社 2001 年版，第 118 页。

家，还是未来的拖拉机手，都应当善于创造性地思考，都应当成为聪明的人。智慧应当给人以享受文化财富和审美财富的幸福。真正的智育指引人去认识生活的全部复杂性和丰富性。”①

然而令人遗憾的是，现实中有些学校和教师忽视了智育的全部职能，只重机械记忆而不求理解运用，乃至以分数为唯一衡量教学质量的标准，那种片面的畸形的智育将会伤害一大批孩子的尊严，理所当然地受到苏霍姆林斯基的批评。他指出：学校的教学不应因此而压缩到为储备知识的框框里。学习不是单纯地积累知识，不应当只是训练记忆力和进行会使孩子变呆、变傻、对孩子的健康和智力发展都有害的死记硬背；这样的脑力劳动实际上被局限于识记、储存知识和按照老师的要求复述，必然会使学生变得头脑迟钝，不善于独立思考，对学习科学知识的兴趣减退，对自己的精神生活无所要求，使好奇心丧失殆尽，从而失去了最重要的智力上的感情——认识事物的喜悦。应当看到，“上课、掌握知识、分数——这只是人的精神生活的一个局部，只是许多领域中的一个领域。而偏偏在这个领域中，许多人会遇到巨大的困难和挫折。如果人的精神生活（而且是什么样的人啊，幼小的，非常娇嫩的，在兴趣、愿望和需要上都还极其脆弱的人）仅仅被局限在这个领域里，也就是说，他只能在掌握知识上、分数上表现自己，那么就会有失败和困难在等待他，使他的生活变成一种痛苦”②。很显然，这全然不是苏霍姆林斯基所指的智育，而是一种伤害学生的“反智育”。

苏霍姆林斯基还认为：“完备的智育”不仅指智育的目标和内容，而且只有在集体和个人丰富的智力生活环境中才可能进行。学校集体中应当经常跳动着好钻研的思想脉搏，跳动着渴望科学知识，渴望解决有趣的、引人入胜的课题及书本知识的脉搏。他指出：“教学过程中的智育成效取决于这样一些因素：学校全部精神生活的丰富，教师精神上的丰富、宽广的眼界、渊博的学识和文化素养，教学大纲的内容，教学方法的性质，学生在校和在家智力劳动的安排。”③他相信：只有当学生为多方面的智力兴趣和要求的气

① 苏霍姆林斯基著，蔡汀，王义高，祖晶主编：《苏霍姆林斯基选集（五卷本）》（第一卷），教育科学出版社 2001 年版，第 120 页。

② 苏霍姆林斯基著，杜殿坤编译：《给教师的建议》（修订本全一册），教育科学出版社 1984 年 6 月版，第 473 页。

③ 苏霍姆林斯基著，蔡汀，王义高，祖晶主编：《苏霍姆林斯基选集（五卷本）》（第四卷），教育科学出版社 2001 年版，第 328 页。

氛所包围，当他与周围人们的交往中充满求知精神的情况下，他才能得到智力上的培养。

第二节　学生学习兴趣的激发、维持和增进

苏霍姆林斯基发现：当孩子们第一次跨进学校门槛时，他们是多么兴奋！他们对未来的快乐生活怀着无限美好的憧憬，总是抱着好好学习的真诚愿望，也有学习得好的能力。“孩子们没有有能无能、有才无才之分。所有的孩子都毫无例外的是有能又有才的。”①然而让他深感遗憾的是，为什么往往在几个月甚至在几周之后，孩子们眼神中的光彩便会消逝，学习对于某些孩子来说竟变成了苦恼？为此他常常陷入深思：“学生的学习愿望”是“汇成‘教书和育人统一’这条长河的涓涓之水”，“如何疏导这涓涓之水和怎样去做，才能使它不致淤塞呢？……用什么方法才能防患于未然呢？”②

一、让学习成为孩子丰富的精神生活的一部分

苏霍姆林斯基认为：“认知本身是一种最令人惊讶、诧异和感到神奇的过程，能激起高昂而持久的兴趣。事物的本质、事物的种种关系和相互联系、运动和变化，人的思想、人所创造的一切，都含有无穷无尽的兴趣源泉。……‘接近’和‘挖到’事物本性及其因果联系的实质这一过程本身就是主要的兴趣源泉。”③既然认知本身蕴藏着无限乐趣，那么如果有些孩子厌恶学习，教师就应当负有责任：他未能给孩子带来认知的快乐。“没有诱人着迷的欢乐的学习，没有在真理面前兴奋而惊异的感觉，没有发现真理时儿童心灵内部力量的紧张活动（这种力量可以说是教师的唯一依靠），就谈不上对科学和知识的热爱。”④苏霍姆林斯基主张，不要使孩子们的学

① 苏霍姆林斯基著，蔡汀，王义高，祖晶主编：《苏霍姆林斯基选集（五卷本）》（第五卷），教育科学出版社 2001 年版，第 125 页。

② 苏霍姆林斯基著，蔡汀，王义高，祖晶主编：《苏霍姆林斯基选集（五卷本）》（第五卷），教育科学出版社 2001 年版，第 624 页。

③ 苏霍姆林斯基著，蔡汀，王义高，祖晶主编：《苏霍姆林斯基选集（五卷本）》（第二卷），教育科学出版社 2001 年版，第 609 页。

④ 苏霍姆林斯基著，蔡汀，王义高，祖晶主编：《苏霍姆林斯基选集（五卷本）》（第五卷），教育科学出版社 2001 年版，第 624 页。

习活动成为单调无味的——单调无味的活动对智力发展是可怕的障碍。他呼吁：“儿童就其天性来讲，是富有探求精神的探索者，是世界的发现者。那么就让那个绝妙的世界在鲜明的色彩中、在嘹亮颤动的音响中、在童话和游戏中、在自己的创作中、在激动他的美景中、在为人们做好事的意愿中展现吧。”①

苏霍姆林斯基把孩子们对丰富多彩的精神生活的渴求，看成是重要的刺激因素，它鼓舞着孩子们去学习，去掌握知识。他提出：“要让学生对学习具有浓厚的兴趣，他就必须具有一种丰富多彩、兴味无穷的精神生活。我们应当经常关心，别让儿童的思想从入学伊始就塞进教学黑板和识字课本的框框，别让教室的四壁把他与斑斓绚丽的世界隔开，因为大千世界的奥秘是思想和创造力取之不竭的源泉。换而言之，要让儿童乐于学习，他的精神生活无论如何也不应当仅仅囿于那种小学特有的学习方法——应付教师检查而死记硬背。”②他要求全面关心学生的精神生活，使其首先成为“勤于思考的知识猎取者，寻根问底的真理探索者，知识世界的旅游者”，只有这样他才能成为一名好学生。

二、从低年级起就要掌握“五种学习工具”

在分析全校教学质量时，苏霍姆林斯基发现五至七年级不及格的学生数比低年级多6倍，而优秀生只有低年级的1/5。为什么会出现这种情况呢？他通过调查逐渐发现：原来学生在低年级时没有掌握好阅读的基本功，许多学生的阅读没有达到自动化程度，读数学题时总是把精力集中于阅读本身，全身紧张，头上冒汗，唯恐读错一个词。他们不能把词和词组作为整体来感知，更没有余力去理解所读内容的含义。显而易见，学生的阅读能力制约着算术乃至其他学科的学习。除阅读外，还有观察、思考、书写和表达共五种最基本的学习技能，“在这些技能跟儿童所学知识的实际分量之间，必须保持和谐。如果技能落后于知识，那就很糟糕：会早在小学里，学习对于儿童就变成一种毫无乐趣、苦不堪言的事情，从而会失去智力活动的欢乐和认识的欢乐——

① 苏霍姆林斯基著，蔡汀，王义高，祖晶主编：《苏霍姆林斯基选集（五卷本）》（第三卷），教育科学出版社2001年版，第39页。

② 苏霍姆林斯基著，蔡汀，王义高，祖晶主编：《苏霍姆林斯基选集（五卷本）》（第五卷），教育科学出版社2001年版，第624-625页。

这个取得成功的极重要的动力。……学生只有在学会观察、思考、表达思想、阅读、书写、边读边想和边想边读的时候，他们才能顺利地学习”[①]。

苏霍姆林斯基和同事们共同努力，让学生从低年级开始就掌握好各种学习技能。例如，发达的智力的一个极重要的特点就是善于观察，智力发达的其他特点都与观察力紧密相关。他主张把孩子带到自然界中去，带到花园里、树林间、田野里去，带到向日葵或三叶草盛开的田地里、河岸旁去，目的就是引起孩子们惊奇和叹赏，在此基础上学会观察和思考。从孩子入学前一年开始，他就将孩子们召集起来上专门的“思维课”，让孩子们接触周围世界的形象、画面、现象，学习做逻辑分析、思维练习和寻找因果关系。他写道：

在我们这里，学生的学习始于进入一年级以前的一年预备班。我们为幼童开设了名为“思维课”的专门训练活动。形象地说，这是到思想的发源地去旅游。我们带领儿童步入花园和树林，踏上田野和池岸，让他们看到纷繁众多、千差万别的事物和现象，以及它们之间的相互联系和相互依存。大千世界，历历在目，一个人因此而不复是消极的观察者，而成了真理的发现者。这就是活的思想的由来。我们深信，只有在教会学生主动去发现世界的情况下，才不会致使他们双眸中求知的火焰熄灭。[②]

实践表明：观察力、注意力、求知欲，这些素质在很大程度上决定着智慧的发展和小学生的成绩。帕夫雷什中学的思维课让孩子们学得主动，学得愉快，也成功地帮助了许多学习困难儿童赶上了大部队。

三、“学习的愿望只能同学习成绩一起产生”

“儿童学习的愿望只能同学习成绩一起产生”，苏霍姆林斯基写道，“只有当掌握知识过程中取得成绩而产生欢欣鼓舞的心情的时候，才能出现学习的兴趣”，“我倒很想把埋头苦干称作欢欣鼓舞乘以孩子认为他一定能取得成绩的信心”[③]。他注意到：学生首先是一个人，是一个劳动者。一个人只

① 苏霍姆林斯基著，蔡汀，王义高，祖晶主编：《苏霍姆林斯基选集（五卷本）》（第一卷），教育科学出版社 2001 年版，第 129 页。

② 苏霍姆林斯基著，蔡汀，王义高，祖晶主编：《苏霍姆林斯基选集（五卷本）》（第五卷），教育科学出版社 2001 年版，第 625 页。

③ 苏霍姆林斯基著，蔡汀，王义高，祖晶主编：《苏霍姆林斯基选集（五卷本）》（第三卷），教育科学出版社 2001 年版，第 224 页。

有当他能在劳动成果中看到自己所体现的精神力量时，他才能顺利地完成任何一项长期劳动，包括学习这项长期的脑力劳动。简言之，在学习中取得成绩才是产生学习愿望的源泉。“正是这种有所发现的欢乐，正是这种靠自己的努力完成作业的欢乐，乃是人的自尊感的源泉。这是激发儿童心灵中新的思想能量的强大教育力量。……儿童学习愿望的源泉，在于智力上的不懈努力，在于胜利的欢乐。”① 他还注意到相反的情况：假如学习毫无成果，则会扼杀一个人学习知识的兴趣。特别是在小学里，在这个学习的初级阶段，这一点尤为重要。小学里的孩子还不善于克服困难，学习中的挫折会给他带来真正的痛苦。而如果挫折和失败接踵而来，那么孩子先是在一段时间里感到痛苦万分，随后他心底隐蔽角落里的娇嫩组织就会变得粗糙和麻木不仁，结果他对一切都无所谓了。“徒劳无功、毫无结果的劳动，即使成人也会感到厌烦、迷惘和兴味索然，何况我们是在同孩子打交道。如果孩子看不到自己劳动的成绩，渴求知识的火花就会熄灭，儿童心中会结起冰块，……他丧失自尊心后，觉得自己干什么都不行。……还有什么能比扼杀一个人的自尊心更为不道德的事呢！”②

在帕夫雷什中学，当一个学生还做不好作业时，教师就不给他打任何分数，而是耐心地启发和等待孩子自己完成作业，永远不堵塞孩子争取好成绩的道路。重要的当然还不是暂时不打分数，重要的是启发学生通过自己的努力去获得好成绩。苏霍姆林斯基指出：“克服智力冷淡的最正确途径就是思维。只有通过思维才能唤起思维。……最主要的是，要使人终于发现自己是知识的主宰者，感到自己掌握了真理和规律。通过认识使人焕发精神，意味着做到使思维同人的自尊感融成一体。达到这种精神状态的途径，是使知识发挥效力、起积极作用。我们认为，使学生在某件事情上显示自己的知识，在智力活动中表现自己，表现个人，便能唤醒抱冷淡态度的学生，把他们从智力惰性中拯救出来。”③

① 苏霍姆林斯基著，蔡汀，王义高，祖晶主编：《苏霍姆林斯基选集（五卷本）》（第五卷），教育科学出版社 2001 年版，第 636 页。

② 苏霍姆林斯基著，蔡汀，王义高，祖晶主编：《苏霍姆林斯基选集（五卷本）》（第三卷），教育科学出版社 2001 年版，第 222–223 页。

③ 苏霍姆林斯基著，蔡汀，王义高，祖晶主编：《苏霍姆林斯基选集（五卷本）》（第二卷），教育科学出版社 2001 年版，第 616 页。

第三节 课内课外互动：培养学生的独立学习能力

如何在学校形成发展智力的紧张而又愉快的脑力劳动氛围呢？苏霍姆林斯基写道：“对于许多学校和教师来说，真正可怕的不幸，是学生的主要精力放在被动地学习知识上，死记硬背现成的教师讲授的和教科书上的内容。固然，学习需要背记，但这种脑力活动的方式应是次要的。在校学生的主要智力，不应单单投放在获取死的知识上，而主要是为了成为有智慧的人……真正的学校应是积极思维的王国。……进行课外阅读不是为了背记什么，而是为了磨炼思维，开阔眼界，有所发现，有所收获，最终获得一种惊喜。”①

一、第一套大纲学习：求知火花的点燃

提出并实施“两套教学大纲”，是苏霍姆林斯基的一大创造。第一套大纲是以教科书和课堂教学为载体的必修课内容及要求。他认为：教学是智育极重要的手段，课堂教学最重要的目的是激发儿童对知识的渴求。教师应当带给学生惊喜，并且让学生感受到这种惊喜，鼓起自己的勇气。形象地说，就是使学生在面对浩渺的知识海洋时，感觉到自己并不是微不足道的一粒尘埃，而是勇敢的航海者。这样的勇气是奔向知识的海洋必不可缺的。倘若他们在上完课后没有产生超越教师的讲述而想知道得更多的愿望，那课堂教学的目的就没有达到。为此，他主张让中年级和高年级学生独立学习大纲范围内的某些章节（专题），以便培养智力的探索性、独立性、灵活性、容纳性和创造性。这种独立学习活动是任何东西都无法取代的一种智力锻炼。他还提出课堂教学应具有面向课后的开放性，主张教师在阐述、说明、讲解过程中不必把所学材料的各个方面全部都揭示出来，应当为学生课后的独立钻研留下余地。

二、第二套大纲学习：求知火花的燃烧

苏霍姆林斯基注意到：在课堂上不管采用怎样完善的教学方法，都不能保证十全十美的教育，智育的成效取决于必修的和非必修的大纲的统一。非必修大纲即第二套大纲，包含第一套大纲以外的一切知识，以学生的独立阅

① 苏霍姆林斯基著，蔡汀，王义高，祖晶主编：《苏霍姆林斯基选集（五卷本）》（第五卷），教育科学出版社 2001 年版，第 828 页。

读为重要途径，其范围取决于科学发展，学生视野，学校物质条件，学生个人的爱好、兴趣、天赋等。他从多方面论证并在实践中验证了学生学习第二套大纲的必要性。

第一，科学正以空前的速度向前发展，而学校却不可能把这些不断出现的新概念和规律及时写进中学教学大纲中来，因此，阅读科学读物就成了现代学校教学过程的一个极重要的组成部分。

第二，学习非必修大纲能为学习必修大纲准备广阔的智力背景。“负担过重现象只会在智力劳动存在片面性，只是一味地进行背诵的情况下才产生。消灭负担过重现象不能靠机械地缩减大纲规定的知识范围，而要靠学生智力生活的内容和性质，要靠丰富那个衬托学习活动的智力生活背景。”[①] 如果一个学生的智力兴趣仅局限于准备功课，如果他除了必修课知识别的什么都没有，如果他的智力生活只局限在学习圈子而缺乏创造性劳动，那么学校对他来说就会变成毫无吸引力的抑郁沉闷的地方，学习就会变成沉重的枯燥的事。因而，一个真正的教育能手总是很关心课堂教学的“后方保障”，即为学生的学习创设一个宽阔的智力基础。苏霍姆林斯基相信，真正的智力生活只有当一个人在阅读中没有记忆指令时才有可能发生。他将课外阅读比喻为思想之船的船帆和鼓满船帆的劲风，有了它才能破浪前进；或者像学生在知识海洋里独自游泳，能品尝到自由游泳的欢悦，感到自己是畅游于人类智慧浩渺大海的勇士。他发现，对于读过许多课外书籍的学生来说，课堂上所学的任何新概念新现象都进入了他得之于书籍的知识体系中，于是课堂所讲的科学知识便具有特殊的吸引力。“假若一个人在童年未能亲身体验到手不释卷的扣人心弦的欢乐，那就根本谈不上完满的教育。”[②]

第三，知识被学生掌握才能变成学生自己的东西。“如果把掌握知识的过程比喻为建造一幢房子，那么教师应当给学生提供的只是建筑材料——砖头、灰浆等，而砌砖垒墙的工作应当由学生去做。……只有让学生去实践，他才会掌握知识。”[③] 为此，苏霍姆林斯基总是提倡学生以研究的态度来对

---

① 苏霍姆林斯基著，蔡汀，王义高，祖晶主编：《苏霍姆林斯基选集（五卷本）》（第四卷），教育科学出版社 2001 年版，第 376 页。

② 苏霍姆林斯基著，蔡汀，王义高，祖晶主编：《苏霍姆林斯基选集（五卷本）》（第五卷），教育科学出版社 2001 年版，第 631 页。

③ 苏霍姆林斯基著，蔡汀，王义高，祖晶主编：《苏霍姆林斯基选集（五卷本）》（第四卷），教育科学出版社 2001 年版，第 867 页。

待所学科目，要求学生不满足于接受现成结论或现成证明，应学会在现实生活中寻找事例来证明或者反驳所提出的假设。他认为，研究的方法既适用于学习人文学科，也适用于学习自然学科。在这方面，学生独立活动的机会是无穷无尽的。他以实践证明，“如果抽象的概念、结论、推理等等，是学生们在研究、分析周围现实的过程里在他们的意识中形成的，那么在他们身上就会造就一种极其宝贵的善于进行脑力劳动的品质”①。

第四，学校开设选修课的根本宗旨是培养学生的个性，启迪并发展其兴趣、爱好和才华，包括“个性的最本质的一些方面——如禀赋、天才和才能等”②。要发现和发展学生的各种能力、天才、禀赋和个人爱好，一个极其重要的条件就是要为他们创造一个丰富而广阔的智力背景，很重要的一点是使每个学生成为醉心于智力活动的人。每个学生要在牢固掌握各门学科知识的同时，找到一门自己喜爱的学科，并在这门学科上大大超出教学大纲的范围，学习、钻研他们感兴趣的问题。苏霍姆林斯基高兴地发现：“让某些学生在某一知识领域去超越大纲，也是丰富集体的智力生活和发展每个人的个人天资的必要条件。……各门科目的深入扎实的基础知识，与某一门科目、某一方面知识的特殊兴趣的发展相结合，是人得以全面发展的重要条件。”③

第五，大量的课外阅读对于学习较差的学生也很必要。苏霍姆林斯基有个著名比喻：“学生的学习越困难，在脑力劳动中遇到的困难就越多，他就越需要多阅读：就像感光力弱的胶卷需要更长的感光时间一样，成绩差的学生的智力也需要更明亮和更长时间的科学知识之光来照耀。”④他认为，对于基础知识的学习非常困难的学生，更不能把他的智力生活只局限于基础知识；只有当他知道了比要求他知道的东西多得多的时候，他才会感到获得知识的快乐。一个学生的学习能力愈是低下，掌握基础知识愈是吃力，那么，

① 苏霍姆林斯基著，蔡汀，王义高，祖晶主编：《苏霍姆林斯基选集（五卷本）》（第五卷），教育科学出版社2001年版，第76页。

② 苏霍姆林斯基著，蔡汀，王义高，祖晶主编：《苏霍姆林斯基选集（五卷本）》（第一卷），教育科学出版社2001年版，第378页。

③ 苏霍姆林斯基著，蔡汀，王义高，祖晶主编：《苏霍姆林斯基选集（五卷本）》（第四卷），教育科学出版社2001年版，第378页。

④ 苏霍姆林斯基著，蔡汀，王义高，祖晶主编：《苏霍姆林斯基选集（五卷本）》（第二卷），教育科学出版社2001年版，第604页。

独立阅读对他来说就愈是重要，使他养成以仔细琢磨书中真谛为乐的习惯的必要性就愈是刻不容缓。当然，就像医生为身体虚弱的患者设计营养方案一样，有经验的教师向学习能力低下的学生提供课外读物，往往要苦思良久才能找到最适合他们阅读的书籍。

三、树林中进行的“最紧张的智力劳动”

苏霍姆林斯基设计的智力发展圈，第一层次是课堂教学，第二层次是课外阅读，第三层次则是以大自然为课堂的智力活动。其中，以大自然为课堂的智力活动令人愉快却未必轻松。他写道：智力发展过程中最明显最紧张的智力劳动，是在孩子们面对树林的蓝色暗影，面对山谷里奔腾的小溪，面对在初绽的花朵上飞舞的蝴蝶时进行的；只有当孩子们集中自己的智力不是为了记住书本上的词句，而是为了寻找对他们所不理解的自然现象的解释，为了获得诸如“怎么样”“为什么”这类问题的答案时，他们内在的精神世界才会真正展现在你的眼前。当你和孩子们一起走出闷热的教室，来到花园，来到河岸，坐在一棵百年老橡树下的时候，你就会发现：孩子们的面部表情会发生多么大的变化，即使平时你认为的那些落后的、学习成绩不好的同学，他们的眼睛里也会闪出活跃的光芒。

苏霍姆林斯基刚到帕夫雷什中学担任校长时，在课堂上发现学生的回答总是那么贫乏、平淡、毫无表现力、没有自己的活生生的思想。他以“一滴水旅行”为题让孩子们讲故事，本以为孩子们会把它当作自己熟悉的周围世界来述说，会讲到初春的溪水，讲到春雨，讲到天上的彩虹和湖水轻轻的拍击声……，然而他听到的却是孩子们一些生硬笨拙、死记下来的词组和句子。为什么儿童的思想如此贫乏呢？他反复思考后发现：从入学最初起，我们就把儿童眼前通往大自然这个迷人世界的大门关闭了，他们再也无法倾听小溪的潺潺流水声，倾听春天融雪的滴水声，倾听云雀的歌唱，他们只是背诵描述这些美妙事物的枯燥乏味、苍白无力的词句。孩子在学校的学习时光，竟是在离开大自然这个绝妙的思想源泉的情况下度过的。鲜艳芬芳的花朵因此变为夹在书页中的干枯花片，只是从外形上使人想到那曾经鲜活的生命。

“不，不能再这样继续下去了。我们一旦忘了知识的最重要的源泉——周围世界、大自然，便会逼着孩子们去死记硬背，从而使他们的思维迟钝起来。”[1]他有充分理由相信：儿童最初的课不应当在教室里对着黑板上，应当到大自然中去上。因为儿童周围的世界，首先就是那包含无穷现象和无限美的大自然。这个大自然是儿童理性的永恒源泉。大自然首先能够激发学生的惊奇感，而惊奇感是推动儿童智力发展的重要因素之一。只有当学生屏住呼吸去看正在吐露的柳树芽时，他才会理解到观察和领悟这种奇迹的幸福，也才能向老师提问：前天和昨天的那块白云都跑到哪儿去了呢？“大自然是一本书，是思维的摇篮，它具有一种奇妙的特性：儿童发现得越多，他们因思维获得的快乐感越大，他们就会感到未知的越多，因而提出越多的问题：这是为什么？这是怎么回事？这是什么现象？于是，他们的精神力量就越执着地专注于求知和解疑。对大自然进行思考的水滴就可汇成浩瀚的思维之河。”[2]想到这里他更坚定地认为：要把孩子带到田野、森林中去，要让他们从源泉中汲取思想，成为聪慧的探索者，成为好学好问的人。

成功的实践探索使苏霍姆林斯基坚信：没有人与自然的相互作用，智力发展是不可思议的，就像没有旋律不可能有音乐，没有词汇不可能有语言，没有书籍不可能有科学一样。

第四节　世界观的形成乃是智育的核心

“智育是在获取科学知识的过程中进行的，但又不能仅仅归结为一定知识量的积累。只有当知识在变为个人信念，变为人的精神财富，从而影响到他生活的思想方向和他的劳动、社会积极性及兴趣时，知识的获取过程和知识的深化过程才能成为智育的要素。世界观的形成乃是智育的核心。”[3]

一、“世界观是意识、观点、信念和行为的统一”

与传统解释有所不同，苏霍姆林斯基在“世界观”的内涵中加入了“行动”的成分。他认为世界观不只是某一社会占统治地位的那种看待世界的观点体

① 苏霍姆林斯基著，蔡汀，王义高，祖晶主编：《苏霍姆林斯基选集（五卷本）》（第四卷），教育科学出版社 2001 年版，第 136–137 页。
② 苏霍姆林斯基著，蔡汀，王义高，祖晶主编：《苏霍姆林斯基选集（五卷本）》（第五卷），教育科学出版社 2001 年版，第 789–790 页。
③ 苏霍姆林斯基著，蔡汀，王义高，祖晶主编：《苏霍姆林斯基选集（五卷本）》（第四卷），教育科学出版社 2001 年版，第 327–328 页。

系或某一阶级的意识形态，而且也是体现人的思想、情感、意志和活动的个人主观状况，是人的意识、观点、信念和行为的统一。他强调说："世界观不仅表现为善于解释现象的本质，而且表现在实际行动和劳动中。学生在探究周围世界的事实和现象、认识自然规律、确信科学观点的真理性和正确性的同时，要力求证实、确立和捍卫某种东西。在脑力劳动触动了个人兴趣的情况下，教学过程中的思维便会成为独立形成科学世界观的过程。科学世界观，是思维、情感和意志的融合，世界观的形成，是在认识活动同时也是作为征服自然力和理解周围社会生活的一种斗争时发生的。"[①]他举例说：在帕夫雷什中学的智育体系中，就有旨在形成世界观的劳动作业。例如，学生一面在教学实验园地劳动，一面在证实土壤是微生物生命活动的特殊环境，而这一真理的证实只是向形成世界观的独立活动迈出的第一步，紧随其后的便是创造能保证高产的土壤的大量劳动，并在这一劳动中形成自己的信念。上述世界观形成的过程，涉及学生精神生活的各个方面——思维、情感、意志、行为。

有鉴于此，帕夫雷什中学的任何一个试验、一次实验作业或一项实际工作，都不仅在于揭示某种因果关系和联系，也在于促使学生表现出智力和意志上的积极性，促使他们力争在利用自然力的道路上迈出哪怕微小的一步。可以说，学生的世界观的形成，成了学校整个智育过程的自然结果。

二、大自然是"世界观真理的介质和背景"

苏霍姆林斯基认为：大自然不仅是发展智力和发展语言的重要课堂，也是人感受"最重要的世界观真理的介质和背景"[②]。一个人立场和世界观的形成，取决于他如何认识大自然，他从小如何看待、理解和感受大自然，大自然如何进入他的生活。

第一，大自然直观地展示着世界的物质性，显示自己是社会与人存在的物质前提和基础，能使人领会我们的生命之根是什么。

第二，大自然拥有无穷无尽的具体生动的形象，像绿叶、根、土壤、腐殖质和水，这些都是到处可以见到的东西，看起来似乎既简单又熟悉，但正

① 苏霍姆林斯基著，蔡汀，王义高，祖晶主编：《苏霍姆林斯基选集（五卷本）》（第四卷），教育科学出版社 2001 年版，第 330–331 页。

② 苏霍姆林斯基著，蔡汀，王义高，祖晶主编：《苏霍姆林斯基选集（五卷本）》（第三卷），教育科学出版社 2001 年版，第 777 页。

是从这些东西上面流出了闪耀着智慧的世界观真理的涓涓细流。学生在大自然中能够不断地进行从具体思维到抽象思维的过渡，这里也是形成抽象思维的源泉。大自然从冬眠状态开始苏醒的时候，它就展示出物质永恒和物质不灭的思想，就将生活中的美与关于物质永恒和物质不灭的思想结合在一起了。

第三，自然界中包容着对儿童来说通俗易懂却又纷繁的事件、物体、现象、因果关系和规律性。这些信息是无可替代的，因为它们易于为儿童接受，它们正是儿童所能进入的世界，它们也正是儿童观念、概念、思想、概括和判断的直接来源。

第四，特别重要的是，大自然显示出的生生不息的生命意象，赋予人以奋发向上的生命启示。苏霍姆林斯基介绍说："我曾多次把孩子们带进大自然，就是专门为了在他们的意识中唤起一种思想，它可以成为终生不熄的思维篝火中的火花。……我指给孩子们看自然界中生命的诞生和消亡、欣欣向荣的生命力、复杂的自然现象及其变化过程呈现的美。与其说这是让孩子们知道某些东西，不如说是启发他们进行概括性的哲理思维，让他们感受思维之美。自然界给他们揭示出奥秘"，这些奥秘启发孩子们"思考着物质的永恒、自然界中的千差万别、人与自然界的不可分割的一致关系、人依附于自然界而又必须合理地利用自然力和自然财富；思考着人是万物之灵，同时又是自然界不可分割的一部分；思考着时间和空间、死亡和永生……由于这些念头对于孩子们来说，是一种新发现，所以他们能够终身成为一个独立思考的人"[①]。

三、激励学生成为积极主动的探索者和创造者

人与大自然发生着种种复杂联系。大自然不仅是人的认识对象，也是人维护、利用、开发、改造、创造的对象。在大自然面前，人集认识者、探索者、发现者、维护者、改造者、创造者等诸多角色于一身，这其实正是智育的全部目标。在此目标链条中，"创造者"是最高目标，苏霍姆林斯基总是把创造称为"智育和美育中的精髓"。

那么什么是"创造"呢？他解释说："'创造'这个词的原意是创造物质和精神方面有重要价值的东西——它是人的精神生活的顶峰，是人的智力、

① 苏霍姆林斯基著，蔡汀，王义高，祖晶主编：《苏霍姆林斯基选集（五卷本）》（第一卷），教育科学出版社2001年版，第623页。

情感、意志高度发展的表现。创造性活动不仅是学者、作家、作曲家、杰出的发明家活动的特点，在成千成万的生产劳动者和文化劳动者——普通工人、庄员、工程师、技术人员、教师、医生的劳动中也有创造的因素。创造对正在成长的一代精神生活中的作用是很大的。认清自己生活和劳动中的创造因素可以大大地提高学生同困难作斗争的勇气，激励他们不断汲取新的知识，使他们在集体中的面貌更加高尚，并且使他们的意志得到锻炼。创造性活动是确立尊严的条件之一。创造可以使情感生活更加丰富，使个人的禀赋、天资、能力和爱好都充分地表现出来。”① 他认为，教育应该使儿童感到自己是知识的探索者和发现者。只有这样，小学生才能从单调、紧张、令人疲倦的学习劳动中感到喜悦，才能体验到创造者的欢乐。当然，智育过程中的创造并不要求学生创造出具体可见的物质成果，而主要是倡导一种创造意识，弘扬一种主观能动的创造精神，它具体意味着：

——主动性，积极性。“学生的脑力劳动就其实质来说，乃是一种儿童的思维和独立思考占主要地位的劳动。如果忽视了脑力劳动的这一基础，就会把学生作为劳动者的作用贬低为消极地掌握知识，即变成死记硬背。于是学习就会使学生失去兴趣，变成一种惩罚。只有在积极思维的基础上获取知识的脑力劳动，才能发展学生的认识能力。”② 苏霍姆林斯基特别关注让学习成为一种名副其实的积极的脑力劳动，竭力使孩子们成为渴求了解世界的考察者和发现者，使他们眼前的真理不是教师告诉他们的现成结论，而是一幅怀着激动心情领略过的有关周围世界的色彩鲜明的图画。一项发现如果能使孩子感到激动，真理就能成为他终生珍惜的个人信念。

——想方设法克服学习中的困难。苏霍姆林斯基认为，教育的任务在于设法发展和巩固儿童对克服困难，特别是智力性质的困难的乐观主义信念。他鼓励同事说：“请放心，儿童去努力完成看来力所不及难以胜任的工作，是不会使他的金色童年变得暗淡无光的。沿着崎岖小道向顶峰攀登的这一步可能就表现在‘看来力所不及’之中。不攀登顶峰，劳动的欢乐是不可能想象的，人对人的企望也是不可想象的，对自己取之不尽的精神力量也不会感

① 苏霍姆林斯基著，蔡汀，王义高，祖晶主编：《苏霍姆林斯基选集（五卷本）》（第一卷），教育科学出版社 2001 年版，第 371-372 页。
② 苏霍姆林斯基著，萧勇等译：《论劳动教育》，湖南教育出版社 1987 年版，第 68 页。

到惊讶。儿童在做完看来是力所不及的事情以后，他首先会感到自豪，似乎在发现自己并以别人的眼光观察自己。”①

——积极完成带创造性的作业。例如，写童话和写作文等就在智育里占有重要的地位。孩子们编童话故事的依据，就是他们从大千世界中觉察到的那些微妙而多方面的依存关系。如果忽视通过编童话故事鼓励孩子大胆想象，儿童的完满的智力发展和创造精神的激发都是不可思议的。又如在学习数学、物理、化学时，培养智力创造性的手段之一，就是独立编题并随之解题。

“学生的学习首先是一种智力劳动。由于这种智力劳动，学生才能发展自己的创造能力，获得知识和实践技巧。如果在智力教育中不把发展学生的创造性的智力放在首位，那么实质上也就停顿了个人和集体的智力活动。只有当知识被纳入集体的智力活动，成为个人之间精神交往的手段时，只有当传授知识具有欢乐、亲切、关心人的情感色彩时，创造性的智力才能得到发展。”②

除了学习这种形式的劳动外，生产劳动是学生发挥创造力的更为广阔的天地，苏霍姆林斯基这方面的教育思想，将在第六章集中介绍。

〖推荐阅读原著篇目〗

《智育》，载《帕夫雷什中学》，《苏霍姆林斯基选集（五卷本）》第四卷。

《少年的智育和教学》，载《公民的诞生》，《苏霍姆林斯基选集（五卷本）》第三卷。

《论学生精神生活和智力发展的三大支柱》，载《苏霍姆林斯基选集（五卷本）》第五卷。

《学习兴趣是学生学习活动的重要动力》，载《苏霍姆林斯基选集（五卷本）》第五卷。

《教会学生学习》，载《苏霍姆林斯基选集（五卷本）》第五卷。

---

① 苏霍姆林斯基著，蔡汀，王义高，祖晶主编：《苏霍姆林斯基选集（五卷本）》（第一卷），教育科学出版社 2001 年版，第 647 页。

② 苏霍姆林斯基著，蔡汀，王义高，祖晶主编：《苏霍姆林斯基选集（五卷本）》（第一卷），教育科学出版社 2001 年版，第 642-643 页。

第四章

Chapter 4

体育与健康教育：对身心的全面关注

苏霍姆林斯基的“健康”概念包含身体和精神两方面。人的身心发展是统一的。“身体健壮，感到自己体力充沛，似乎有使不完的劲——这是树立生气蓬勃的世界观、培养乐观精神和做好克服困难的准备的极为重要的条件。儿童的精神生活，就是说，他的智力发展、思维、记忆、注意力、想象、情感和意志，在很大程度上取决于他的体力的活跃程度。”[①]“强壮健康的身体，高度发达的智力，深湛的技术知识，高尚的道德品质——在这一神奇的合金中揭示着新人的真正威严。”[②]

① 苏霍姆林斯基著，蔡汀，王义高，祖晶主编：《苏霍姆林斯基选集（五卷本）》（第一卷），教育科学出版社2001年版，第263页。

② 苏霍姆林斯基著，蔡汀，王义高，祖晶主编：《苏霍姆林斯基选集（五卷本）》（第二卷），教育科学出版社2001年版，第167页。

第一节 让人文与科学之光照耀体育和健康教育

苏霍姆林斯基说过："自然科学知识和人文科学知识的内容，这对教育学理论也好，对教学与教育的实践也好，都具有重大的意义。"[①] 学校体育与健康教育是对孩子的人文关怀，它同时离不开科学精神之光的照耀。

一、日常温情注视与定期身体检查

苏霍姆林斯基有个习惯：每天清晨起床工作 3 个小时，8 点钟准时到校门口迎接上学的孩子们。他发现，"孩子有自己的惊恐、欢乐、忧虑和痛苦。具有高度情感素养的教师，会根据眼神流露出来的对思想、感情和感受的反映，感觉到人的内心世界"[②]。他重点关注孩子们的健康，因为良好的健康和充沛旺盛的精力，是朝气蓬勃地感知世界、焕发乐观精神、产生战胜困难意志的一个极重要的源泉；而孩子生病、体弱和带有疾患的素质，则是诸多不幸的祸根。

在长期观察中他逐渐发现：儿童的健康状况有的可以一目了然，有的则难以通过直观发现。他对一些学生学习成绩差的原因做过深入调查，结果发现，其中有 85％的人是因为健康状况不佳。一些孩子患有某种疾病，往往连医生也难以察觉，只有在父母、医生和老师共同交流情况时才能弄清。例如，孩子的一些心血管系统、呼吸道和胃肠系统的疾病，初期往往在孩子活跃好动的掩盖下不易察觉。有些孩子思维迟钝，大多数并非因大脑皮层细胞的生理功能的改变，而是由整个机体的毛病造成的，这是连孩子自己也感觉不到的毛病。这样的孩子在上课 10–15 分钟后便难以集中精力了，目光毫无目的地投向空中。当教师在课堂上组织紧张的脑力劳动时，这些孩子潜伏的疾患就显现出来了：他们精疲力竭，两眼失神，精神萎靡。有些儿童看上去很健康，气色很好，但仔细研究他们的健康状况之后，就会发现他们有某些潜伏的毛病。

① 苏霍姆林斯基著，蔡汀，王义高，祖晶主编：《苏霍姆林斯基选集（五卷本）》（第一卷），教育科学出版社 2001 年版，第 77 页。

② 苏霍姆林斯基著，蔡汀，王义高，祖晶主编：《苏霍姆林斯基选集（五卷本）》（第三卷），教育科学出版社 2001 年版，第 773 页。

苏霍姆林斯基由此提出：研究儿童要从研究其健康状况入手。他要求在儿童入学前的一年半中，未来的班主任就应掌握学生的名单，会同医生一起走访这些孩子的家庭，逐一了解孩子们的父母，推测父母中有哪些疾病可能遗传给儿童，掌握未来学生神经系统、呼吸器官、心脏、消化器官、视力和听力等健康状况的材料。班主任借此结识家长，可以帮助家长制订促进儿童身心发展的作息和营养制度。孩子入学时，由校医做出仔细的体格检查并向校务委员会报告。对于那些发现在心血管系统、呼吸道系统以及新陈代谢方面不正常的孩子，学校将进行经常性的教育观察，采取有效措施增强他们机体的抵抗力，保证儿童开始学习后不致生病。对那些身体有毛病的儿童，则要把他们送到专门的机构去疗养。

帕夫雷什中学每年设有两个“健康日”，专门对孩子们进行医学检查，重点是对他们的视力、心血管系统和呼吸器官的状况进行检查。平时，每个班集体每年选举一名学生，负责了解全班同学的健康状况，包括在家里做早操的情况和感到身体不舒服的情况等，及时记录并向教师汇报。学校还设置了专门对孩子视力的医务监督，一旦发现孩子的视力稍有下降，就采取相应的补救措施，例如让孩子得到富有维生素的强化营养；为孩子制订特殊的看书制度，增加中间休息的次数，变换脑力劳动的方式，个别孩子还可以在课间出去散步几分钟；检查并及时调整课桌椅的高度以使其适合学生身高等等。

二、凭借科学，“积极影响生命过程”

经过卫国战争炮火考验的苏霍姆林斯基具有积极乐观的人生观。他多次表示：人不是听任命运摆布的一粒无能为力的尘埃，不应该产生一切听其自然的想法。他要求教师和学生坚信：“人是历史的创造者，是自己命运的主宰”[①]，确立通过学习动物学、解剖学和生理学等学科知识而积极影响生命过程的科学信念。

苏霍姆林斯基深深感到，教育者懂得学生的生理、心理、年龄、性机能发展等过程是多么重要，教育中许多事情都有赖于这些知识。为此，他带头攻读了生理学、病理学和专门的医学著作，还较早地接触到像缺陷学这类新

① 苏霍姆林斯基著，蔡汀，王义高，祖晶主编：《苏霍姆林斯基选集（五卷本）》（第三卷），教育科学出版社 2001 年版，第 559 页。

兴的边缘学科。他发现缺陷学不单是有关智力落后儿童的一门科学，也有助于分析某些儿童在进行脑力劳动过程中所碰到的困难。他写道："我在医学家的学术著作中接触到'医疗教育学'这个概念，它最确切地表达了那些在行为上带有心理病态烙印的孩子的教育实质。医疗教育学的主要原则有：①怜惜孩子易受损伤的病态心理；②用学校的整个生活方式和制度使孩子摆脱阴郁的思想情绪，激发乐观情绪；③在任何情况下都不让孩子觉察人们在把他当病患者对待。"[①] 他将自己的学习心得推广至同行，强调教师应当了解儿童的健康状况，了解他们身体发育和智力发展的个人特点，以及影响他们智力发展的生理解剖方面的因素。他建议教师将解剖学、生理学、心理学和缺陷学等方面的书籍，列为案头必备的书籍，以便深入研究学生的心理现象、精神现象的科学原理，研究儿童心理过程对于周围环境的极其复杂多样的因素的依存性，从源头上关心孩子的生理心理健康。

为了让健康教育适合于每一个孩子，苏霍姆林斯基进而要求学生重视对自己健康负责的自我教育，使每个人都成为自己最敏感的医生。他在学生中开设"人学讲座"，要求学生通过学习解剖学和生理学了解人的神经系统。他建议学生阅读有关书籍，了解人体的各种器官、神经系统以及著名科学家在这些方面的研究成果。学校特别在"女生角"里摆放着解剖学、生理学、少女和妇女卫生以及母道等方面的书籍。所有这些措施，都有效地增强了孩子们的自我认识和自我保健意识。在帕夫雷什中学，每一个人都成了自己的医生，都能与自己的不良嗜好作斗争。

他还通过家长学校向家长普及健康知识。帕夫雷什中学有一所"学制"最为完备、教育效果最好、教育史上罕见的家长学校。这所学校开设下列几类班：一是还没有孩子的年轻夫妇学习班，二是学龄前儿童的家长学习班，三是在校学生的家长学习班（按年级段分班），四是身体发育或智力发展有缺陷儿童的家长学习班。父母亲都要参加家长学校的学习。苏霍姆林斯基为家长学校拟订了系统的"学习大纲"，撰写了《家长教育学》等教材，让家长们学习教育学、心理学、儿童解剖生理学、儿童的精神生活等内容，并且引导每个父母亲把学得的理论知识跟关心自己孩子的身心发展联系起来。实

① 苏霍姆林斯基著，蔡汀，王义高，祖晶主编：《苏霍姆林斯基选集（五卷本）》（第三卷），教育科学出版社 2001 年版，第 68 页。

践证明，帕夫雷什中学的健康教育之卓有成效，离不开受到教育科学熏陶的家长们的支持和配合。教师、医生、家长委员会委员，经常调查分析孩子们在学校的疲劳程度和家庭作业负担的情况，医生报告个别孩子在每季度开头和末尾的健康状况，还定期报告学生心血管系统、呼吸道以及视力和听力各方面的状况。由于这些做法，学校在 18 年间（1948—1965 年）有效地防止了学生中 28 例严重心脏病、肺病、眼病的恶化。

三、心情愉快："恢复身心健康的力量"

人文关怀和科学理性之光如阳光普照，照耀着学校的每个孩子，也照耀着校园外的患病儿童。正如苏霍姆林斯基所说："一味最有效的药，那就是心情愉快，这是恢复身心健康的力量的源泉，是任何东西也无法与之相比的。"[①] 他举过一例：

一个名叫娜塔莎的小姑娘加入了我们这个和睦的大家庭。她与母亲相依为命，住在村边。她三岁时生了一场重病，从此双腿瘫痪，不能行走。春夏天，妈妈把她放在小车上，让她在枝繁叶茂的苹果树下待着。我和孩子们听说后都心痛起来：难道她真的就不能恢复健康了吗？我们怎样才能帮助你呀，小娜塔莎？

为了让小姑娘心情愉快，我们把她的家变成了一个真正的花园：栽种了玫瑰、枞树和松树，从学校温室里移来了正在开放的菊花。我们轮流去教她识字和画画儿。春天到了，草原上开出了报春的花朵，我们把娜塔莎放在小车上，带到"美丽角"去。她惊喜地看着周围世界：草原雾气在山丘的上空颤动，百灵鸟在欢快地歌唱，大个儿的蝈蝈在跳跃……她觉得一切是那么新奇。孩子们在"美丽角"搭起了窝棚。暑假期间整天都在这儿度过。草原上有益于健康的空气、核桃树叶散发出来的香气、红艳艳的西红柿、甜美多汁的大西瓜、香甜清脆的苹果——这一切都似乎成了娜塔莎的良药。她的脸颊逐渐红润起来，目光现出愉快的神情。两年之后，她终于站立起来了。[②]

苏霍姆林斯基十分欣慰。他赞同医生说的话：治病不单靠药物，也要靠愉快的情绪，像娜塔莎的这种病更是如此。

---

① 苏霍姆林斯基著，蔡汀，王义高，祖晶主编：《苏霍姆林斯基选集（五卷本）》（第一卷），教育科学出版社 2001 年版，第 535 页。

② 苏霍姆林斯基著，蔡汀，王义高，祖晶主编：《苏霍姆林斯基选集（五卷本）》（第二卷），教育科学出版社 2001 年版，第 765-766 页。

第二节 日常生活中的保健措施与健康教育

苏霍姆林斯基对学生身心健康的关注可谓无微不至，全方位地渗透在整个教育教学工作中。

一、让孩子置身“氧气充足的小气候”

苏霍姆林斯基出生于农村，从小享受着大自然的恩惠，亲身感受到健康的极重要的源泉是周围的自然界，是空气、阳光、水、夏天的炎热和冬天的严寒、阴凉的小树林和鲜花盛开的三叶草原野。他发现饱含禾本科植物（小麦、黑麦、大麦、荞麦以及各种青草）杀菌素的空气，是促进健康的强壮剂。他常带孩子们到田间、牧场去，让他们呼吸到沁透庄稼馨香的空气。相反，缺氧则是妨害孩子健康的重要因素。孩子好几个小时坐在不通风的教室里，整天吸着充满了碳酸气的空气，进行着单调的智力劳动，缺乏在新鲜空气中进行的丰富多彩的活动，这会损害在消化中起重大作用的内分泌腺，进而发展成慢性病，难以根治。

四年级有个叫柯利亚的男孩子，体质很弱，脸色苍白，稍一改善饮食，身上立刻会出现一些斑点。对他进行详细检查，并未查出什么问题。医生最后发现：这是因长时间坐在室内而引起的新陈代谢失调。症状虽不严重，但会导致严重后果：孩子会失去聚精会神地进行脑力劳动的能力。这孩子的情况的确是这样。开始上课时，他尚能专心学习，但是过了十几分钟以后，他便两眼无神，目光呆滞，有的老师责备他不肯努力学习。医生建议让他每天至少有 10 小时在户外度过，晚上睡觉时也开着窗子，早睡早起。这样过了半年，孩子果真能在课堂上进行较长时间的脑力劳动了，学习成绩也上去了，原先大家都担心他会留级的。①

通过长期观察研究，苏霍姆林斯基发现许多树木，例如核桃、樱桃、杏树、栗树和针叶类树木，都以散发植物杀菌素见长。为了让学生呼吸到新鲜清洁的富氧空气，帕夫雷什中学在学校周围建造绿化屏障，遮挡强烈阳光，净化空气。

① 苏霍姆林斯基著，蔡汀，王义高，祖晶主编：《苏霍姆林斯基选集（五卷本）》（第四卷），教育科学出版社 2001 年版，第 634 页。

校园里，学生平均每人有十多棵树木，这个“氧气工厂”还在逐年扩大。学校培植了许多柑橘类植物，使空气在冬季也能充满氧气并清除二氧化碳。校园内及其周围大量树木形成了一个特殊的森林性小气候。学校将能在室外进行的活动，都尽可能地挪到室外进行，低年级的有些课直接在“绿色教室”里上。

苏霍姆林斯基还发现：很多种农作物，尤其是禾本科作物释放的植物杀菌素，能清除呼吸道和血管里足以引起感冒、风湿、结核等疾病的病原体。孩子经常呼吸田野和森林地带含氧极丰富的空气，这些空气会使机体的新陈代谢十分活跃，产生防病作用。孩子在新鲜空气中学习和生活的时间越长，各个器官的发育及其功能的发挥就越协调，就越不容易疲劳，睡眠的恢复作用也越好。在他的倡导和家长们的配合下，学生睡觉都开着通风窗，夏季则完全睡在户外。他让孩子们充分享受大自然中的安静、傍晚和夜间的凉爽、早晨的清新。他强调增加孩子的肢体与大自然接触的机会，例如，让孩子从春天到秋天不论天气好坏，一律打赤脚。他认为脚的锻炼是锻炼机体抗病能力的一个很重要的条件。他手头保存的 980 个孩子的健康卡片记录着：他们从 7 岁到 14 岁整个夏季都打赤脚，不论刮风下雨还是炎夏盛暑都不怕，他们当中没有一个人生过病。有些孩子甚至能赤脚在雪地里行走，这样的锻炼不仅可以预防伤风感冒，还可以预防神经过敏、喜怒无常、易受刺激等心理疾病。实践表明：“含有大量植物杀菌素的空气加上良好的营养和适当的作息制度，简直可以创造奇迹，孩子们变得真是无法辨认了，红光满面，生气勃勃。”①

二、基于调查研究的营养教育

经过对学生身体发育情况的调查研究，苏霍姆林斯基认识到，有充分价值的、符合孩子健康要求的营养的作用是多么重要。身体各部分的和谐与匀称，骨骼组织，尤其是胸廓的正常发育，都是由童年时代的营养决定的。多年观察表明，在食物中缺少矿物质和微量元素，骨骼的某些部分就会发育得不匀称，使体态终生受影响。为了防止这一点，学校要求家长注意让伙食富于维生素，注意维生素和矿物质的搭配。他跟家长

① 苏霍姆林斯基著，蔡汀，王义高，祖晶主编：《苏霍姆林斯基选集（五卷本）》（第四卷），教育科学出版社 2001 年版，第 161 页。

谈话，使家长认识到吃蜂蜜对孩子的健康特别重要，于是越来越多的家庭开始养蜂。

孩子的饮食不仅要含有足够的热量，而且还要包含丰富的容易吸收的食物（牛奶、黄油、糖等），以及在机体组织中起重大作用的各种成分（特别是蛋白质和维生素）。奶和糖，特别是水果里的糖分，在孩子的营养中具有特别重要的意义。苏霍姆林斯基要求孩子起床后喝一杯奶（凉奶），吃面包抹黄油。各个家长都为孩子的营养而储备各种食物（特别是水果干，以保证孩子能在冬季吃到果糖）。做完家庭作业之后（去学校之前），让孩子好好地进早餐。两节课之后的30分钟休息时，学校食堂供给每个孩子一杯牛奶，课后则供给黄油抹面包和茶或者牛奶（供给需要加强营养的孩子）。他还建议家长们给孩子做味道鲜美和营养丰富的食品，多储备一些富含维生素的水果到冬天吃。学校也养着好几箱蜜蜂，过冬时学校食堂里给年幼孩子吃蜂蜜，还让那些身体衰弱、思维缓慢的孩子多吃蜂蜜、牛奶、黄油、水果等富有维生素和植物杀菌素的食物。这些措施对孩子的健康状况和智力发展产生了奇妙的效果。

苏霍姆林斯基同时注意到，再好的营养在没有胃口的孩子面前也无济于事。在一项专门调查中他得出一个不安的结论：25％的儿童不吃早饭就上学——早晨他们不想吃东西；30％的儿童早餐的营养标准达不到正常需要的一半；23％的儿童吃的早餐质量合乎要求，但数量只达一半；只有22％的儿童按标准进早餐。在学校待上几小时之后，早晨没吃早餐的孩子心口就会隐隐作痛，头发晕。学生放学回家，虽然已经好几个小时没吃东西了，但仍无旺盛的食欲。这是什么原因呢？进一步的研究让他找到了两个原因：一是学生长时间呼吸不到新鲜空气，二是学生没有通过体力劳动把能量消耗掉，要让学生通过活动产生疲劳感、饥饿感。例如学生在新鲜空气中步行若干千米之后，用家长的话说，孩子就会出现“饿狼似的胃口”。于是学校定期组织学生到森林中去旅行，孩子们的食欲不断得到改善。各家都持有学校发送的《合理营养手册》，所有的孩子都吃上合乎要求的早餐。学生上学3小时后在学校食堂里再吃一盘带肉的热汤或甜菜汤、肉饼、一杯牛奶、面包加牛油，放学后回家进午餐，母亲们对孩子旺盛的食欲赞不绝口：“挑食的毛病没有了，给什么，吃什么。”一个月后，那几个最苍白的孩子的面颊上已出现了红晕。

三、合乎生命节律的作息制度

苏霍姆林斯基指出：遵守作息制度对促使身体健康、精神饱满十分重要。首先要保证孩子充分的睡眠时间。睡眠不足，精神萎靡以及由此而来的经常性的周身不适，既影响自我感觉，也影响智力发展。他规定学龄初期儿童（7–12岁）每天的睡眠为10小时，学龄中期和晚期儿童（12–18岁）则睡8–8.5小时，并使睡眠时间的40%–45%分配在前半夜，这是最有益于健康的睡眠。其次是规定学生的作业量，保证学生在校内和家里每天的"桌上作业时间"，一年级总共不超过2小时，二年级不超过2.5小时，三年级不超过3小时，四年级不超过3.5小时，五、六年级不超过4.5小时，七至十年级不超过5.5小时。

帕夫雷什中学的作息制度很有特色。上午是课堂学习时间，按脑力劳动的难度和性质恰当编排各种课，是对制度的要求中很重要的一条。如图画、音乐、体育、手工课及在学校工厂和园地里的劳动，一般都排在末节课；劳动教育活动都排在周末。阅读讲解课和文学课一般安排在学习日中段进行。数学、物理、化学、生物等自然科目及语法课，排在头几节课里。上午有一次30分钟的大休息，安排学生加餐，并待在户外空气新鲜的地方。下午则让学生自行安排各种课外活动，例如参加各种各样的学科小组、兴趣活动小组、独立阅读、游戏、从事实验性或生产性劳动等等。学校不仅让学生拥有大量自由时间，而且千方百计地让他们学会科学利用时间，力求使有趣的、令儿童诧异的事物成为他们的智力、情感和全面发展所必不可少的东西。学校安排丰富多彩的活动供孩子们选择参加，以便既能发展他们的思维，丰富其知识和能力，又不损害童趣。

四、适度疲劳：劝阻家长的过度呵护

苏霍姆林斯基重视学生的健康，但是反对家长们对孩子过度呵护。他反复劝告并最终使家长相信：越护着孩子，怕他们着凉，孩子就越虚弱。家长们终于都同意了他的坚决请求：夏天让孩子赤脚去上学，不给孩子们一层层地穿许多件衣裳，让孩子们每天步行2–6千米，而且都是在田野、草场、丛林中行走。孩子们乐意走路，感到自己是世界的发现者。他们回家后虽然疲

倦，但心情愉快。苏霍姆林斯基总结道："要知道，没有疲倦，就没有健康。孩子在紧张的劳累后休息，健康就会如涌泉一般注入他的机体。"①

五、让"运动成为每个人都喜爱的活动"

苏霍姆林斯基把体育看作是健康的重要因素和生命活力的源泉。他写道："体育——就是为健康而奋斗，就是为使我们的学生在身体和精神两方面一致地得到增强而奋斗。"②他强调一个"动"字，而且特别重视"每一个"学生的"动"，即主动地生动活泼地运动。只有当运动成为每个人都喜爱的活动时，它才能成为教育手段。他要求体育应让学生自觉对待自己的身体，掌握爱护健康的知识本领，学会通过合理的劳动、休息、饮食与体育运动来增强体质，锻炼体格与神经系统，预防疾病。最重要的是使体育运动成为一种内在需要，为自己带来身心快乐。

他将"健美"置于突出地位，希望学生在体育运动中追求健美，从中获得审美享受。他多次指出：一个人从事体育运动不应首先为了比赛获胜，应首先为了锻炼健壮的体魄，使自己体态优美，动作和谐，并锻炼自己的意志。学校的各种运动项目，特别是跑步、滑雪、游泳等项目，无不重视培养孩子们的审美感，这些项目的比赛主要是比动作的漂亮、优雅、协调，而把速度作为次要因素。他说："我们认为那种以动作快慢为唯一成绩标准的比赛是根本不能容许的，那样会滋长不健康的狂热性和虚荣心。在那种比赛中没有美，缺乏审美要求，而尤其要不得的是，没有真正的群众性和对个人能力的照顾。不能把运动从全体儿童的体育手段变为个人争夺成绩的手段，不能把儿童划分成有运动才能的和无运动才能的，不能通过投机取巧而猎取学校虚假名声的做法去煽动不健康的狂热性。"③他特别强调全员运动。学校经过体格检查将所有学生划分为三组：基本组、预备组和特殊组，各组都按单独的大纲分别进行教学。教师着重关心的不是那些能在比赛中取得成绩的学生，而是特殊组的那些身体虚弱的孩子，校医和体

① 苏霍姆林斯基著，蔡汀，王义高，祖晶主编：《苏霍姆林斯基选集（五卷本）》（第三卷），教育科学出版社 2001 年版，第 64 页。
② 苏霍姆林斯基著，蔡汀，王义高，祖晶主编：《苏霍姆林斯基选集（五卷本）》（第四卷），教育科学出版社 2001 年版，第 106 页。
③ 苏霍姆林斯基著，蔡汀，王义高，祖晶主编：《苏霍姆林斯基选集（五卷本）》（第四卷），教育科学出版社 2001 年版，第 237-238 页。

育老师要为这些孩子编排特定的体操，以使他们尽快从特殊组转入预备组，升入基本组。

第三节 在劳动和体育活动中培养坚强与勇敢的品质

在苏霍姆林斯基看来，体育并不局限于锻炼身体与增进健康，还涉及树立生活目标、培养道德尊严、建立纯洁与高尚的感情和相互关系、确立审美准则等个性方面的复杂问题。他提出：身心是不可分离的；无论在理论还是在实践上，与孩子个性形成相脱离的体育锻炼都是不能允许的。

一、“劳动是增强体质的手段”

苏霍姆林斯基在长期实践中感受到：体力劳动在完美体魄的培养中所起的作用同运动一样重要。有许多劳动过程，人体在其中的协调优美动作可以同体操相媲美。如手工割草、用砖砌墙这类劳动的动作，就动态和美的表现力来讲，都不比体操逊色，甚至还有它的优越之处：里面有更多的细微差异可以显示体力与技巧和技能的多种多样的结合。他发现青年学生为这种劳动任务做行前准备的时候，如同筹办节日一样高兴。每逢暑假，高年级学生都要去手工割几天草。草场上的这项劳动连同旷郊露宿、野外炊事，真有妙不可言的美！

与体育锻炼一样，劳动能锻炼人的意志。冬季在天气不太寒冷（–15℃以上）的时节，帕夫雷什中学高年级学生要在户外劳动 10–12 天。在这些日子里，学生们不仅在户外劳动，而且也在户外吃饭、休息和度过工余时间，只是夜里才回到室内。苏霍姆林斯基注意到：这种劳动对于呼吸和血液循环器官的发育，对于新陈代谢的增强，都有重大的意义。在营养良好的情况下，这种劳动能增进机体的各种机能，强化神经系统。神经细胞，特别是脑细胞的营养会增强，睡眠的恢复作用会提高。这是锻炼身体的极好手段。他还发现，户外劳动对于那些神经过度兴奋的、易激动的、不安宁的孩子，具有良好的作用。他保存着 27 名孩子的资料，这些孩子进校时都有明显的神经官能症症状，绝大多数不能正常学习。学校对他们的治疗主要是安排他们在户外安静环境中进行劳动，不要求他们付出多少体力，而是培养他们注意力的集中和细心操作，例如用柳条编制器物、嫁接果树等。孩子们在干这种活时可以忘记周围的一切，其神经系统的病态激动会逐渐趋于平稳。

二、体现勇敢精神的军事体育活动

苏霍姆林斯基多次表达一个观点：不与困难作斗争，不经常克服通向目标路上的障碍，而希望培养意志力，培养勇敢和顽强精神是不可思议的。他明确表示，不希望看到自己的学生“在童年时期不敢爬上树顶，不敢游泳过河，不敢深更半夜到森林中去找回需要的一根木棒或者在行军时某位同学丢了的指南针，不敢从屋顶上把过早爬出鸟窝并卡在瓦缝中的雏鸟捉回来……”①

他希望自己的学生成为大无畏的勇士。在确保安全的前提下，他多次和孩子们一道设计并开展紧张的军事体育游戏——

7 月的一个大热天，我们在湖畔搭了一间小棚。离湖岸几十米处有个神秘的荒无人烟的岛屿，岛上曾出现过野猪甚至传说还有狼。天黑了，满天星星，不见月亮，一片漆黑。半夜时分，六年级学生按照预订计划，一个接一个地泅渡去小岛，然后在岛上会合，一起搭棚，点燃篝火。孩子们将从不同的地点下水，也在不同地点上岸，上岸后在密林中寻找同伴。这是连大人也不易做到的事。

看得出，孩子们多少有些害怕和踌躇。但是当我问到“谁第一个出发？”响应的人却是不少，几乎所有男生都积极报名，谁也不肯表现出胆怯和犹豫。最隆重的时刻到了。第一位“侦察兵”把一块木头放下了水，以便抱住木头游渡到小岛。过了 15 分钟，又有一个少年“侦察兵”出发了。接着是第三、第四、第五、第六个“侦察兵”下水……不一会儿，岛上出现亮光，那是“侦察兵”们点燃了篝火。天亮时分，“战斗任务”完成了。孩子们争先恐后地激动地叙述自己听到和见到的像野猪一样的东西，尽管谁也不敢肯定那就是野猪。

女孩子是否参加这种游戏呢？当然要参加！她们也要泅渡到这个神秘的岛上，也要克服自己的恐惧心理和困难。②

苏霍姆林斯基写道：“在这种游戏中，注入青少年心灵的精神财富有多

① 苏霍姆林斯基著，蔡汀，王义高，祖晶主编：《苏霍姆林斯基选集（五卷本）》（第二卷），教育科学出版社 2001 年版，第 439–440 页。

② 苏霍姆林斯基著，蔡汀，王义高，祖晶主编：《苏霍姆林斯基选集（五卷本）》（第一卷），教育科学出版社 2001 年版，第 736–737 页。

么贵重啊！这种精神力量的考验将终生难忘。无畏精神犹如大胆地跨越一条鸿沟一样，一个男孩只要勇敢地越过这条鸿沟，就能发现他迄今为止未曾见过的、不甚理解的事情。一个男孩只要跨出这勇敢的一步，他似乎就能用另一种目光看待自己和自己的伙伴。”[①]

三、激励学生为理想目标进行自我锻炼

有规律的经常性锻炼不仅可以使身体变得健美，动作协调，而且可以培养性格，锻炼意志。要做到这一点，仅仅靠有组织的体育运动还不够，还必须让学生增进对体育锻炼的爱好，养成锻炼的习惯，这就离不开学生的自我教育。为此，苏霍姆林斯基向学生提出了几条建议：

①健康意味着精神生活充实、情绪愉快和头脑清楚。你的健康取决于你自己。

②要在日出之前就起床，走到原野里去，呼吸新鲜空气，用露水洗洗手、洗洗脸，这种露水真正是童话中所说的活水。空气中充满着正在开花或正在成熟的庄稼香味，这对健康是有益的。谁在夏天呼吸这样的空气，谁就不会得肺病。

③夏天最好睡在院子里，睡在干草或刚刚脱粒的谷草上。干草和新鲜谷草分泌出来的植物杀菌素，能预防流行性感冒。每天早晨一起来就做早操。

④坚持每天早晨用冷水擦身。尽量坚持在池塘里洗澡，直到秋天出现冰冻为止。冬天用雪擦脚和腿（至膝部），擦到脚跟至膝部感到发热为止。要敢于赤着脚到雪地里去走几分钟，这对脚部和全身都是很好的锻炼。

⑤一天也不要间断体力劳动。劳动使人身强力壮、心地正直、延年益寿，也能使自己保持清醒的头脑与丰富的知觉和感情。

⑥每天行走三千米到十千米。要养成在树林、草地和田野上散步的习惯。

⑦要让“朴素、适可而止和节制”成为你的座右铭。不要吃过多的甜食。不要吃得过饱，最好在离开餐桌时还感到没怎么吃饱。[②]

他看到青少年总希望通过锻炼体力来锻炼自己的精神—意志品质，他们

① 苏霍姆林斯基著，蔡汀，王义高，祖晶主编：《苏霍姆林斯基选集（五卷本）》（第一卷），教育科学出版社 2001 年版，第 737 页。

② 苏霍姆林斯基著，蔡汀，王义高，祖晶主编：《苏霍姆林斯基选集（五卷本）》（第二卷），教育科学出版社 2001 年版，第 795-796 页。

喜欢效仿自己所敬爱的英雄人物，希望借助某些行动来检查和考验自己体能的和精神的力量，相互之间还会进行一种默不作声的竞赛。他写道：

许多事实表明，少年学生在模仿英雄时，会人为地制造各种环境以考验自己的耐力，并视之为精神力量的表现。比如有一个学生在 –20℃的严寒中，悄悄将窗户打开了一夜，而且睡觉时不盖被子，因为他想到将来有可能真的要求睡在雪地上，现在必须做好一切准备。还有一个少年读完一本关于苏维埃人在法西斯集中营里进行英勇斗争的书后，决定用绝食来考验自己。这种种情况都表明，少年学生们都在别出心裁地考验自己的精神力量。①

孩子们带有稚气的“自我考验”体现了少年的年龄特征，不怎么注意分寸，不过苏霍姆林斯基相信他们一旦进入青年期，自会做出理智决策。他果然发现：“同少年一样，青年人把锻炼身体视为自我教育、培养坚强意志的手段。但是，青年人的这一愿望往往具有较鲜明的道德色彩。他们之中很多人（尤其是小伙子）都把锻炼身体看作是将来参加精神斗争的准备工作。这时，几乎已看不到少年常常采取的那种幼稚的、完全孩子气的自我教育手段。他们把各种体育活动作为锻炼手段，尤其喜欢田径、滑雪和举重。他们常常给自己规定明确的目的——达到某项指标——在任何困难面前也不退却。”② 这些，正是他所期盼的。

〖推荐阅读原著篇目〗

《关注健康与体育》，载《帕夫雷什中学》，《苏霍姆林斯基选集（五卷本）》第四卷。

《少年的身体发育和心理素养》，载《公民的诞生》，《苏霍姆林斯基选集（五卷本）》第三卷。

《健康，健康，还是健康》，载《我把心给了孩子们》，《苏霍姆林斯基选集（五卷本）》第三卷。

① 苏霍姆林斯基著，蔡汀，王义高，祖晶主编：《苏霍姆林斯基选集（五卷本）》（第一卷），教育科学出版社 2001 年版，第 402–403 页。

② 苏霍姆林斯基著，蔡汀，王义高，祖晶主编：《苏霍姆林斯基选集（五卷本）》（第一卷），教育科学出版社 2001 年版，第 464 页。

第五章

Chapter 5

美育：引导学生自我培育身心之美

“美是一种深奥的属于人所具有的东西，美的存在是不以我们的意识和意志为转移的，但是美可以为人所发现，或者为人所认识，存在于人的心灵之中，若是没有我们意识的存在，也就没有美。我们来到世界上就是为了认识美，确立和创造美。”[①]苏霍姆林斯基写道，“美是道德纯洁、精神丰富和体魄健全的有力源泉。美育最重要的任务是教会孩子能从周围世界（大自然、艺术、人际关系）的美中看到精神的高尚、善良、真挚，并以此为基础确立自身的美。”[②]可以认为，他的美育思想就是让学生学会感知美，领会美，创造美，最终学会培育自己的身心之美。

① 苏霍姆林斯基著，蔡汀，王义高，祖晶主编：《苏霍姆林斯基选集（五卷本）》（第二卷），教育科学出版社 2001 年版，第 488 页。

② 苏霍姆林斯基著，蔡汀，王义高，祖晶主编：《苏霍姆林斯基选集（五卷本）》（第四卷），教育科学出版社 2001 年版，第 538 页。

第一节 美的世界能使人成为有教养的人

苏霍姆林斯基认为，当一个人看到晚霞和蓝天上飘浮的云彩时能发现它们的美，当一个人能聆听夜莺的歌唱并赞赏空间的美时，他才成为一个人。人从成为人那时候起，从他在观赏到花瓣和晚霞那一瞬间起，他就注视着他自身，注视着自身的美。他从进化史的角度写道：

人之所以脱离动物界并成为有才能的人，不只是因为他亲手制作了第一件劳动工具，而且也是因为他看到了开阔深远的蓝天、隐约闪烁的星辰、黎明和黄昏的瑰丽霞光、预兆风天的血红晚霞、一望无际的原野、晴空飞翔的雁群、清晨露珠映射的阳光、阴霾深秋的绵绵雨丝、娇嫩的幼苗和淡蓝色的铃花，——看到了，而且为之赞叹，并开始创造起新的美来。

人之所以成为人，是由于他听到了树叶的飒飒低语和草虫的悦耳歌唱、春日小溪的潺潺流水和夏日碧空的百灵啼啭、雪花的沙沙飘落和窗外暴风雪的狂呼怒卷、水波的柔和拍击和深夜的肃穆寂静，——听到了，而且千百年都在倾听这生活的奇妙音乐。①

苏霍姆林斯基提出“劳动和美共同创造了人”的观点极有见地。人类的劳动是一种创造，创造本身就是一种美。考古也发现，人类最早创造的最原始的劳动工具和生活用品，尽管极其粗糙，但不难发现它们不仅实用，也多少体现了当时人们对美观的追求，这种追求随着人类进化而进步。

微观世界也是如此：美育是从培养集体成员相互关系中的丰富的内在情感——敏感、亲切、诚恳开始的。“美的世界里的精神生活能使人成为有教养的人。……美的世界里的精神生活，就是在体验、创造、保持周围世界里的美，即在自然界里、人际关系里，特别是精神范畴里的美。美的世界里的精神生活会激起那种不能根绝的人的需要——成为美的人的需要，追求奉献的需要。小孩在发现自己周围的美，并对这些美而感到非常兴奋、赞叹的时候，这宛如在照镜子，会观察到人的美。孩子对美的这种感受越早，对美的惊奇

① 苏霍姆林斯基著，蔡汀，王义高，祖晶主编：《苏霍姆林斯基选集（五卷本）》（第四卷），教育科学出版社2001年版，第539页。

越精细，他的自尊感就越高。”[①] 他举过一个有趣的例子：

调皮孩子特多的“可怕的”五（2）班，发生了一些新鲜事！

春天里，班上新来了一位女生娜塔洛奇卡。她长着一双碧蓝的眼睛，拖着一条白色的大辫子。男孩子们从来没见过这么漂亮的小姑娘。她的目光总是那样的温柔、善良，男孩子们被看得不好意思，只得垂下眼帘。原本无所顾忌、胡作非为的男生全都安静下来了。在此之前，教师一连三个星期对米沙说：“你把头剃剃吧。”米沙就是不听。如今他不仅剃了头，而且口袋里还装着一面小镜子，也不在自己的前额上画小公鸡了。费佳为各门课程都准备了新作业本。原来邋里邋遢的格里沙，现在的衬衫总是干干净净的。

看着这种突然的转变，不能不令人发笑。很清楚，一切变化的原因在于美丽的娜塔洛奇卡。[②]

有鉴于此，苏霍姆林斯基写道：我的理想就在于使每个孩子能实实在在看到美，让他们对着美惊叹不已，把美的东西化作自己精神生活中的一部分。从学校教育的第一天起，我们就教孩子们观看、领会、感知、理解周围自然界和社会关系的美。正如从入学最初几天起就要悉心培育儿童的智慧一样，我们必须同样小心翼翼地培养儿童敏锐的、“任性的”审美鉴别力。他相信：“我们周围美的世界是无穷无尽、无边无际的。你要会开辟这个世界，……使你的每一个学生的精神生活里，都会有使美大放光彩、对美惊奇以及在美面前有股喜悦的成分。”[③]

第二节　引导学生赞叹自然美

“美首先存在于大自然之中，而后逐渐展现在学生面前，展现在他们的劳动、相互关系、精神力量及其为崇高的理想而进行的伟大的斗争之中。美的第一源泉是大自然。大自然美妙绝伦，这种至美能征服一切。爱默生说，大自然总是衣冠楚楚、仪态万方，总是那么妩媚。我们认为，感受和领略大

① 苏霍姆林斯基著，蔡汀，王义高，祖晶主编：《苏霍姆林斯基选集（五卷本）》（第二卷），教育科学出版社 2001 年版，第 193 页。

② 苏霍姆林斯基著，蔡汀，王义高，祖晶主编：《苏霍姆林斯基选集（五卷本）》（第一卷），教育科学出版社 2001 年版，第 768–770 页。

③ 苏霍姆林斯基著，蔡汀，王义高，祖晶主编：《苏霍姆林斯基选集（五卷本）》（第二卷），教育科学出版社 2001 年版，第 193–194 页。

自然的美，是全面积极地开展旨在提高人的素质，培养人高尚情操的活动的前提。”[①]苏霍姆林斯基主张：每个人在童年时期都应该学习发现大自然的美，使儿童的精神生活和大自然被一条条智力的、情感的、美感的和创造的线路联系起来，使认识自然现象和大自然的美成为他们思想和感情的源泉。

一、赞叹千姿百态的景色美

无论是春季的复苏、秋季的凋萎、冬季的黄昏、夏季的黎明，苏霍姆林斯基和同事们总会关注其间的美，总会带领儿童步入花园和树林，踏上田野和池岸，让他们看到纷繁众多、千差万别的事物和现象，以及现象之间的相互联系和相互依存。大千世界，历历在目，一个人因此不再是消极的观察者，而会成为真理的发现者。他相信：这就是活的思想的由来；只有在教会学生主动去发现世界的情况下，才不致使他们双眸中求知的火焰熄灭。

他注意让儿童学会在任何一个季节、任何一种天气中都能看见自然界最富细微差异的美。例如秋天，他带领孩子们去欣赏朝霞和开着荞麦花的白色田野，欣赏准备过冬而入睡的树林和池面上最初的透明的冰层，欣赏秋天的灰蒙蒙的雨丝和晴朗的初秋的早晨，欣赏无边的田野和远处地平线上的小丘，欣赏云雀的歌唱和蜜蜂的嗡鸣……让学生注意观察空气是那么惊人地透明，天空是那么深邃，溪水是那么清澈。在秋天的树林里，孩子们倾听各种鸟儿的叫声和落叶轻微的沙沙声。到了冬天，他和孩子们一道，欣赏被白雪覆盖的阔叶林，赞叹被阳光染成粉红色的积雪的闪光，观察正月傍晚的暮霭和二月的暴风雪，倾听冬季小鸟的啾啾声。他和孩子们不止一次地趁天色未亮就来到树林边，迎接冬天的日出，欣赏在雪堆上变幻的各种色彩，倾听清脆的滴水声，观看农舍屋檐上挂着的被阳光照射成各种色彩的宝石般的冰凌。在春天，孩子们欣赏万物复苏的景象：树上最早长出的嫩芽，春天最早开放的野花，青草最早出土的嫩芽，最早飞出的蝴蝶，最早传来的蛙鸣，最早飞来的燕子，听到的第一次雷鸣。

他也重视引导孩子们敏锐地感知大自然在一天之中的变化。他写道：“在我们学校，孩子在他学校生活的第一个秋季都要在森林、田野和草场上度过

① 苏霍姆林斯基著，蔡汀，王义高，祖晶主编：《苏霍姆林斯基选集（五卷本）》（第五卷），教育科学出版社 2001 年版，第 792 页。

从清晨到夜晚的一个整日。我们选一个晴朗而又暖和的日子，黎明之前就到村外郊野去。伫立凝望那绚烂的朝霞，孩子似乎从未发现天色竟如此美丽，竟有如此迷人的色彩变幻。星移斗转，新的一天降临，朝阳冉冉升起。我们倾听百鸟的苏醒，牧场羊群咩咩叫，远方田野里拖拉机的轰鸣。我们到森林去，采集落叶，每个人都在尽力寻找色彩最绚丽的叶子。……日落时分，我们观赏晚霞，观察星辰的闪现，田野、丘陵、牧场以及远方地平线上山峦的色彩变化，在寂静的深夜里，我们倾听夜鸟的啼啭和草虫的鸣叫。这样的一天，孩子们将会终生难忘，而每逢回忆起来，都会为大自然美景的新感受增添更浓的情感色彩。”①

二、赞叹朦胧无垠的意境美

如果将观察视为走进大自然的入口，那么，想象就如登堂入室。苏霍姆林斯基重视引导孩子们在大自然面前展开自己的想象。他写道：“在夏天热气袭人的傍晚，每当天上刚刚出现星星时，孩子们就来到我这里。我们坐在橡树下，此时太阳已经落山，天色渐暗，星星在闪烁，花园里传来了神秘的沙沙声，蟋蟀嚯嚯在地叫，池塘已经入睡。这就是我们的‘蓝天下的学校’。我们这样称呼这美妙的夏日黄昏。音乐般的童话吸引我们来到这棵枝叶并茂的橡树之下。我们周围的一切——结着金黄色苹果的苹果树，天空中闪烁的繁星，睡梦中的池塘，所有这一切在我们的思想中产生了各种神话般的形象。”②

黄昏时孩子们看到：就要去休息的太阳发出最后的余辉照着溪流，溪水泛出了粉红色，又不断变幻，渐渐暗淡下来。苏霍姆林斯基指点着让孩子们观察：“你们往草原那边看。看出来了没有，原野、草场和洼地上怎么越来越暗了？看那些山丘，好像变软了似的，像是在暮色中漂动。山丘都变成灰色的了，好好看看山丘表面，上面能看到些什么？”孩子们七嘴八舌发表自己的观感：“森林……小树丛……牛群……羊群……还有放牧员。有人停下来要在野地里过夜，他们点起了篝火，可是篝火看不见，空中只冒着一缕轻

① 苏霍姆林斯基著，蔡汀，王义高，祖晶主编：《苏霍姆林斯基选集（五卷本）》（第四卷），教育科学出版社 2001 年版，第 541－542 页。

② 苏霍姆林斯基著，蔡汀，王义高，祖晶主编：《苏霍姆林斯基选集（五卷本）》（第一卷），教育科学出版社 2001 年版，第 672 页。

烟……”[①] 孩子们在凝视那些很快变暗了的山丘时，产生了这么多想象。

苏霍姆林斯基清楚地记得：

刈草季节特别令人高兴。我们帮助大人晒干草，堆成垛。傍晚，我们躺在高高的草垛上。这种时刻特别令孩子们陶醉：他们想听关于星星、关于遥远的世界的故事。在星空下，孩子们面对宇宙问老师：“地球、太阳、星星——所有这些都是从哪儿来的？”我深信，只有当孩子们从理智和感情上对大自然的美和伟大感到无比惊讶时才会产生这样的问题。

我永远忘不了，当讲完一个关于星星世界的故事后，孩子们问道：“比这更远的地方有什么呢？”当孩子们听说在能看见的世界后面，也还是这样的世界，它们多得数不胜数时，感到无比惊讶：“那么哪儿才是世界的尽头呢？”[②]

苏霍姆林斯基写道：“世界无尽头的真理对他们来说是最不可思议的。我记得，孩子们如何为这一真理所震惊，他们沉默不语，极力想象无尽头是一个什么样子，却又想象不出来。这天夜里，孩子们久久未能入睡；不止一个人梦见了遥远的太阳和行星。第二天，男孩子和女孩子不时重提使他们感到困惑不解的问题：什么是无尽头？这个问题在整个学习的岁月中始终使我的学生们感到非常新颖。”[③]

三、赞叹朝气蓬勃的生命美

大自然是生命的摇篮，也是生命形态的大观园。苏霍姆林斯基曾经领着一群学龄前一年的小朋友来到绿草如茵的牧场，引导孩子们欣赏青草喷吐着幽香，鲜花娱悦着双目，柔和的阳光温暖和煦，百灵鸟在湛蓝的天空中歌唱，小鱼儿在清澈的溪流里畅游……生命以它千姿百态的表现，展露在儿童面前。春天，他让孩子们观看万物苏醒：首批开放的花朵、初绽的枝芽、新出土的嫩草……充满生机和正在发展中的事物，使孩子们心旷神怡，产生美感。观看大地从冬眠中苏醒，江河解冻，浮冰流动，草木凋零，候鸟迁飞，百花盛

① 苏霍姆林斯基著，蔡汀，王义高，祖晶主编：《苏霍姆林斯基选集（五卷本）》（第三卷），教育科学出版社 2001 年版，第 44 页。

② 苏霍姆林斯基著，蔡汀，王义高，祖晶主编：《苏霍姆林斯基选集（五卷本）》（第三卷），教育科学出版社 2001 年版，第 148 页。

③ 苏霍姆林斯基著，蔡汀，王义高，祖晶主编：《苏霍姆林斯基选集（五卷本）》（第三卷），教育科学出版社 2001 年版，第 148 页。

开，宁静的秋季连阴天……这些景象都能帮助孩子们形成大自然永存、生活美好的思想。他特别提到："我认为有巨大教育意义的一点，就是使孩子能看到、理解、感受到去唤醒大自然中的生命是一个很大的秘密。第一批春天花朵的开放，幼芽的萌发，第一批嫩草破土，第一只蝴蝶飞舞，第一声蛙叫，第一只春燕飞来，第一声春雷，麻雀第一次春浴，这一切我都当作永恒生命的美展现在孩子们面前。他们受到这种美的感染越深刻，去创造美的欲望就越强烈。"①

他还发现，当孩子们"赞叹长着火红色的硬果的野蔷薇，欣赏还挂着几片黄叶的枝干匀称的小苹果树，心疼被初冬的寒风吹僵了的西红柿株"时，"这一切都在唤起儿童对有生命的美好事物的亲切、爱护的态度。在儿童心里，一株植物变成了有生命的东西，这个生命在凛冽的寒风中会瑟瑟发抖，于是孩子就想保护它抵御严寒……"②这是孩子们珍惜和热爱生命的美好感情的萌发。

四、从欣赏美到自觉维护美

苏霍姆林斯基在带领孩子们欣赏大自然时，念念不忘告诉孩子们：大自然是我们的生活之源和生活之核，它与人结成一个不可分割的整体。人是大自然的儿子，既为大自然的创造而骄傲，又应"像孝子一样善待大自然"。他强调：对大自然的研究不应只是让儿童仅仅看到植物的根茎叶，应进一步探讨并领会我们的生命之根是什么？我们餐桌上的面包、油脂、肉和奶来自哪里？何以有供我们呼吸的清新空气，供我们在酷热的夏天游泳的清洁河水？帕夫雷什中学走廊里挂着两幅图画，一幅画的是辽阔的平展展的田野，田野上麦子正在抽穗……另一幅画面上赫然一道沟壑划开了田野，宛如一道深深的刀痕……这是一片被风化雨蚀了的良田，裸露着黏土和沙砾，与田园之美形成强烈反差。画面旁边的说明文字写道：我们不能袖手旁观，我们要拯救良田，要让大地恢复昔日之美，甚至变得更美。

于是，苏霍姆林斯基和孩子们来到挂图上所画的那条沟壑前，开展了一

① 苏霍姆林斯基著，蔡汀，王义高，祖晶主编：《苏霍姆林斯基选集（五卷本）》（第二卷），教育科学出版社 2001 年版，第 489 页。

② 苏霍姆林斯基著，蔡汀，王义高，祖晶主编：《苏霍姆林斯基选集（五卷本）》（第一卷），教育科学出版社 2001 年版，第 244 页。

场旷日持久的艰苦斗争，奋力抵抗大自然的破坏力。这中间，绝大部分活计由农庄的农机手和教师们来做，学生们主要负责挖许多栽树用的鱼鳞坑并栽上树木。这是一项长期的劳动。许多年过去了，那条划开土地躯体的沟壑已经橡树成荫，大地的创伤逐渐愈合了，那一带的沃土再无流失之虞，而一代又一代的新生们又去开辟施展自己力量的新战场。苏霍姆林斯基写道："我们千方百计地把大自然的创造填充到学生的生活中来。我们认为，如若每个学生在校学习期间没有改造过几十平方米的黏土荒地，那么我们的教育就是走了过场。"①

第三节　引导学生感受社会美

人类社会是自然界中最高级的组织形态。引导学生欣赏自然美，必然会进一步导致认识社会，认识社会主义社会的美。

一、感受今胜于昔的社会进步之美

苏霍姆林斯基多次写道：社会主义确认人是世界上最可珍贵的财富。在社会主义社会，不是人为生产而存在，而是生产为人而存在。社会主义结束了人的孤立状况，创造了人的全面发展的一切条件，同时也创造了人的个性和社会充分和谐的客观条件，公民获得了真正的自由。这种自由最充分地表现在劳动权利上，即公民的自由劳动上。社会主义从根本上改变了人们对劳动的看法，使体力劳动最大限度地同脑力劳动相结合，并赋予它以创造性的特点。总之，社会主义给每个人提供了全面发展其素质、能力和天赋的广阔天地。

他把自己和同事们对社会进步的共同认识传达给学生，使学生为自己是世界上第一个社会主义国家的公民而自豪，为能成为勇敢的、心灵美好的人们的同胞而骄傲。在帕夫雷什中学，"贯串整个课程的""是社会主义制度、意识形态、道德、法律和政治优越于剥削社会制度及其法规的这条红线"②。他和

① 苏霍姆林斯基著，蔡汀，王义高，祖晶主编：《苏霍姆林斯基选集（五卷本）》（第五卷），教育科学出版社 2001 年版，第 797 页。

② 苏霍姆林斯基著，蔡汀，王义高，祖晶主编：《苏霍姆林斯基选集（五卷本）》（第五卷），教育科学出版社 2001 年版，第 42-43 页。

同事们力求让学生感到：生活在社会主义国家里，享有社会主义的物质财富和精神财富，这是一种骄傲。他认为，为巩固社会主义制度而斗争是一个人最高尚的活动，这方面的教育不应通过说教，而应通过引导学生考察整个历史发展过程，从正义、人道、人际关系等方面进行全面比较和充分论证，证明新社会比旧社会进步和优越。一名四年级学生听罢教师讲述资本主义社会里工人的悲惨境遇时，这样道出了自己的感受："现在我们这里没有资本家多好啊！"

二、感受普通劳动者奉献精神之美

苏霍姆林斯基提出：教育者的最重要的任务，就是要使儿童、少年和青年形成关于人的美，关于人的思想、情感和体验中的高尚神圣东西的观念。"从小培养他们具有对公民精神美的赞赏能力……接受公民美、献身精神和英雄事迹熏陶。"[①] 他的著作中记载着这样的情景：

我和同学们坐在一棵苍劲的百年老橡树旁，阅读着一本引人入胜的书，倾听橡籽儿落到地上的声音。我们从草原的土岗顶上欣赏着瑰丽的晚霞，聆听着螽斯的歌唱，仰望着新星的闪烁。我们观察、感受、了解、享受着周围世界的美，为展现在自己面前众多的发展道路而自豪。……我对孩子们说："同学们，你们可否想到，你上课的时刻，在全国各地的车间、田野和实验室里，人们正在进行着紧张的劳动。他们有的炼钢铁，有的制造机器，有的采矿，有的造船，有的耕地，有的喂牲口，有的往地里运送肥料，有的铺设新的铁路干线，——正因为有了这一切，你们才能坐在课堂里，才能课后在体育场踢球，才能去千里之外参观画廊或博物馆……"[②]

他让孩子们了解许许多多社会主义劳动英雄的感人事迹，例如：拖拉机手涅克多夫在卫国战争中失去了双脚，但以惊人的毅力和勇气重新回到了自己热爱的劳动岗位，他收割的粮食够基洛夫市的居民吃一年。著名畜牧专家什捷伊曼年轻时是一名长工，给地主放羊，未能上学，后来却成了知名学者、科学博士，成功地培育了新品种母牛。科学院院士、两次荣获社会主义劳动英雄称号、获得过 5 枚列宁勋章的尤里耶夫，一生培育了 19 种小麦新品种，

① 苏霍姆林斯基著，蔡汀，王义高，祖晶主编：《苏霍姆林斯基选集（五卷本）》（第一卷），教育科学出版社 2001 年版，第 562 页。

② 苏霍姆林斯基著，蔡汀，王义高，祖晶主编：《苏霍姆林斯基选集（五卷本）》（第五卷），教育科学出版社 2001 年版，第 883-884 页。

为社会增产了几百万吨粮食。这些人都是热爱某项具体劳动的人，是为某项心爱的工作献出全部力量的人，并且由于这种爱好和钻研而获得真正的幸福和完满的精神生活的人。他主张，每个学生都应该在少年早期就崇拜一个足以体现心灵美的人，让这样的人的形象活跃在自己心中。

三、感受现实生活中人际关系之美

苏霍姆林斯基写道："美的力量在社会主义社会里是实际的"，在这里有"世界上人与人之间那种最公正的关系"①。他认为，在消灭了人剥削人的现象，确立了作为人际相互关系之基础的公有制社会里，极端自私自利的个人主义将被为社会、集体和他人的服务逐渐取代，被合作和相互帮助的思想逐渐取代。公民之间相互尊重、相互关心、相互信任、相互支持，并将蔚然成风。他举例说：

有一对夫妇都是农庄庄员。丈夫是农技师，妻子是作业组组长。农技师朝夕思慕的理想就是培植森林。他发动一批志同道合者成立起青年环保小组，每年都要在山沟、河边种一批橡树。这个小组的成员性格都很开朗，愿意与每一个爱好环境保护的人交往。在他们高尚的友谊中，首要的是相互间的严格要求，把精神空虚、弄虚作假、表里不一等看作最严重的恶习。这是一群忠实于信念而不动摇的朋友。他们没有低劣、贪欲之心，总是把自己的精神力量，自己的本领、技能、感情贯注在事业中。在这位农技师看来，最大的幸福就是完善的劳动，好像在这样的劳动中心儿也在歌唱。这位农技师最亲密的助手就是他的妻子。夫妇俩看到其他庄员很少关心植树造林，于是把自己住宅旁的自留地改建成苗圃，每年培养出几千棵果树苗无偿分给庄员，并教会大家自己培植果树苗。不几年，各户的园子甚至村子道路两边，都栽上了樱桃树、苹果树、梨树。人们常到他们家里来学习嫁接技术，学习如何管理树苗。很快，这个农庄就有了几百个果树小苗圃了，培植的小果树成千上万。②

这是当时社会人际关系之美的一个缩影。这样的例子很多，都被苏霍姆

① 苏霍姆林斯基著，蔡汀，王义高，祖晶主编：《苏霍姆林斯基选集（五卷本）》（第二卷），教育科学出版社2001年版，第232页。

② 苏霍姆林斯基著，李元立等译：《论爱情》，工人出版社1986年1月版，第125-126页。

林斯基采集起来，成为全校《公民精神讲话》的生动教材。

四、启发学生以主人翁态度祛丑扬美

美与丑相互映衬，同在共存。苏霍姆林斯基指出，美好社会中也会存在丑恶现象。他认为："一个人对未来越有信心，当代的美好事物在他面前就表现得越鲜明。只有在社会主义现实中首先看到光明面的人，才能正确看待阴暗面：在阴暗面中他首先看到的是有着自己加倍努力、改造世界的广阔天地。"①他主张摈弃明哲保身的消极心理，旗帜鲜明地表达自己对麻木不仁、游手好闲、玩忽职守、奢侈浪费等现象抱毫不容忍的态度。他强调，对社会丑恶现象不能仅仅表示义愤，不能仅仅停留于口头或书面的揭露、批评、谴责，而应当行动起来，祛丑扬美。他在国外访问时写信给儿子说：祖国是你的家。自己家里有好事，也有坏事。只有卑鄙小人才会对自家的不幸幸灾乐祸。只有当你给家里做了好事，你才有权谈论家里的坏事。对坏事说一句话的权利要靠做十件好事去争得。②他希望孩子们"不应只是美好歌剧的听众，只是幸福家庭晚会的客人，而应是这个社会的建设者和主人，感觉到自己的责任——既对给予他们的一切负责，也对他们的后人负责"③。

第四节　引导学生欣赏文化财富中的美

苏霍姆林斯基指出："学校最重要的教育任务之一，就是培养青年一代具有对艺术美的需要。要使青年人感到，读书和欣赏绘画、音乐，正如同道德高明的人交流思想一样是必不可少的。"④"如果没有文化财富——知识、文学、艺术、音乐以及以各种形式表现的美，那么生活就会变得暗淡、狭隘，从而失去真正的人的幸福。我们的任务就在于，要在每一个未来的物质生产

① 苏霍姆林斯基著，陈炳文译：《年轻一代的道德理想教育》，湖南教育出版社 1984 年版，第 95 页。
② 鲍里斯·塔尔塔科夫斯基著，唐其慈等译：《苏霍姆林斯基的一生》，教育科学出版社 1986 年版，第 273 页。
③ 苏霍姆林斯基著，蔡汀，王义高，祖晶主编：《苏霍姆林斯基选集（五卷本）》（第五卷），教育科学出版社 2001 年版，第 38-39 页。
④ 苏霍姆林斯基著，李元立等译：《论爱情》，工人出版社 1986 年 1 月版，第 164 页。

的劳动者身上，培养出一种对认知、文化和美的永不止息的向往。”[①]

一、在书籍阅读中追寻真理之美

苏霍姆林斯基发现：“儿童、少年和青年都需要书籍，其思想以其美吸引人，以其高尚和正气感染人、震撼人。思想只有在能吸引、感染人的时候才会成为理想，而我们像需要空气一样需要那些能使学生从中看到理想的书籍。世上书籍的精髓，就是对理想的追求。”[②] 书籍可以把惊讶转化为求知欲，人通过阅读展现在面前的是精神生活的魅力。使一个人成为思想劳动者，有赖于他在少年时代和青年早期怎样阅读和阅读什么。教师不管教哪门功课，都应当激发学生对书籍的迷恋，特别是迷恋那些渗透着思想性，能使一个即将步入生活的人变得高尚起来的书籍。同时，要让学生迷恋上自然科学的一些学科，自然科学中有很大一部分知识本身包含着激烈的思想斗争与冲突，许多科学真理是科学家们付出了很高的代价甚至生命的代价才获得的。书籍中的科学知识是人类智慧的成果，闪耀着真理的光辉，也闪耀着求知精神的光辉。

他也遗憾地发现一些学校图书馆里虽然放着不少书，但像沉睡的巨人一样躺在那里，没有进入学生的精神生活。他呼吁：“我们应当唤醒这个巨人，为学生打开通往书籍的大门。不要害怕占用一些上课时间让学生到浩瀚的书海里去漫游，不要吝惜在每门学科上占用几节课的时间去进行几次人类最奇妙、最美好的活动——接触书籍。要让青年的心灵在这种活动中充满激动和欢乐。要让书籍像心爱的音乐旋律一样紧紧扣住青少年的心弦。假如书籍对学生来说总是那样新奇，那样有魅力，假如年轻人总想独自一人去钻研书本，假如他们当中出现许多爱书胜于爱其他一切的‘书迷’，那么学校生活中许多令人头痛的问题就会自然消失。”[③] 更重要的，只有能发现美的人才能敏感地体察语言的魅力，才会为接受语言所表达的思想做好准备。因此，“要让学生从小就能体会到语言的优美、馨香和细微色彩，要让他不仅领会到蕴

① 苏霍姆林斯基著，蔡汀，王义高，祖晶主编：《苏霍姆林斯基选集（五卷本）》（第一卷），教育科学出版社 2001 年版，第 106 页。

② 苏霍姆林斯基著，蔡汀，王义高，祖晶主编：《苏霍姆林斯基选集（五卷本）》（第五卷），教育科学出版社 2001 年版，第 724 页。

③ 苏霍姆林斯基著，蔡汀，王义高，祖晶主编：《苏霍姆林斯基选集（五卷本）》（第四卷），教育科学出版社 2001 年版，第 687 页。

含在语言中的丰富思想，而且感受到语言的美，这样才会产生反复阅读好书的精神需求”①。

二、在审美活动中领略艺术之美

“艺术体现了人类心灵美所经历的时间和空间。正如体操能使身躯挺拔一样，艺术能使心灵舒展。人在认识艺术珍品的同时，也认识了人身上的人性，使自己变得更加完美，从而感到宽慰。”②苏霍姆林斯基写道，“不论我们学生的未来专业是什么，我们认为，艺术应当成为每一个人精神财富的经常源泉”③。他认为，在诸多艺术形式中，绘画和音乐在美育中占有特殊地位。绘画和音乐起作用的领域，是在言语所不能触及的地方开始的。有些无法用词语表达的东西，可以用色彩的和谐与音乐的旋律来叙述。就绘画而论，对绘画作品美的感知，会唤起儿童要用颜色、线条和色调配合表达自己的思想感情和自己对周围世界态度的欲望。帕夫雷什中学定期展出名画复制品，如列维坦的《金色的秋天》、列宾的《伏尔加河上的纤夫》、罗丹的群雕《加莱义民》、达·芬奇的《蒙娜丽莎》等。学校鼓励老师和学生有个人藏书和复制的名画画册。学校逐渐形成了《介绍绘画作品的大纲》，这个大纲中每一次谈话都要介绍一两幅国内外名画家的作品。学校还常常举办孩子们自己的画展。

“音乐修养是道德修养的一个极重要的条件。音乐形象能触动人的心灵，陶冶人的高尚情操，具有强大的感染力。进行音乐教育，目的不是培养音乐家，而是培养和谐的人。”④为将孩子们一步步引进音乐殿堂，苏霍姆林斯基首先引导孩子们学会“聆听大自然的音乐”。他写道：

静静的傍晚，我们来到牧场。我们凝神静听这优美黄昏的乐声。一会儿从池塘那边一个什么地方传来了奇妙的音响，好像有谁轻轻地触动了一

① 苏霍姆林斯基著，蔡汀，王义高，祖晶主编：《苏霍姆林斯基选集（五卷本）》（第四卷），教育科学出版社2001年版，第688页。

② 苏霍姆林斯基著，蔡汀，王义高，祖晶主编：《苏霍姆林斯基选集（五卷本）》（第三卷），教育科学出版社2001年版，第782页。

③ 苏霍姆林斯基著，蔡汀，王义高，祖晶主编：《苏霍姆林斯基选集（五卷本）》（第四卷），教育科学出版社2001年版，第507页。

④ 苏霍姆林斯基著，蔡汀，王义高，祖晶主编：《苏霍姆林斯基选集（五卷本）》（第四卷），教育科学出版社2001年版，第694页。

下钢琴的琴键，似乎池塘、池岸和蓝天都发出了声音。“这是什么声音？”万尼亚问道。“这是春季草地的音乐。”我对孩子们说，“你们在池塘里看见了晴空的倒影。在那无底的深渊里有一巨大的水晶钟。那里的神奇宫殿里住着一位美丽的春姑娘。她用金锤轻轻一敲水晶钟，四面八方的草地都响起回声来。”

从邻近一个池塘传来了声音，好像是回响。片刻之后又有远处的草场在响应。我们站在那里，被这春季草场的奇妙音乐所陶醉。这种音乐——就是乐观地感知世界的生气蓬勃的泉源。它帮助儿童在美中去理解、发觉、感受生活的快乐。我觉得和谐的美犹如光芒四射的光轮，终生萦绕在记忆中不可忘怀的孩提岁月周围。①

在聆听大自然音乐的基础上，苏霍姆林斯基让孩子们开始欣赏名曲。他首先挑选那些儿童容易理解的以鲜明形象——小鸟啾啾、树叶飒飒、雷声隆隆、流水潺潺、狂风呼啸等表现生活的乐曲，让孩子们在欣赏乐曲时联想到原野的音乐，发现并理解艺术美与自然美之间的天然联系。他相信每个孩子在教师引导下都能深入理解音乐的美妙，都能在精神交往中利用音乐手段。他尽力使乐器成为每个学生的必需之物，使每个学生都会演奏一种乐器。帕夫雷什中学最普及的是演奏手风琴，很多学生课余都喜欢拉琴，并收集乐谱。多数少年都参加了合唱、话剧、器乐或文艺创作小组。这些活动不仅给他们带来愉快，而且对他们的精神世界产生了积极影响，“能唤起他们的高尚感情和他们心中的某种思想与观念，如英勇行为、忠诚、精神力量、勇敢精神、大自然的美与壮丽等等”②。

三、追溯精神财富背后的探索之美

科学真理和高尚艺术都是在同愚昧无知、没落腐朽的斗争中产生的。苏霍姆林斯基写道：“人类获得知识是来之不易的，往往要付出血的代价。通向真理的道路是不平坦的，在寻求真理的过程中所获得的知识是人类创造业绩和自我牺牲的美德。……它的每一页的字里行间都闪烁着人类满腔热情的、

① 苏霍姆林斯基著，蔡汀，王义高，祖晶主编：《苏霍姆林斯基选集（五卷本）》（第三卷），教育科学出版社 2001 年版，第 90–91 页。

② 苏霍姆林斯基著，蔡汀，王义高，祖晶主编：《苏霍姆林斯基选集（五卷本）》（第一卷），教育科学出版社 2001 年版，第 453 页。

永不泯灭的火花。”[①] “应该用它去点燃幼小心灵里的爱和恨、忠诚和蔑视的情感。”[②] 按照他的主张，帕夫雷什中学总是利用各种形式，给儿童和青少年揭示人们是如何为真理赢得胜利、为后代人的幸福献身的光辉形象。他引述过 17 岁的共青团员谢尔盖在讨论会上的一次发言：

谢尔盖非常崇敬那些宁愿遭受迫害、苦难以至献出生命而不肯背弃真理的科学家、思想家和诗人。他说：“当布鲁诺（宣传“日心说”的意大利科学家）被押赴刑场时，街上聚集了成千上万的人，都想看看这个‘恶魔附了体’的人。人们往他身上吐唾沫，撕扯他那带有花纹的死刑囚衣。面对这些宗教狂热分子和庸人仇恨的目光，他表现得多么坚定、多么勇敢啊！当谢琴诺夫说，没有什么灵魂，只有中枢神经系统在支配机体的各个过程时，人们都斥责他离经叛道，威胁要将他处以流放。但他没有放弃自己的思想，而且终于取得了胜利。”

谢尔盖还说：“使我感到不安的是：如今，我们是否还有尚未阐明并得到公认的真理需要去捍卫、去论证？……”[③]

在帕夫雷什中学，学生们总觉得自己是在求知小路上艰难行军的参加者，他们跟教师一起沿着这条小路走向真理，不断地感到惊奇，受到鼓舞。许多学生不仅对知识采取积极探索的态度，也以实际行动对世界的进步表现出积极的世界观立场。

第五节 激励学生培育自己的身心之美

“美是道德纯洁、精神丰富、体魄健全的强大源泉。美育最重要的任务，就是教会儿童从周围世界的美和人的关系的美中看出精神的高尚、善良和诚恳，并在此基础上在自己身上确定这种美。”[④] 这是苏霍姆林斯基美育思想

① 苏霍姆林斯基著，蔡汀，王义高，祖晶主编：《苏霍姆林斯基选集（五卷本）》（第一卷），教育科学出版社 2001 年版，第 629 页。

② 苏霍姆林斯基著，蔡汀，王义高，祖晶主编：《苏霍姆林斯基选集（五卷本）》（第一卷），教育科学出版社 2001 年版，第 146 页。

③ 苏霍姆林斯基著，蔡汀，王义高，祖晶主编：《苏霍姆林斯基选集（五卷本）》（第四卷），教育科学出版社 2001 年版，第 295 页。

④ 苏霍姆林斯基著，蔡汀，王义高，祖晶主编：《苏霍姆林斯基选集（五卷本）》（第一卷），教育科学出版社 2001 年版，第 241 页。

的最高理想。

一、人之美："占首要地位的是人的精神美。"

苏霍姆林斯基肯定过人的形体美、服饰美的意义，肯定人合适的穿着能突出和衬托人的美。他分析说："因为人的内在美首先是一种社会精神因素，所以它反映在外表上，就使人的外表具有一定的特点，从外表往往可以看出一个人的道德品质如何。一个人性格单纯、态度自然、为人谦虚、举止端庄、衣着整洁，总会引起别人的好感。……内在美与外在美的统一，是一个人的体质和道德精神的一切方面都健康的表现。"①

他同时强调：在关于人的美的观念中，占首要地位的是人的精神美。最重要的是人应当有自己美好的理想，有为实现美好理想而奋斗的决心与意志。美的理想也是道德精神的理想。"美学理想同道德理想的结合，乃是学生丰富的、生气勃勃的精神生活的重要前提。"②当然，一个有理想、有追求、有作为的人，尽管也会劳累，也会疲惫，也会衰老，但这并不损害他精神的高贵，甚至也不会损害他的面貌美——饱经风霜的成熟美。这是因为，"人的美不仅来源于欢快、喜乐和为成就高兴的心情，而且还来源于不安和内心痛苦的心情，即来源于通常所谓的'创造的辛苦'。正如人的极度悲伤会给面部留下永不消失的皱纹一样，人的创造活动像灵巧精致的刀具把人的面貌刻画得更美，相反，终日洋洋自得、无忧无虑，会使人的面部表情冷漠呆板，……这种面貌即使是人类完美的典范，也不可能引起别人的好感。相反，这种外表的美对人没有吸引力，而只会令人生厌。"③他特别提醒说："不道德的行为会使人变丑。习惯于撒谎、伪善、欺骗和空谈的人，其目光会逐渐变得捉摸不定：他总是避免正面看人；别人从他的目光中也很难看出他的思想，因为他总是把自己的思想隐藏起来。阿谀奉承、奴颜婢膝的作风不仅会使人的目光和面部表情奴相十足，而且会反映在他的全身举止上。当你看到一个善于阿谀奉承、逢迎献媚的家伙，给你留下的印象是：他为了猜透上级的意图，不仅俯首帖耳，生怕漏掉一字一句，而且不停地点头哈腰，时而

① 苏霍姆林斯基著，李元立等译：《论爱情》，工人出版社 1986 年 1 月版，第 158–159 页。
② 苏霍姆林斯基著，陈炳文译：《年轻一代的道德理想教育》，湖南教育出版社 1984 年版，第 65 页。
③ 苏霍姆林斯基著，李元立等译：《论爱情》，工人出版社 1986 年 1 月版，第 160 页。

连声称是，时而自我检讨。没有比这种奴颜婢膝、毫无原则的作风更丑恶的了：此人面目全非，以假代真。阿谀奉承、奴颜婢膝的作风对女性美损害尤为严重，使人的面部表情奴相十足。嫉妒、自私、多疑、担心‘别人看不起自己’，所有这些情绪会慢慢使人的面部表情失去生气，变得愁眉苦脸、闷闷不乐。保持自己的本来面目，尊重自己的人格，这是发扬和完善人的美的重要前提之一。”①

二、以真善美挤跑假恶丑，走向完美的自我

“长期在美的世界里熏陶，再碰上坏的、丑恶的东西突然会觉得不能容忍。教育规律之一，就是用美把邪恶和丑恶现象挤跑。”② 身心俱美的人不是天生的，是教育而成的，特别是自我教育、自我修炼、自我完善而成的。苏霍姆林斯基写道：“美能教会你认识恶并与其进行斗争。我把美称之为心灵的体操，是因为它能矫正我们的精神、我们的良心、我们的情感和信念。美是一面镜子，你在这面镜子面前能看见你自己。同时也能知道如何对待自己。理解和感受美，则是自我教育的强大源泉。”③

首先，要从控制自己的欲望开始。苏霍姆林斯基提出：人的欲望与人的身份有时相称，有时不相称；不相称时便会受到谴责。道德上的纯洁和美，乃反映在人对不相称的欲望表示出不能容忍和毫不妥协的态度，既憎恨自己身上这种不相称的欲望，也憎恨别人身上的这种欲望。这首先需要我们每个人最大限度地远离动物的欲望，最大限度地培育自己的高尚欲望。

其次，应发挥“羞耻心”的积极作用祛丑扬美。苏霍姆林斯基提出：美的理想应当成为个人品德的尺子。一个人对美的理解和感受越细微，对一切粗鲁的、无理性的、本能的东西的厌恶就越深刻。教育的目的在于让孩子从自己身上用积极的持之以恒的手段弥补过失，也就是用行动和劳动清除过错。这中间，羞耻心的作用不可小视。他形象地分析说：受教育者对于别人的美惊叹不已，反观自己会自惭形秽，甚至会谴责自己：我坏透啦，应当受到高

① 苏霍姆林斯基著，李元立等译：《论爱情》，工人出版社 1986 年 1 月版，第 161–162 页。

② 苏霍姆林斯基著，蔡汀，王义高，祖晶主编：《苏霍姆林斯基选集（五卷本）》（第二卷），教育科学出版社 2001 年版，第 233 页。

③ 苏霍姆林斯基著，蔡汀，王义高，祖晶主编：《苏霍姆林斯基选集（五卷本）》（第二卷），教育科学出版社 2001 年版，第 231 页。

尚人的鄙视。这种厌恶自己、不满意自己的情绪，就是内部精神修炼活动的开始，也就是改过的开始。

最后，人内心的道德和审美修炼不能仅仅靠闭门思过，应当在广泛的社会交往中进行。苏霍姆林斯基写道："不通过对待别人的态度和与人们相处，一个人是无法培养出自己独特的品格的。"①在与同学、同志相处中，一个人在感到自豪的同时，也会对自己感到某些不满意之处。只有当他在同志们和自己身上发现了完全新的东西，并且想成为更好、更完美的人时，他才是有上进心的。因此，要善于让青少年在同学身上看到人性美德时扪心自问："我达到这种美的境界了吗？我能得到这种美吗？我明天能比今天好吗？"只要坚持这样的反省，一个人的精神面貌就会不断地日新又新，"通向公民应有的豪迈与美德的神圣境地的道路，也决定于此"②。

三、参与美的创造，在实践中表达内在的美

苏霍姆林斯基认为，欣赏美只是良好情感的最初萌芽，必须发展它，使它变为要求行动的积极愿望。在他眼中，"动美"似乎高于"静美"。他举例说："铁饼运动员米朗，当他的内在精神力量和体力处于紧张状态时，便表现出铁饼运动员的美，这种现象是很自然的。一个参加赛跑的姑娘，当她即将到达终点的时候，她的美要比休息中的姑娘的美表现得更鲜明、更深刻。手握方向盘的联合收割机手、拖拉机手和飞行员，以及树下的园艺师、正在劳动着的人们都很美。科学家、思想家、诗人、发明家，当他们的灵感来临，放出创造的光芒的时候，他们的内在精神美便使其面部精神焕发。"③这就是说，"每一个成员都能表现出各自的内在美，即发挥自己的才智、能力和创造力。每一个人都应当成为新事物的创造者。……人的外在美与内在美，将同时放射出灿烂的光辉"④。

所谓"创造者"，苏霍姆林斯基有自己的解说：小孩子在制作别人已制

① 苏霍姆林斯基著，蔡汀，王义高，祖晶主编：《苏霍姆林斯基选集（五卷本）》（第二卷），教育科学出版社2001年版，第743页。

② 苏霍姆林斯基著，蔡汀，王义高，祖晶主编：《苏霍姆林斯基选集（五卷本）》（第二卷），教育科学出版社2001年版，第744页。

③ 苏霍姆林斯基著，李元立等译：《论爱情》，工人出版社1986年1月版，第159页。

④ 苏霍姆林斯基著，李元立等译：《论爱情》，工人出版社1986年1月版，第165页。

成的东西时尽管只是一种模仿和重复，但只要他在制作过程中动了不少脑筋，那么他的智力活动就具有创造性，他就是一个创造者。以学生栽树为例，这种简单的工作当然不能统称为创造性劳动，但他如果在极其平凡的劳动中干出与众不同的成绩，有其独到之处，那么他的劳动就是创造性劳动。又如在欣赏大自然时，山风、田野、柳树、草原、山沟、黎明，这一切都使孩子们激动，孩子们心里的诗弦开始颤动，孩子们如能用自己的语言表达自己对自然美的感受，哪怕这种表达非常稚气，这也就是创造了。这个环节虽非高不可攀，但却至关重要：一个人只要经过自己的努力创造了美，美就会使他高尚。他相信每个孩子都有创造的冲动和创造的能力，总是“力求使每一个学生把自己美好的精神品质倾注到所创造的财富中去，把自己‘物化’在劳动中，使他热爱劳动过程本身，感受创造性活动的美”①。在帕夫雷什中学，一年级的儿童就学习用图画编故事，画童话。图画成了发挥创作想象力的源泉，也为每个孩子打开了话匣子，连一些沉默寡言的非常腼腆的儿童也开始说起话来了。

引导学生动手改造环境，美化环境，其创造意义又提高了一级。一年级教室窗户前不知什么时候成了垃圾场，杂草丛生，藤蔓疯长。一天，在一位女生的倡导下，全班同学下决心清理这个脏地方。同学们用竹筐和铁桶运走了垃圾，铲除了杂草，种上了鲜花。苏霍姆林斯基高兴地写道：“正是在这些乍一看来并不显眼的小事里，包含着教育的全部实质。……从这时起他就在区分美和丑，高雅和卑污。一个人的个性和他激荡的创造力，其表现正在于他如何认识美和丑，高雅和卑污，又怎样对待它们。”② 他还回忆说：

春天到了。我和孩子们一齐到野外树林里去。在灌木丛生的山谷里，我们发现一块舒适的小天地。我们很喜欢这个地方。大家想着，不如将这里开辟成课余休息的地方吧！我们陶醉于这一幻想之中。我们带来野葡萄树苗，把它栽在灌木丛周围，后来还有人想在那里再栽些绣球花。尽管那里还没有什么特别的东西，但是我们时刻都想到那里去，想坐在灌木丛下读书、幻想、讲故事和编童话。当野葡萄长得密密丛丛，好像一堵绿墙时，我们这块神秘

① 苏霍姆林斯基著，蔡汀，王义高，祖晶主编：《苏霍姆林斯基选集（五卷本）》（第一卷），教育科学出版社 2001 年版，第 246 页。

② 苏霍姆林斯基著，蔡汀，王义高，祖晶主编：《苏霍姆林斯基选集（五卷本）》（第五卷），教育科学出版社 2001 年版，第 869 页。

的小天地变得更舒适、更美丽了。我们就把它称为“童话角”或“美丽角”。我们在那里付出的劳动和精力越多，那里的美景就越为我们珍爱；我们在那里相聚，肩并肩屏息静坐，聆听童话与往事，这一切使我们更加强烈地感到幸福。①

他的结论是：“人美的高峰，就在于我们千千万万个成员中的每一个人，形象地说，都能让自己内在的美闪着光亮。”②

〖推荐阅读原著篇目〗

《美育》，载《帕夫雷什中学》，《苏霍姆林斯基选集（五卷本）》第四卷。

《情感教育与美感教育》，载《公民的诞生》，《苏霍姆林斯基选集（五卷本）》第三卷。

《情感教育》，载《苏霍姆林斯基选集（五卷本）》第五卷。

《开发出每个学生独特的人格之美》，载《苏霍姆林斯基选集（五卷本）》第五卷。

① 苏霍姆林斯基著，蔡汀，王义高，祖晶主编：《苏霍姆林斯基选集（五卷本）》（第一卷），教育科学出版社2001年版，第591-592页。

② 苏霍姆林斯基著，蔡汀，王义高，祖晶主编：《苏霍姆林斯基选集（五卷本）》（第二卷），教育科学出版社2001年版，第491页。

第六章

Chapter 6

劳动教育：为学生搭建展示自我的平台

苏霍姆林斯基的劳动教育在他教育思想中的地位之高，无论如何评价都不为过。他说："如果试图对教育的真正哲理下定义的话，按我的看法，即：人在自己的劳动中创造自己并理解劳动的美。人，当他满八九岁时就把一平方米贫瘠的土地变成肥沃的黑土；他看到自己的劳动成果不仅自豪，而且惊奇：难道这就是我做的？是的，我的青年朋友，面对着自己勤劳的双手和智慧所感到的惊讶心情是自我教育的一种强大的促进因素。它给少年以向上、不断向上的精神力量，如果需要的话，会一直劳动到拂晓，会从温暖、舒适的家里走向严寒，走向雨和暴风雪。"[①]

① 苏霍姆林斯基著，杜志英等译：《家长教育学》，中国妇女出版社1982年9月版，第241-242页。

第一节 “劳动教育”这个词组是不可分割的

在苏霍姆林斯基看来，“‘劳动教育’这个词组是不可分割的，因为教育只是在它具有劳动的含义时，才成为教育”[①]。就是说，学校不应有无劳动的教育。另一方面，学校也不应有单纯的无教育的劳动。学生的任何一项劳动，应当不仅是物质价值的创造，而且也是自身价值的创造，都应当包含精神上的自我教育和自我完善。这里讲的“不可”分割，是指劳动与教育不应该、不允许被分割——这是“劳动教育”的应然状态。不过在现实的教育工作中，劳动和教育两者常常脱节。一些学校的劳动和劳动教育并不是一回事，其致命缺点在于未能把劳动与教育紧密结合起来。

一、无教育的劳动：令学生厌烦并力求摆脱

苏霍姆林斯基对一些学校“有劳动无教育”的现象做过调查分析，举过许多例子：

——孩子们去植树时被告知：“现在要对我们进行劳动教育。”——原来，他们植树不是为了清洁和美化城市，让人们呼吸和生活得更舒适，也不是因为没有劳动人就不能生活，而是因为学校有劳动教育，不管你是否愿意都得这样做。在这里，“劳动教育”本身成了目的。

——劳动活动随意组织，碰上什么活就干什么活。劳动过程成了无明确目的的偶发事件。在这些场合下，劳动不再成其为有教育意义的活动了。如果童年所从事的认识性劳动没有反映与生产劳动类似的内容，没有突出其创造性的方面，没有包含一定的方案设想，那么这种劳动便失去了它的教育性。

——有些“劳动教育”仅仅是定期地给每一个学生布置一定的劳动定额，学生在完成这种定额以后很快就忘记了自己的劳动。并且，他很出力地劳动，只是为了尽快地摆脱它。

---

① 苏霍姆林斯基著，蔡汀，王义高，祖晶主编：《苏霍姆林斯基选集（五卷本）》（第一卷），教育科学出版社 2001 年版，第 803 页。

——在那些不能把体力与脑力结合在一起的劳动中，学生会产生思维的惰性，产生对新事物的恐惧感，更不会从劳动中寻找创造性解决问题的可能性。这样的劳动不会给心灵带来任何欢乐，不会成为学生内在的需求。①

……

苏霍姆林斯基痛心地写道：我在多年的学校工作中，不止一次看到过那些出于卑鄙动机的劳动是如何毒害着儿童的思想意识，我往往不得不进行长期而艰巨的斗争，来捍卫劳动动机的纯洁性，捍卫劳动中真正的美，捍卫劳动的人道主义精神和个性的自由发展。他严肃地指出："如果一个儿童在世界上生活了十一二年，而当他回顾童年时看不到自己劳动生活的最初成果，不能怀着满意的心情对自己说：这碧绿的小树林是我栽培出来供人们休息的，这葡萄是我为大家种植的，那么，这种教育就是片面的教育。"②

二、"我们的劳动教育"：教育与劳动相融合

苏霍姆林斯基常常在"劳动教育"前面加上一些修饰词，例如"真正的""合理的""与学生的体力、年龄特点和兴趣相适应的"等等，其中使用得最多的是"我们的"。"我们的劳动教育"，正是他独树一帜并引以为荣的劳动教育实践模式。与其他许多学校不同的是，"我们的劳动教育"是劳动与教育的高度融合：任何教育都离不开劳动，任何劳动都是渗透着教育的劳动教育。

劳动过程需要教育的介入和渗透。苏霍姆林斯基发现：每个人都渴望幸福，但并非所有的人都愿用劳动去掘深幸福之井，并从中发现新的幸福源泉。这是因为，"劳动本身对儿童来说并无兴趣可言。譬如说，一群孩子正要到排球场去玩球，他们在路上看见田垄没有挖好，而且旁边就放着铁锹。很难设想孩子们会欢呼着去拿起铁锹，高高兴兴地把田垄挖好，而忘记了去玩排球。这种事情是不会发生的。事实上，玩排球所消耗的精力比挖田垄要大得多。但是，玩球能带来满足，而挖土本身却无满足可言。对于劳动的兴趣和由劳动取得的满足是要有意识地培养和发展的。……当一个劳动者把他的智慧、

① 苏霍姆林斯基著，蔡汀，王义高，祖晶主编：《苏霍姆林斯基选集（五卷本）》（第五卷），教育科学出版社2001年版，第501页。

② 苏霍姆林斯基著，蔡汀，王义高，祖晶主编：《苏霍姆林斯基选集（五卷本）》（第五卷），教育科学出版社2001年版，第501页。

情感和意志都投入某种工作中的时候，他才会在这种最平凡的工作中找到满足的源泉”①。他批评一种观点，说是热爱劳动的品质是在劳动过程中培养的，其实单纯的或者说单调的劳动过程未必能让人热爱劳动。作为道德面貌的重要特征——热爱劳动的思想是要在精神生活（智力的、情感的、意志的精神活动）中培养的。一个无所用心、缺乏情感体验的人，不可能成为热爱劳动的人。单靠机械地增加学生体力劳动的分量是不行的，应当努力做到使学生所完成的体力劳动进入他们的精神生活，占据他们的思想、情感和意志。同时，不能指望儿童刚刚参加一点劳动，就会立刻觉得劳动是十分诱人的，就会立刻爱上劳动。相反地，在最初一段时间内，对于真正的劳动，儿童感到的失望比他感到的疲劳还来得更早些。只有当儿童意识到自己的努力的创造作用，认识到劳动的社会意义时，才能培养出他对劳动的真正的爱。如果缺乏这种自觉的因素，强制性的要求只能遭遇学生的抵制情绪；强制的力量越大，抵制的情绪就越强。可见，贯穿于劳动始终的持续有效的教育是多么重要，多么不可缺位！

苏霍姆林斯基强调，应当“使关切心成为学生始终不变的性格特征”②。他举例说：常有这种情况，孩子们挖好了小坑，栽上树苗后也浇上了水，但过后不久他们便漠不关心地坐视树苗枯死，有时甚至自己动手损伤树木。所有这些都证明了劳动中忽视了“关切心”的教育。就劳动强度而言，植树这种活计并不太难。但是只有让孩子们在亲手栽下幼苗后，自动地精心培育，直至果树开花结果，他才会形成相应的关切心。一个人在童年时代多次体验过深刻的道德满足感，他就一定会形成对劳动过程及其成果的高度关切。

因此他主张并且做到了：学生在上学的年代里不只是单纯地参加一些劳动，而且会有始有终地完成几个劳动项目，对劳动过程的各个阶段都有所体验，从某一劳动过程开始前认识它的目的，直到因取得劳动成果感到由衷的满足。也就是说，他所组织的劳动不是由一些零散活儿凑成，而是一系列有明确目的的完整的过程。他相信，学生如能从事一个长期的劳动项目，每天都能为这个项目做一些事并取得一定成果，那么必定会有这样的一天，那时候促使他去劳动的动因不再是老师的要求，而是他出自内心的个人爱好。

① 苏霍姆林斯基著，萧勇等译：《论劳动教育》，湖南教育出版社 1987 年版，第 11-12 页。
② 苏霍姆林斯基著，萧勇等译：《论劳动教育》，湖南教育出版社 1987 年版，第 171 页。

三、劳动教育的综合性：渗透着德智体美诸育

苏霍姆林斯基认为：“超然于劳动，离开了劳动，就无所谓教育，现在如此，将来亦然，因为不靠劳动就不能培养人各种各样的、方方面面的素质。劳动和劳动教育与学习、道德教育同等重要，它是关系到人的发展的大事。劳动渗透一切，包容一切。”[①] 劳动不是最终目的，而是达到教育过程中一系列属于各个方面——诸如社会、思想、道德、智力、创造性、美学、情感等方面目的的一种手段。他有时将劳动教育与德、智、体、美并列，但更多的则是将劳动教育视为诸育的前提、基础和综合。他分别阐述过劳动教育与其他各育的关系，例如：劳动教育对于智育和德育绝不是某种附加品，它是世界观、创造性智慧和道德信念的源泉之所在；体力劳动对幼小的儿童来说，不仅是一定的技能和技巧的获得，不仅是德育，而且能激起道德方面、智力方面和审美方面的感情；正是在体力劳动过程中形成了学生们最重要的智能方面的品质：好奇心、求知欲、思想的灵活性、鲜明的想象力；劳动也是一个人展示个性、自我肯定、自我认识和自我教育的领域，一个人的个性就表现在他创造了什么，表现在他的智慧和技巧上，等等。

总之，“只有当劳动能使个人和集体的智力生活得到丰富，智力兴趣、创造兴趣得到多种内容的充实，道德更加完美以及美感得到提高时，它才能成为教育力量。一个人的和谐全面发展、富有教养、精神丰富、道德纯洁——所有这一切，只有当他不仅在智育、德育、美育和体育素养上，而且在劳动素养、劳动创造素养上达到较高阶段时，才能做到”[②]。作为劳动教育最后要形成的一个人的劳动素养，也是一个综合性概念。“在‘劳动素养’这个概念里，不仅包括完善实际技能和技巧，掌握技艺，而且包括劳动活动在人的精神生活中的作用和地位，包括劳动创造活动的智力充实性和完满性、道德丰富性和公民目的性。劳动素养还指一个人达到了这样的精神发展阶段：他感到缺少为大众谋福利的劳动就无法生活。”[③]

---

① 苏霍姆林斯基著，蔡汀，王义高，祖晶主编：《苏霍姆林斯基选集（五卷本）》（第五卷），教育科学出版社 2001 年版，第 827 页。

② 苏霍姆林斯基著，蔡汀，王义高，祖晶主编：《苏霍姆林斯基选集（五卷本）》（第四卷），教育科学出版社 2001 年版，第 452 页。

③ 苏霍姆林斯基著，蔡汀，王义高，祖晶主编：《苏霍姆林斯基选集（五卷本）》（第一卷），教育科学出版社 2001 年版，第 226–227 页。

四、劳动在自我教育中“担当着人的良心卫士”

帕夫雷什中学的宣传栏对学生提出过人生中一系列的重大问题，上面写着：“你是否思考过自己的生活目的？你给自己确立了什么目标，达到了哪些？克服了些什么困难？你是否在某种对人们有益的事情中试着考验过自己的意志，锻炼过自己的性格？你将对自己的青年岁月作何回忆？你要警惕，要避免日后在回顾所走过的道路时，为虚度年华而蒙受良心的谴责。”苏霍姆林斯基认为，劳动是良心和义务最好和最诚实的守卫者。广义的劳动是心灵激情和双手能量的融合，是一个人对他人、集体和祖国的态度，是一个公民在为人民服务的广阔天地间反映自我和表现自我的崇高精神。他孜孜以求的是：让充满深刻道德内涵的劳动活跃在每个学生的精神生活里。他相信：“当儿童凭借着亲身的经验，看得到由于他的努力，由于他热汗淋淋，手上磨出茧子，今天的世界比昨天的世界会变得更加美好时，——只有在这时候，道理的种子才会转化为坚定的信念。”[①] 任何时代的生活都不会是轻轻松松、平平安安和悠哉悠哉的。苏霍姆林斯基指出：只要人类还将生存下去，只要人类还将攀登上幸福和进步的一个又一个新的台阶，就会有手上的茧子和身上的汗水，就会有创造的艰辛和欢悦的疲惫。真正的劳动生活，伴随着汗水、疲倦、茧子、喘息和达到目的后的欢乐。正是这样的劳动担当着人的良心卫士，没有这个卫士，安逸而和煦的幸福之光就会变成毁灭性的火灾。他极力主张：“让一个人在少年时代和青年早期就尽可能多地单独劳动，让他的良心成为自己唯一的内驱力和主宰，是自我教育的一个十分重要的方面。要善于在没有任何人监督你和无须向任何人报告的时候，成为一个坚定和勇敢的人——可以说，这就是自我教育课。”[②]

第二节 劳动教育的规律：体力上和精神上的统一

苏霍姆林斯基指出：“学校领导生产劳动，我们认为，首先就是领导学

① 苏霍姆林斯基著，蔡汀，王义高，祖晶主编：《苏霍姆林斯基选集（五卷本）》（第五卷），教育科学出版社2001年版，第751页。

② 苏霍姆林斯基著，蔡汀，王义高，祖晶主编：《苏霍姆林斯基选集（五卷本）》（第五卷），教育科学出版社2001年版，第715页。

生的精神生活。”[①] 他认为头等重要的任务是使劳动成为个人多方面兴趣的中心，使个性首先在劳动中和经由劳动而表现出来；使参加创造物质财富成为每个青年人的最高幸福，提供揭示自己、树立个人的道德品质和荣誉的前景。他将这些认识归纳为“劳动教育的规律”，即“体力上和精神上的统一”[②]。正是在这一规律性认识指引下，他对劳动教育的实践方式做出了艰巨而有效的探索。

一、组织多种劳动，显现各自“含金的矿脉”

从宏观看，劳动从一开始便产生了人的精神生活。虽然劳动带来的物质成果是激发人投入劳动的最重要的原因，但是，他之所以爱劳动并不仅仅是因为劳动使他获得食物。人从事劳动还有精神方面的需要，甚至在被迫劳动的条件下，人作为物质财富和精神财富的创造者，也会在劳动过程中，在运用技艺的实践中获得精神的满足。最典型的例子是，对于某项工作的行家来说，他喜欢的不是“笼统的”劳动，而是自己的专业；他熟练地掌握专业，尽力把自己的头脑和双手结合起来，进行创造性劳动；在这一过程中，他在道德上精神上获得了深深的满足。因此，“按本人意愿从事劳动是促进个性全面发展的极重要的条件之一。……要使每一个学生爱上一种他在那个方面有才能、有爱好、有志向的劳动。任何一个学生都有某种天资，促使他对某种活动产生爱好，没有这种天资的学生是不存在的”[③]。

基于上述分析，苏霍姆林斯基劳动教育体系的出发点是：尽管每个人的素质、天赋、才能和综合能力各不相同，各具鲜明的个性特色，但是每个人都有一个共同特点，就是希望进行创造性的劳动，并且有能力创造某种新的东西，用一双手把自己的思想和创意变成现实。他深信：“任何一个人，在适当的条件下，经过适宜的教育，都能显露出自己出类拔萃的独特才华来。等待我们为他们塑造心灵的500名受教育者，就是500名独特的天才人物。把每个学生都作为一个人来尊重他们，以仁爱之心来对待他们，这就意味着首先要从他们身上开发出每个人各不相同的特性来。我们的劳动教育体系和

① 苏霍姆林斯基著，陈炳文译：《年轻一代的道德理想教育》，湖南教育出版社1984年版，第9页。
② 苏霍姆林斯基著，蔡汀，王义高，祖晶主编：《苏霍姆林斯基选集（五卷本）》（第三卷），教育科学出版社2001年版，第838页。
③ 苏霍姆林斯基著，萧勇等译：《论劳动教育》，湖南教育出版社1987年版，第16页。

道德教育体系的出发点恰恰在于：认识到人的独特性，应当让每个人都发挥出自己的活力；这种活力塑造着他的个性特点，这种活力把他引进创造性劳动的世界；这种活力能不断补充一个人精神力量的重要源泉——由于意识到自己是一个真正的人而产生的那种自豪感。”[①] 他主张帮助每个学生在无数的生活道路中，找到那条最能充分地发挥他个人创造力和个人才能的生活道路；在每个人身上找出能使他在为社会谋福利的劳动中给自己带来创造欢乐的那条“含金的矿脉”；千万不要使任何一个学生成为毫无个性的、没有任何兴趣的人。

劳动教育是一个长期的过程，也是学生探索自己的能力、天才和志趣的过程。为了让学生的爱好在积极活动的过程中表现出来，学校必须创造相应的物质基础。

帕夫雷什中学为各个年龄阶段的学生从事各种各样的劳动提供了丰富的物质基础。学校里有几十个课外兴趣小组，学生可以自由选择他最感兴趣的劳动项目。在学校工场、温室、生物角、操作室、养蜂场、果园、养兔场等各种地方，都有连年龄最小的学生也能胜任的活儿。学生从入学的第一天起，就可以参观各种课外小组的活动，可以仔细进行观察并选择参加。

“我们的劳动教育的理想是，要使每一个人早在少年时期和青年早期就找到这样一种劳动，在这种劳动中能够最充分、最鲜明地展示他的天赋才能，并给他带来精神创造性的幸福。”[②] 学校给每个学生都提供充足的机会，让他们能够从一种工作转到另一种工作上，让他们自由选择和试干一番。同时注意激发学生参加劳动的兴致并在劳动中加以巩固，以培养学生的责任感。事实表明，在这些完全可以自由流动的小组中间，孩子们并没有无休止地从一种劳动转向另一种劳动，因为所有劳动都无形地渗透着责任心教育。孩子们从经验中知道，学校里的任何一种劳动都是一项真正的事业而不是儿戏。他们懂得，无论在哪个小组都必须认真扎实地进行劳动。实践表明，一个体验过真正的劳动的人，他是不会轻率地丢掉一种劳动而干其他事的，他只会愈来愈深地沉浸到自己所喜爱的事业中去。

---

① 苏霍姆林斯基著，蔡汀，王义高，祖晶主编：《苏霍姆林斯基选集（五卷本）》（第五卷），教育科学出版社 2001 年版，第 115-116 页。

② 苏霍姆林斯基著，蔡汀，王义高，祖晶主编：《苏霍姆林斯基选集（五卷本）》（第一卷），教育科学出版社 2001 年版，第 227 页。

帕夫雷什中学的劳动教育体现出长期性、系统性和递进性。苏霍姆林斯基发现，随着孩子们对某项具体劳动逐步产生感情，他们的兴趣和爱好的范围会随之扩大，对自己的才能也会越来越有信心。久而久之，献身自己所热爱的劳动的决心就会逐步形成并巩固下来。

二、“学校要营造一种智慧型体力劳动的环境”

苏霍姆林斯基指出：劳动的本质就是合理地、有目的地征服和利用自然力量。因而任何劳动都可以提高到创造性的高度。每项劳动任务不管如何平凡，甚至初看起来并不吸引人，但都可能成为含有创造因素的洋溢着智力兴趣的劳动。为此，帕夫雷什中学总是注意让孩子从事的体力劳动不论怎样单调乏味，都能保证其中有发展创造性思维的余地，都会帮孩子们找到能把两手的力量同思想灵感联结在一起的线索。他要求：“学校要营造一种智慧型体力劳动的环境。要使体力劳动丰富多彩，充满精神活力。要使人觉得世世代代被认为是单调苦重的农业劳动并不简单，它是一种复杂的、饱含智力的劳动。”[①] 劳动如果能使体力和脑力的紧张活动融合在一起，就可以使思维具备探索性质，就可以使人产生强烈的探索欲望。他还注意强化劳动的美育意义。他认为：“不动脑筋的劳动，不可能是美的劳动。体力劳动的意义越深刻，就越有可能使这种劳动在美学上成为真正的美。体力劳动的技术全面、技能熟练、计划方案完全实现，这一切都能使人受到鼓舞，都会在他的精神状态中反映出来，使他的内在美与外在美统一起来。……我们重视的是靠智力、勇气和技能获得结果的劳动，而不是需要付出高度紧张的体力的劳动。生活经验证明，正是在这种劳动中会产生灵感，使人精神焕发。”[②] 帕夫雷什中学总是千方百计把各种普遍的、日常的、一度只是单纯的体力劳动，变成充满智力的活动，让学生在劳动中既动手，又动脑。主要措施是：

——赋予普通的生产劳动以科学试验性质。例如，葡萄秧一般是用茎来培育的，可是老师却提示学生们考虑用种子来培育葡萄秧的可能性。这种想法极大地鼓舞了学生们，于是全班同学都积极参加到这项活动中来。实践证

---

① 苏霍姆林斯基著，蔡汀，王义高，祖晶主编：《苏霍姆林斯基选集（五卷本）》（第五卷），教育科学出版社 2001 年版，第 802 页。

② 苏霍姆林斯基著，李元立等译：《论爱情》，工人出版社 1986 年版，第 163-164 页。

明：不管农业劳动显得多么平凡，多么普通，总能把它变成极其深刻的智力活动，总能让学生在劳动的全过程中自觉付出不间断的、紧张的脑力活动。这不仅能巩固加深所学知识，而且有利于形成学生们积极的、创造性的智慧。“只有进行了具有重大社会意义的创造性劳动，才能得到精神上和文化上的提高，而劳动只有倾注了公民情感、智能和创造计谋的时候，才会变得有意义和引人入胜。”①

——设计手脑并用的手工劳动。苏霍姆林斯基有句名言：“儿童的智慧出在他的手指头上。”②他相信，使用最简单的工具进行手工劳动，不仅是发展孩子们劳动技能的重要条件，同时也是发展他们的智力、爱好和各种才能的重要条件，其效果取决于这种劳动过程是否需要智力因素。以制造一种全新的东西为目的对材料的加工，将是以育人为目的的手工劳动的最重要条件。在这里起决定作用的不是拥有强大的体力，而是具有技能技巧和计算的能力。总之，“凡在劳动过程中能使构思得以实现和发展的那种手工劳动，都能促使智力品质中这样一些品质的发展，如思维的批判力、灵活性、广度和活跃性，以及对判断和结论做出批判性检验的能力”③。

——注意让试验方案的设计者和执行者结合于一个人身上。苏霍姆林斯基不让一些学生专门动脑而另一些学生专门动手。他坚持要求，产生想法和干具体活的应该是同一个学生，让脑力劳动和体力劳动的结合在每个学生身上实现。这样的劳动能激发起每个孩子新的智力兴趣，他们想多读些书，多知道一些，力求丰富自己的创造性探索。创造性劳动培养了他们的创造性态度，而且，当儿童的劳动不是只进行一些零散的操作，而是在一个有意义的设想的基础上进行长期的活动时，儿童的力量和可能性才能大大增长。帕夫雷什中学的实践让苏霍姆林斯基深感欣慰：“我们学校里没有一个孩子对劳动持冷淡态度。”④

---

① 苏霍姆林斯基著，蔡汀，王义高，祖晶主编：《苏霍姆林斯基选集（五卷本）》（第四卷），教育科学出版社 2001 年版，第 30 页

② 苏霍姆林斯基著，蔡汀，王义高，祖晶主编：《苏霍姆林斯基选集（五卷本）》（第二卷），教育科学出版社 2001 年版，第 633 页。

③ 苏霍姆林斯基著，蔡汀，王义高，祖晶主编：《苏霍姆林斯基选集（五卷本）》（第四卷），教育科学出版社 2001 年版，第 523 页。

④ 苏霍姆林斯基著，蔡汀，王义高，祖晶主编：《苏霍姆林斯基选集（五卷本）》（第四卷），教育科学出版社 2001 年版，第 503 页。

三、鼓励学生在战胜困难中战胜并超越自己

为了弄清楚学生为达到劳动目标而作出巨大努力的动因，苏霍姆林斯基研究了许多班级、小组和学生的劳动生活，结果发现，学生投入劳动的最重要的动因之一，是战胜困难的自豪感，尤其是在战胜困难过程中发挥了聪明才智的喜悦心情。学生以极大热情进行劳动的过程中碰上意外困难，但能把看起来不能完成的任务终于完成了，就会从内心感到极大满足，精神面貌也因此更加高尚。简言之，只有具有一定难度的劳动才能教育人。他主张，从孩子们受教育的第一天起，就要用克服困难的社会意义和智力创造来吸引他们。孩子们战胜困难的过程会给他们带来极大的愉快，进而产生自我肯定的萌芽。而且，孩子们愈早理解在劳动中付出努力的价值，劳动对他们的吸引力就愈大，他们也就会愈顽强地去克服一切困难。他举例道：

您看到孩子提着小水桶，一桶又一桶地浇灌花木和葡萄，累得热汗淋漓时，您用不着惊慌，这种劳动对他来说是一种欢乐，一种世界上其他欢乐都不能与之相比的欢乐。在这种劳动中，他不仅在了解周围世界，而且在了解自我。童年的自我教育，正是始于对自我的认识。这种认识应当是充满欢乐的：一个 5 岁的男孩栽培一丛玫瑰，他惊讶地看到的是自己亲手创造的成果——奇美的花朵，同时他也在观察自己：“难道这真是我干出来的？”孩子在感受这无与伦比的幸福时，也在认识自己。①

他接着写道：“这不是消遣，不是游戏，而是要求儿童付出力所能及的而相当紧张的真正劳动。然而，无须害怕这种紧张，也无须害怕您的孩子汗流浃背、手掌上磨出水泡。只要人类生存下去，就只能靠伴随着劳累、汗水、水泡的劳动来培养细腻、敏感、温柔的心灵。”②

四、“把儿童领上公民生活的康庄大道”

劳动是每个成年公民的天职。学生作为未来社会的公民，理应养成自己的劳动素养。苏霍姆林斯基发现：人在劳动中确认自己是个公民，体验到作

---

① 苏霍姆林斯基著，蔡汀，王义高，祖晶主编：《苏霍姆林斯基选集（五卷本）》（第五卷），教育科学出版社 2001 年版，第 648-649 页。

② 苏霍姆林斯基著，蔡汀，王义高，祖晶主编：《苏霍姆林斯基选集（五卷本）》（第五卷），教育科学出版社 2001 年版，第 706 页。

为一个公民的自豪感。他感到他不仅能获得他所必需的面包，而且能实现自己的才智和自己的创造。劳动对确立公民感的意义一方面是在认识世界、征服世界中获得乐趣，同时又是具有一定难度的劳动激发起强烈的情感刺激。“我们要沿着劳动的小道把儿童领上公民生活的康庄大道。”[①]

首先是自我服务。这是最简单的一种日常劳动，劳动教育一般都从自我服务开始，而且日后不管每个人从事何种生产劳动，自我服务都将成为他的义务和习惯。自我服务能使劳动变为人人都负担的平等的普遍义务。只有当一个人从童年起，就养成厌恶肮脏邋遢的自然习惯时，只有当这种习惯变为看待周围环境时的审美感时，才有可能产生对自我服务的自觉态度。帕夫雷什中学为孩子成长的每个阶段都规定了自我服务的范围，督促孩子们履行这些义务并形成习惯。

随后，“公益劳动应进入儿童的精神生活，这是公民教育的要义，倘若做到这一点，儿童睡觉也会梦见自己在从事心爱的劳动。劳动之所以为他所钟爱，因为有了它世界会变得更美好”[②]。孩子们在生活中获得的社会福利之多，应当也能够让学生萌生感恩之心、报答之心。公益劳动正是让学生学会承担公民义务的渠道。帕夫雷什中学的劳动教育的重要目的，就是要使学生在即将踏上独立劳动生活道路时，树立起为尽可能广泛的社会成员创造物质福利的志向，将其视为对自己享受到的社会福利的报偿，从中获得精神的快乐。

帕夫雷什中学在适当时机也会组织一些有偿的生产劳动，让学生认清劳动与满足生活基本需要之间的依存关系。学生用劳动所得建立了自己的集体基金，用于添置文化学习用品和劳动用的车床、工具、活动模型的电动机、收音机的电池、摩托车和缝纫机等。学生在这些用集体的钱购买的车床上工作，比对待个人最珍贵的东西还要留心。中高年级学生在集体农庄的生产劳动可以获得个人报酬，学生们把这些报酬交给父母，这是他们履行家庭义务的重要一步。更重要的是让学生认识到：劳动能够获取正当的报酬，满足个

① 苏霍姆林斯基著，蔡汀，王义高，祖晶主编：《苏霍姆林斯基选集（五卷本）》（第一卷），教育科学出版社 2001 年版，第 646 页。

② 苏霍姆林斯基著，蔡汀，王义高，祖晶主编：《苏霍姆林斯基选集（五卷本）》（第五卷），教育科学出版社 2001 年版，第 778 页。

人及家庭物质和精神生活的需要。这种带有明确目的性的劳动，乃是学生道德成熟的一个重要前提。苏霍姆林斯基相信：“只有当劳动对于一个人不是抽象的教育练习，而是缺少它就没有饭吃、没有衣穿的事情时，他才能成为真正的劳动者。”[①]而且，一个在少年和青年时代便参加过有报酬的生产劳动的人，必然会以尊重劳动的精神教育自己的孩子，从小就把自己的孩子吸引到劳动中来。

除了重视在劳动中发现和发挥学生的个人天赋外，苏霍姆林斯基特别重视在集体中进行劳动教育。学校给学生布置的许多劳动任务，离开了集体成员间的相互协作就无法完成。实践表明：班上的学生具有多种多样的兴趣，但是把他们团结在一起的还是那些共同兴趣居首位的劳动。“除了参加具有重大社会意义的劳动外，什么东西也不能把高年级学生结合成为一个巩固的、团结的集体。”[②]

第三节 劳动教育的最高关切：把人造就成真正的人

苏霍姆林斯基指出：“劳动是一种极为复杂的现象，它可以揭示人的思想、情感、智力、美感、心理状态、创造精神，揭示教育和自我教育的意义。人生育人，而劳动则把人造就成真正的人。……我们每个人只有在劳动中才能显示自己是一个人、一个有个性的人、一个为崇高理想而奋斗的参加者、一个对邪恶深恶痛绝的人、一个公民和祖国的捍卫者、一个为别人创造幸福的人、一个成了家的人、一个母亲的儿子、一个孩子的父亲、一个集体主义者，最终是一个有思想的人。”[③]人的所有这些角色集中在一起，自然就是一个“真正的人”——他只能诞生在劳动之中。

一、懒汉“没有自尊感，也就失去了做人的意义”

苏霍姆林斯基对孩子一般的缺点的批评都比较委婉，而对懒惰现象的谴

① 苏霍姆林斯基著，蔡汀，王义高，祖晶主编：《苏霍姆林斯基选集（五卷本）》（第五卷），教育科学出版社 2001 年版，第 778 页。
② 苏霍姆林斯基著，陈炳文译：《年轻一代的道德理想教育》，湖南教育出版社 1984 年版，第 120 页。
③ 苏霍姆林斯基著，蔡汀，王义高，祖晶主编：《苏霍姆林斯基选集（五卷本）》（第一卷），教育科学出版社 2001 年版，第 624 页。

责则十分严厉。在他看来，“无所用心可耻，热爱劳动光荣——这是世界上划分人的第一条标准”[①]。他视懒惰为各种丑恶行为中“最丑恶者”，是“万恶之源”。他将懒汉与叛徒、懦夫、寄生虫、小偷相提并论。他批评说：一个人不做出一点事来是可耻的，不动脑筋思考是可耻的，无所用心、虚度光阴是可耻的。

他分析说：懒汉和游手好闲的人首先是道德上的聋子和瞎子，因为生活中的一切幸福和快乐都是劳动创造的，而且只能用劳动来创造，不劳动就不可能正当地生存。人民教导说：不劳动者不得食。好吃懒做、游手好闲的人，就像把勤劳的工蜂酿成的蜜贪婪地吞食殆尽的雄蜂。懒惰者不仅手脚懒，思想也懒，只能不加思索、生吞活剥地接受别人现成的思想。更可悲的是，懒惰常常伴随着缺乏自尊心，不管别人对他怎么看，他都不在乎。一个人如果“不热爱事业，在事业中没有取得出色的成就，没有自尊感，也就失去了做人的意义”[②]，这是多么不幸！特别是，人的童年就像一份“人的草稿”，“只有当儿童的整个身心都被一种带有崇高目的的创造性劳动所占据、所吸引时，这份‘草稿’才有可能变成一部美好的史诗。如果缺乏这种劳动，那么一切美好的素质都可能根本得不到表现的机会，或者被损坏得面目全非；一切闪烁着光芒的、独特的、具有个人特色的东西都会变得暗无光彩，都会蒙上一层由各种后天的恶习构成的灰尘”[③]。

世上没有天生的懒汉，为什么孩子会成为懒汉呢？苏霍姆林斯基分析：这是因为他不知道劳动的幸福。他懂得了这种幸福，他就会珍惜自己的人格，就会爱劳动了。苏霍姆林斯基坚信，通过劳动教育一定会出现这样的情景：“每一个学生身上的天赋素质都将毫无例外地得到发展，每一个学生特有的智慧都能放射出灿烂的异彩；一切懒散、无能的人都将不复存在，因为人生下来本来就是为了要成为天才的创新者的。”[④]

---

① 苏霍姆林斯基著，蔡汀，王义高，祖晶主编：《苏霍姆林斯基选集（五卷本）》（第一卷），教育科学出版社 2001 年版，第 233-234 页。

② 苏霍姆林斯基著，蔡汀，王义高，祖晶主编：《苏霍姆林斯基选集（五卷本）》（第三卷），教育科学出版社 2001 年版，第 467 页。

③ 苏霍姆林斯基著，汪彭庚等译：《关心孩子的成长》，北京师范大学出版社 1982 年版，第 15-16 页。

④ 苏霍姆林斯基著，汪彭庚译：《要相信孩子》，天津人民出版社 1981 年版，第 124 页。

二、犁铧天天耕地光洁如镜，心灵因劳动闪闪发光

真正的人首先是一位热爱劳动的人，一个离不开劳动的人。“人们从本质上需要劳动，不能仅仅理解为对社会尽自己的义务，同时也能通过劳动得到一种精神生活的满足感，得到一种在自己所喜爱的事业中做出成绩的快乐感，人们只有在自己所喜爱的事业中才能达到技能的顶峰。”① 一个人只有在劳动中付出自己的全部心血的时候，只有当他通过劳动最终认识了自身价值，看到了自己的尊严、荣誉和骄傲的时候，他才能真正产生对劳动的热爱。“如果一个人既不是画家，也不是诗人，也不是从事别的什么职业的人，也就是说，他根本就没有自己所喜欢的事业，那他绝对不会成为一个全面发展的人。……劳动，只有劳动，才是一个人全面发展的基础。如果一个人根本体会不到劳动的乐趣，那全面发展就无从谈起。”②

苏霍姆林斯基指出：“我们不仅要培养学生成为自觉的、认真的劳动者，还应培养他们成为研究者，求知心切的自然改造者，劳动的改造者，自身性格的改造者。”③ 他打过一个比方：人们每天用犁耕地，犁铧上的铁锈就被磨掉，变得像镜子般光亮洁净。同样，人在劳动中克服困难，勇敢地面对挫折，谦虚地看待成绩，始终不渝地追求尚未达到的目的，他的心灵就会锻炼得光彩夺目。他举过一个例子：

有一次学校组织学生采访劳动模范。一位著名的女拖拉机手介绍了自己的劳动业绩：在这个季节里她翻耕了可以收获几十万普特（1 普特≈16.38 千克）粮食的土地。随后，女拖拉机手仿佛无意地查问了一个平时比较懒散的女孩子：“请说说你的成绩吧。”

女孩子低下头，她没有什么可说的。她学习不勤奋，成绩多是二三分。女拖拉机手诚恳地对孩子们说：“我在你们这样的年龄时已经开拖拉机了。我只读到六年级。现在看到你们的学习条件这么好，我真羡慕。我们明年春天还要见面，到那时候，你们再讲讲你们的学习情况吧。”

① 苏霍姆林斯基著，蔡汀，王义高，祖晶主编：《苏霍姆林斯基选集（五卷本）》（第五卷），教育科学出版社 2001 年版，第 209–210 页。

② 苏霍姆林斯基著，蔡汀，王义高，祖晶主编：《苏霍姆林斯基选集（五卷本）》（第五卷），教育科学出版社 2001 年版，第 209 页。

③ 苏霍姆林斯基著，蔡汀，王义高，祖晶主编：《苏霍姆林斯基选集（五卷本）》（第二卷），教育科学出版社 2001 年版，第 47 页。

这位女孩子过去多次听到过教师责备她懒散的话，可是没有一次像这位劳动模范的话这样让她受到震动。她的学习态度转变了。第一学期结束时，她的4门功课得了4分；到第三学季末，6门功课都是4分。

第二年，孩子们又与女拖拉机手见面了。她夸奖了女孩子的进步。这对女孩子来说是最高奖赏——她第一次体验到了劳动的自豪感。[①]

苏霍姆林斯基高兴地看到："有些学生在低年级时不管是做家庭作业还是干其他事总是顽皮任性、漫不经心，但是，通过栽培树苗和照管玉米，他们逐步变成了意志坚强、很有耐心的人。"[②]

三、凭借劳动成果，"登上人类尊严的最高阶梯"

帕夫雷什中学的劳动多具双重目的——认识和创造。所有劳动的最终目的都不限于认识世界，更重视鼓励孩子们改造或创造世界。苏霍姆林斯基写道："我们的学生所做的试验性劳动在认识自然规律的同时，还要哪怕是把一小块土地改造得更有生气，更美好。我们力求使学生在学习知识、掌握知识的同时，也创造出物质财富来（在车间里制造出机械和工具，在试验田里培育出种子和果实）。"[③]他认为，一个人的个性就表现在他创造了什么。一个人以自己的智慧、勇气、技能和技巧获得结果，是他的劳动与精神生活融为一体的结晶，是他的精神和品质的物化，是他独特个性的反映，他从中可以感受到自己的荣誉和尊严。他写道："我们注意使每一个少年都能从自己劳动的物质成果中清楚地看到自己个人，就像照着镜子，看到了自己掌握的技能、工作的坚定性、意志力和创造思想的发挥。"[④]只有当儿童为他自己所取得的劳动成就而感到骄傲，当他能体会到一个人除了心爱的劳动把一切都置之度外的愉快时，劳动的崇高道德性才能在他面前显示出来。

他特别重视通过丰富的精神生活帮助学生理解普通劳动的社会意义。他以一位普通的挤奶女工为例，指出她的意义绝不限于创造物质价值：如果没

---

① 苏霍姆林斯基著，萧勇等译：《论劳动教育》，湖南教育出版社1987年版，第54—55页。

② 苏霍姆林斯基著，萧勇等译：《论劳动教育》，湖南教育出版社1987年版，第268页。

③ 苏霍姆林斯基著，蔡汀，王义高，祖晶主编：《苏霍姆林斯基选集（五卷本）》（第四卷），教育科学出版社2001年版，第467页。

④ 苏霍姆林斯基著，蔡汀，王义高，祖晶主编：《苏霍姆林斯基选集（五卷本）》（第三卷），教育科学出版社2001年版，第634页。

有她和同事们的劳动，就不会有歌唱家巴赫慕托娃的美妙歌曲，不会有音乐家肖斯塔科维奇的交响曲，也不会有科学院士安巴尔楚米扬关于最新恒星说这一大胆假说的产生……也将不会有你上的那个大学，成千上万的首都居民也不会在这么安静的夜晚阅读有趣的书，到音乐会和剧院去。这些挤奶女工明白自己是生活的创造者，她们的崇高理想寓于普通的平凡的岗位之中。普通劳动，特别是农业劳动中还蕴藏着无限的复杂性和丰富的创造性，这些创造性劳动同样能鲜明地表现出个人的能力、天才和禀赋。总之，“在社会主义制度下，任何劳动都是值得尊敬的。每个人劳动的数量和质量不仅决定劳动者的物质福利，而且决定他的社会地位和品德”①。特别是那些日常的粗笨的“肮脏的”劳动，它们不仅为人类生存和世界进步所必需，而且能使人成为真正的劳动者、真正的人。帕夫雷什中学在组织学生完成最艰巨的、最不吸引人的各种脏活（如给庄稼施肥）时，特别注意使劳动具有人人参加的普遍性质，体现为实现长远目标（如取得高产）做准备的思想。他坚信并且让孩子们也坚信：“一个人通过极其普通而平凡的劳动可以登上人类尊严的最高阶梯。集体生活应当充满着尊重普通劳动的精神。”②

〖推荐阅读原著篇目〗

《劳动教育》，载《帕夫雷什中学》，《苏霍姆林斯基选集（五卷本）》第四卷。

《劳动对少年精神生活的作用》，载《公民的诞生》，《苏霍姆林斯基选集（五卷本）》第三卷。

《劳动是人全面发展的基础》，载《苏霍姆林斯基选集（五卷本）》第五卷。

《论劳动教育》，苏霍姆林斯基著，肖勇、杜殿坤译，湖南教育出版社1987年版。

---

① 苏霍姆林斯基著，陈炳文译：《年轻一代的道德理想教育》，湖南教育出版社1984年版，第22页。

② 苏霍姆林斯基著，蔡汀，王义高，祖晶主编：《苏霍姆林斯基选集（五卷本）》（第一卷），教育科学出版社2001年版，第790页。

第七章

Chapter 7

和谐教育：促进每个学生的和谐发展

前面各章分别介绍了苏霍姆林斯基的德育、智育、体育、美育和劳动教育思想。这种分章介绍只是为了叙述方便，事实上从来没有孤立存在的德育或其他诸育，各育之间总是存在着千丝万缕无法割裂的联系。苏霍姆林斯基指出：一个全面发展的新人，“并非所有良好特点和品质的机械堆积，而是它们和谐结合的统一体”，“在我们所教育的人的身上，高尚的道德品质、丰富的精神世界和体质的健全发展应当合而为一。教育者的本领和艺术，在于他每时每刻都能够清醒地把握住这种和谐发展的实质”①。“把所有各种各样的影响汇集到一点上，尽可能地实现和谐——这就是教育家的任务。”② 这是他的和谐教育思想的要义。

① 苏霍姆林斯基著，肖勇译：《教育的艺术》，湖南教育出版社1983年版，第10页。

② 苏霍姆林斯基著，肖勇译：《教育的艺术》，湖南教育出版社1983年版，第209页。

第一节 和谐教育的提出：历史趋势与性格优势

苏霍姆林斯基指出："我们社会主义制度一个最大的优越性就是人人有受教育的权利，这种权利现在正在变为每一个人得到和谐的全面发展的权利。"[①] 这种变化体现着人的全面和谐发展的重要趋势。他不是坐等这个趋势自动向前发展，而是要顺应这一趋势有所作为。他认为："全面发展的人是由我国的整个生产活动和社会政治生活来培育的，是由我国社会主义社会成员在劳动中、创造活动中、精神财富的交流中和日常生活中的相互关系所依据的道德规范来培育的。但是，把全面发展当成一种教育过程，决定其效果的最重要环节还是学校。"[②] 他还意识到："培养全面发展的人并不是靠一套专门臆想出来的措施所能实现的。要实现人的全面发展的思想，就必须深入地改善整个教育过程。"[③] 他提出的"和谐教育"，正是"改善整个教育过程"的重要途径。

一、人的全面和谐发展的历史趋势

在为博士学位准备的论文《全面发展的人的培养问题》一书中，苏霍姆林斯基详尽地回忆了人的全面和谐发展思想的历史演进过程。

在古代社会，奴隶主们为自己子女的教育提出"身心既美且善"的目标，将其看作智育、德育、美育和体育的一种和谐发展。这一思想的提出对人类进步固然具有重大历史意义，但是这种和谐发展，一是将从事体力劳动的奴隶们排斥在外，二是将体力劳动排除在外，因而实质上也就限制了人的精神生活，"鄙视体力劳动不可能造就人的真正的和谐，因为排斥体力劳动的和谐是有局限性的。……精神生活和创造性劳动的这种分离，就已经是全面和

① 苏霍姆林斯基著，蔡汀，王义高，祖晶主编：《苏霍姆林斯基选集（五卷本）》（第一卷），教育科学出版社 2001 年版，第 279 页。
② 苏霍姆林斯基著，蔡汀，王义高，祖晶主编：《苏霍姆林斯基选集（五卷本）》（第一卷），教育科学出版社 2001 年版，第 89 页。
③ 苏霍姆林斯基著，蔡汀，王义高，祖晶主编：《苏霍姆林斯基选集（五卷本）》（第一卷），教育科学出版社 2001 年版，第 89-90 页。

谐发展思想的障碍”[①]。

新兴的资产阶级起而批判封建主义对人的束缚造成了人的发展的片面性、局限性和闭塞性，人的个性全面发展的思想重新诞生了。进步的人文主义提出：人应当成为乐天的、身心坚强的、爱探索的和顽强的，不仅能对各种陈旧观点持怀疑态度，还能确立新的观点。人文主义的这些思想虽曾起过进步作用，但还只是一些抽象主张；建立在分工基础上的资本主义社会，不可能为实现脑力活动和体力活动相结合提供客观条件。

早期空想社会主义者在他们的著作里描绘了各种和谐社会的图景。在那里，劳动同教学相结合，所有的社会成员既在田野和工厂里工作，又从事科学和艺术活动。这种关于和谐的美好幻想尽管脱离现实，当时不可能实现，但是鼓舞了后代的许多理论家。后来的空想社会主义者揭露了资本主义的劳动分工损害人的全面发展的恶果，提出了消灭城乡之间和体脑劳动之间的对立的要求。他们幻想有这样一种社会，那里会把人从繁重的劳动中解放出来，使劳动成为富有创造性的、愉快的、吸引人的事情。

科学共产主义创始人马克思和恩格斯揭示并说明了人的全面发展的客观必要性，认为这是社会进步最重要的条件。为了人的全面和谐的发展，为了使劳动成为自由的、吸引人的、创造性的事情，为了使科学和文化能造福于社会全体成员，就必须消灭资本主义的生产关系——生产资料的私人占有和人剥削人的现象，必须用社会主义来取代资本主义。要在社会所有成员中无例外地、公正地分配劳动，在劳动者中间公正地分配劳动果实——这才是人的全面发展的客观基础。伟大的革命家和思想家、苏维埃国家的缔造者列宁，在他的许多著作里贯穿着这样一条思想主线：只有在所有的人为了大家也为了自身全面发展而进行劳动和创造的条件下，实现社会所有成员的全面发展的经济基础和社会基础才能建立起来。

基于以上回顾，苏霍姆林斯基认为：“人的全面发展——就是造就个体的人的丰富性，把高尚的思想信念、道德品质、审美价值、物质需要和精神需要的文明有机地结合起来。”[②] 他写道：十月革命后，“在我们社会里，

① 苏霍姆林斯基著，蔡汀，王义高，祖晶主编：《苏霍姆林斯基选集（五卷本）》（第一卷），教育科学出版社2001年版，第80-81页。

② 苏霍姆林斯基著，蔡汀，王义高，祖晶主编：《苏霍姆林斯基选集（五卷本）》（第一卷），教育科学出版社2001年版，第87页。

个性的自由劳动占着主导的地位，人可以按照自己的素质、能力和禀赋完全和谐地选择自己的生活道路。大家公认每一个人都可以进行自由的、创造性的、有意义的、自己所喜爱的劳动，而同时把劳动看作是一种光荣的责任和荣耀的事情”，“实现自由劳动，形成人必须劳动的坚定信念，培养劳动的习惯，鄙视懒惰和玩忽职守——这些是实现个人全面发展的基本的、起决定作用的条件”[①]。他庆幸自己出生于一个新时代，一个具备了人的全面和谐发展基本条件的时代，他能通过自己的努力，将世世代代关于人的全面发展的理想不断地推向实现。

二、人性诸多矛盾期盼教育从片面走向和谐

苏霍姆林斯基发现，世界上充满了矛盾，每个人都处在种种不同的、有时是相互矛盾的思想影响之下。“少年们的周围蓬勃地发展着复杂而又充满矛盾的生活：他们经常处于各种思想影响的十字路口。”[②] 自然界和社会的种种矛盾必然地反映到人身上，积淀为人本性中的固有矛盾。“在个性世界里，存在着对立的、相互排斥的和不可调和的事物。”[③] 他做过专门的观察，发现青年人的精神生活中存在这些典型矛盾：

他们内心里对集体给予他们的品德上的评价十分敏感，但表面上却会装作无所谓似的；在大的方面追求理想和原则性，但在细节上又往往不讲原则；尊重科学、理智和本领的强大力量，但又喜欢提出一些难题，以期推翻早被人们证明了的真理、论点和规律；力图全面分析每一个事实、现象、事件，但容易轻率地做出结论；深信人有善良的本质，但是又有夸大亲人的个别小缺点的倾向；有能力从事聚精会神的脑力劳动，表现出求知欲和思考力，但又常常表现出散漫、无组织性；有意使自己表现得很严肃，但嬉戏起来又会失去控制；对自己的智力才能比较自信，有时甚至过高估计自己，但有时又妄自菲薄；勇敢、无畏，但又腼腆、拘谨；对朋友真诚、坦白，但又不肯对自己最亲的人——父母讲心里话；内心热情、温柔，但表面上却故作态度生硬、

① 苏霍姆林斯基著，蔡汀，王义高，祖晶主编：《苏霍姆林斯基选集（五卷本）》（第一卷），教育科学出版社 2001 年版，第 81–82 页。

② 苏霍姆林斯基著，蔡汀，王义高，祖晶主编：《苏霍姆林斯基选集（五卷本）》（第三卷），教育科学出版社 2001 年版，第 665 页。

③ 苏霍姆林斯基著，蔡汀，王义高，祖晶主编：《苏霍姆林斯基选集（五卷本）》（第五卷），教育科学出版社 2001 年版，第 878–879 页。

冷漠，讲话时故意言辞过激；乐观、朝气勃勃、不容忍悲观失望，但往往会从抒情诗般的悲愁中得到某种满足；坚强，但又有夸大个人的痛苦和不愉快事情的倾向。①

苏霍姆林斯基还发现，人性中矛盾的两极若达不到平衡和适度，便容易在人格上形成某种偏执或片面。例如：

过于仁慈和无条件忍让可能导致宽恕一切；不善容忍会导致任性和专横；妄自尊大容易变成自私自利和自我陶醉；习惯于节日般的消磨光阴会变成懒惰和懈怠；对孩子过分抚爱会对邪恶产生放任和纵容；谨小慎微会变成胆小怕事；犹豫不决会导致意志薄弱和缺乏自我信念；过于节俭会变成吝啬和贪婪；过于慷慨会变成浪费；经常表示不满会对神圣事物不尊重；过于关心个人会成为利己主义；过多的怀疑会发展成为病态的疑心重重；对坏事过分敏锐会变成蛊惑性的奢谈和诉苦；一味平静会导致冷淡；爱言谈会变成说大话；过于好奇会变成爱打听隐私；轻易爱恋和抛弃会变成放荡；轻浮会导致背信弃义；爱出风头会导致骄傲自大的恶习；过于同情和感伤会变得多愁善感……②

人性中矛盾的两极倘若不能和谐发展，便容易形成分裂的“两面人”，使人的心灵出现“双重化”，奉行两种“真理”：一种用于日常生活，另一种则用于会议发言，甚至使人出现以某些虚假的“高尚目的”相掩盖的欺蒙哄骗、冷漠寡情等卑劣品行等等。其实，真正的人在道德上的“自我”是不可分割的，人归根结底不可能过双重生活。一个个人小天地阴暗和肮脏的人，任何时候都不可能成为一个真正的公民和爱国者，也不可能为崇高的理想所激励，为我们现实生活的最高真理所鼓舞。对于教育者而言，学生精神世界中种种矛盾客观地存在着，“要绕过它们或者完全把它们给推开是不可能的。高水平的教育工作可以使这些矛盾得到缓和与减轻，而笨拙低能的教育工作则会使这些矛盾更加深化、激化并导致冲突”③。困难的是，生活如此复杂，教育对象如此复杂，教育无法用一种现成的公式去

① 苏霍姆林斯基著，蔡汀，王义高，祖晶主编：《苏霍姆林斯基选集（五卷本）》（第一卷），教育科学出版社 2001 年版，第 466–468 页。

② 苏霍姆林斯基著，蔡汀，王义高，祖晶主编：《苏霍姆林斯基选集（五卷本）》（第二卷），教育科学出版社 2001 年版，第 432–433 页。

③ 苏霍姆林斯基著，蔡汀，王义高，祖晶主编：《苏霍姆林斯基选集（五卷本）》（第三卷），教育科学出版社 2001 年版，第 477–478 页。

处理所有的矛盾和难题。这里“需要理智地、巧妙地、策略地、不叫喊和不忙乱地加以解决”[①]；需要教师掌握严格的分寸和尊重学生的个性，以影响人的心灵的最细腻的手段，巧妙地和恰如其分地肯定青少年心灵中能使他们为之自豪的社会美德，它更需要教育者情感和理智间的和谐。苏霍姆林斯基写道：“我的朋友！当你跨进学校的大门，决心把自己的一生献给塑造人的崇高事业时，要记住，你可能有陷入难以控制、时常发生的矛盾情绪之中的危险。要成为火热的感情与冷静的理智融为一体的大河，不可匆忙地、贸然地作出决定。这是教育艺术永不干涸的源泉之一。假如这一源泉枯竭了，教育学的一切书本知识都将化为乌有。”[②]特别是，“教育者要成为真正的精神导师，一个重要的条件是教育者与被教育者思想上的一致。教育的不幸就是因为缺少这种一致性”[③]。

三、他的和谐性格对教育实践的自然影响

一位教育家的教育思想并不完全是环境的产物，总与他的个性和经历息息相关。当年蔡元培在北京大学提出“思想自由，兼容并包”的办学方针卓有成效。其实，当时提出这一主张的并非他一个人，而唯独他贯彻得最好。梁漱溟分析其中的原因：“蔡先生除了他意识到办大学需要如此之外，更要紧的乃在他天性上具有多方面的爱好，极广博的兴趣。意识到此一需要，而后兼容并包，不免是人为的（伪的）；天性上喜欢如此，方是自然的（真的）。”[④]这段评价也完全适用于苏霍姆林斯基。历史上提倡“和谐教育”的不止是苏霍姆林斯基，而他实施的和谐教育成效最好，最有说服力，这与他性格的平静和谐分不开。他出生于农村，从小与大自然为友，大自然的博大与无私给了他无形的影响。他出生于一个贫穷然而不失温馨的家庭，不但承受了祖父母和父母的慈爱，而且在与兄弟姐妹的朝夕相处中养成了和谐的情感。他是

① 苏霍姆林斯基著，蔡汀，王义高，祖晶主编：《苏霍姆林斯基选集（五卷本）》（第二卷），教育科学出版社 2001 年版，第 686 页。

② 苏霍姆林斯基著，蔡汀，王义高，祖晶主编：《苏霍姆林斯基选集（五卷本）》（第二卷），教育科学出版社 2001 年版，第 820–821 页。

③ 苏霍姆林斯基著，蔡汀，王义高，祖晶主编：《苏霍姆林斯基选集（五卷本）》（第三卷），教育科学出版社 2001 年版，第 464 页。

④ 梁漱溟：《纪念蔡元培先生》，陈平原、郑勇编：《追忆蔡元培》，中国广播电视出版社 1997 年版，第 145 页。

这个温馨家庭的一部分，全家人同舟共济、肝胆相照之风也成了他的一部分。他提出和谐教育，犹如血管里流淌着鲜血一样，自然而真实。

随着他的成长，随着他的辩证唯物主义世界观的确立，他对世界的看法从感性上升为理性，趋向于积极乐观。在他看来，世界上的一切都应是有秩序的。大自然中日落月升，斗转星移，寒来暑往，候鸟迁徙；人类社会中文明取代野蛮，科学取代愚昧，进步取代落后，富裕取代贫穷，和平取代战争；人的精神世界中真善美取代假恶丑等等，都是自然的和终将发生的。他的著作中处处可见他对“和谐”的向往和追求：

身体发育良好、身体各部分匀称和谐。

身体和精神的和谐。

高尚的兴趣、需要和愿望的和谐一致。

要从“希望”和“应该”在道德上无可指责的和谐开始。

必须十分关心他们的体力劳动和脑力劳动的和谐。

教学与教育的充分和谐。

知识教育与思想教育的和谐。

使学生的智力在科学方面和艺术方面和谐地发展。

生活的理想和生活本身之间的和谐一致。

学校集体和每个学生思想、智力、道德、审美和情感方面的和谐一致。

权利与义务的和谐，个人幸福与为他人的幸福和利益而劳动的和谐。

个人幸福和社会幸福的和谐。

使善和严、柔和刚达到和谐。

肯定与否定的和谐。

爱和恨的和谐。

……

他期望一个人的行为能同要成为一个聪明、有教养有智慧的人的愿望和谐地结合起来，并以这种愿望驱使他去从事富有创造性的智力工作。他特别期望，“通过教育这条途径能够到达人类文明、理智、义务和自由的和谐的顶峰”①。他深知：“在理论和实践探索的这个领域里，还有许多不够明确

① 苏霍姆林斯基著，蔡汀，王义高，祖晶主编：《苏霍姆林斯基选集（五卷本）》（第一卷），教育科学出版社2001年版，第274页。

的东西。对此，人们要进行各种研究，来帮助搞清楚：什么是人的教养的和谐性，以及在学校教学过程中，追求的应该是一种怎样的和谐性。”[①]他头脑中经常盘旋着一系列相关问题：

怎样做到使儿童倾心于集体？有哪些内部精神联系——思想、感情、感受——能成为增强集体友谊、同志关系的牢固基础？怎样做到使每个孩子个人的幸福、个人的快乐跟集体和社会的利益和谐地结合起来？为使孩子们和教师以共同的思想、兴趣、意愿而联系在一起，做了些什么，正在做什么？通过哪些方式给孩子们传授人类创造的精神财富？怎样培养儿童的诚实、正直、原则性，以及对邪恶、非正义、欺骗行为的不调和精神？怎样做到使每个孩子从幼年就会因享受到物质、精神财富，因童年的幸福而感到自己对祖国、对老一辈负有的义务？怎样才能使劳动成为内在的需求？怎样达到德、智、劳、体、美诸方面的和谐发展？怎样做到使道德因素在受教育者身上能贯彻终生？每个受教育者是否能从自己为社会所做、所贡献的东西中感受到幸福和个人的满足？是否做到了使一个人从长辈那里获得的东西跟他贡献给祖国和社会的，或将来准备作的贡献之间取得和谐？……[②]

他写道：“这一系列的问题搅得我心神不安。”[③]强烈的问题意识导致了他的探索。为了培养精神丰富、道德纯洁和体格完美三者和谐统一的新人，他和他的同事们在数十年如一日的艰难实践中，终于形成了自己的和谐教育思想。

第二节　学校的使命是要和谐一致地培养人

苏霍姆林斯基提出：“学校的使命是要和谐一致地培养人。”[④]“没有

① 苏霍姆林斯基著，蔡汀，王义高，祖晶主编：《苏霍姆林斯基选集（五卷本）》（第一卷），教育科学出版社 2001 年版，第 77 页。

② 苏霍姆林斯基著，蔡汀，王义高，祖晶主编：《苏霍姆林斯基选集（五卷本）》（第四卷），教育科学出版社 2001 年版，第 57-58 页。

③ 苏霍姆林斯基著，蔡汀，王义高，祖晶主编：《苏霍姆林斯基选集（五卷本）》（第五卷），教育科学出版社 2001 年版，第 298 页。

④ 苏霍姆林斯基著，蔡汀，王义高，祖晶主编：《苏霍姆林斯基选集（五卷本）》（第一卷），教育科学出版社 2001 年版，第 747 页。

和谐的教育工作，就不可能培养出和谐的全面发展的人。”[①]

一、创设自然与人工相和谐的美的生活环境

“和谐”与“美”有天然联系，和谐教育也就是美的教育。苏霍姆林斯基力求让“儿童跨过我们学校门槛后，他在这里所见到的一切和所接触到的一切都是美的。绿树掩映中的学校的整个面貌是美的；挂着一串串琥珀色葡萄的浓绿枝叶是美的；从一栋教学楼到另一栋教学楼之间的小道两旁蔓生的玫瑰是美的；学校果园中各种树的树冠一年四季都是美的；四周爬满野生葡萄藤的学校大门的门廊也是美的……”他要让这一切“在儿童身上积累审美的印象”[②]。他认为：环境美是由天然的和人工创造的东西和谐构成的，这种和谐能唤起愉悦的情感。学校应当把大自然所赋予和人所能做到的一切都尽可能充分地用于人的和谐发展，使大自然为人的发展服务。帕夫雷什中学动员全校师生，在较短时期内大大改变了周围环境，将学校周围 40 公顷黏质土壤的贫瘠土地变为肥沃的良田和树木繁茂的果园。

美的环境并非美好事物的堆砌，它需要和谐地安排，需要匠心设计。苏霍姆林斯基写道：当孩子周围的件件东西都没有显得过于惹人瞩目而是处于似乎不易察觉的情况下，它们便可以和谐地构成环境的总的美学气氛。例如，在一个本可以在它外面展现果园景致的敞亮窗台上摆起几盆大型花卉，和谐便会遭到破坏：这些花压抑了其他事物——其中也包括那片果园——的审美品质。而如果窗前只探出小小一根树枝，而且有在形态上同果园的树木以及同季节都相和谐，那么不论是这根小枝还是果园，以及远方辽阔的田野给人的感受，便迥然不同了。

尤其重要的是，苏霍姆林斯基力求让孩子们亲自动手，参与校园美的创造。他相信：“如果儿童培育玫瑰花是为了欣赏它的美，如果这种劳动的唯一报酬就是对美的享受，就是为了别人的幸福和欢乐而创造这种美，——他就不可能成为一个内心邪恶、举止卑劣、恬不知耻、冷酷无情的人。……只有当创造美的劳动由于高尚的道德动机而人道化了，首先充满了对人的尊重，

---

① 苏霍姆林斯基著，蔡汀，王义高，祖晶主编：《苏霍姆林斯基选集（五卷本）》（第一卷），教育科学出版社 2001 年版，第 95 页。

② 苏霍姆林斯基著，肖勇译：《教育的艺术》，湖南教育出版社 1983 年版，第 161 页。

美才能培育道德的纯洁性和人道主义精神。”①

二、促进以师生关系为主导的人际关系和谐

学校是一个微型社会。“学生们不仅是聚集到一处的孩子们。他们是按照自己和谐法则生活的，使人得以发展、变得聪明的儿童社会。”②维系这个儿童社会的，正是和谐的人际关系。一个人的全面和谐发展，也正取决于他所在的集体是否和谐。因此孩子入学后，首先需要培养他们尊重别人的愿望，引导他们正确认识和处理与周围人的关系。人与人之间的冲突虽然难以绝对回避，但为维持集体生活的和谐，每个人都应当尊重别人的合理的愿望，并使自己的愿望与和谐的生活并行不悖。苏霍姆林斯基指出：“实际上，教育就是从培养真诚的关切之情——对周围世界所发生的一切都会由衷地作出思想和情感上的反响——开始的。真诚的关切——这是和谐发展的一般基础，在这个基础上人的各个品质——智慧、勤勉、天才，都会获得真正的意义，得到最光辉的发扬。”③教育工作的一个重点，就是保持每个孩子在学校集体生活中和谐与欢乐。要鼓励儿童为了他人的幸福献出自己的力量，并以此作为第一乐趣。这种高尚的情感是由大量的行为积累而成的，每个教育者都要去鼓励和引导这些行为，努力使学校里没有一个人不关心别人，没有一个人得不到别人的关心。

在学校诸多人际关系中，师生关系的和谐居于主导地位。教师的意志与学生的愿望相互和谐，是集体精神生活中最必要和最复杂的一种和谐。这种和谐体现了师生之间相互信任的关系，反映出师生对共同目标——道德完善、精神丰富、献身于为人民谋福利的那种充实而幸福的生活的一致向往。在师生关系中，教师的师德、学生观与教育艺术居于主导地位。苏霍姆林斯基对班主任说：“您的班集体是一个复杂的乐队，在这里您既是作曲家，也是指挥家。班集体的生活，应当是微妙和崇高的道德和情感关系的一所学校，应当是思想、感情、愿望这种十分和谐的交响乐的一所学校。在这曲交响乐中，

① 苏霍姆林斯基著，肖勇译：《教育的艺术》，湖南教育出版社1983年版，第164–165页。

② 苏霍姆林斯基著，蔡汀，王义高，祖晶主编：《苏霍姆林斯基选集（五卷本）》（第二卷），教育科学出版社2001年版，第318页。

③ 苏霍姆林斯基著，蔡汀，王义高，祖晶主编：《苏霍姆林斯基选集（五卷本）》（第四卷），教育科学出版社2001年版，第24页。

既有每一个人鲜明和独特的个性，也有一切个性构成的完整统一。”① 在全校教师的共同努力下，帕夫雷什中学的各个班级都充满了家庭般的和谐气氛，而整个学校就像一个和谐美满的大家庭。

三、力求横向上协调一致，纵向上前后贯通

人是许多种特点、品质、能力和喜好的和谐统一体。苏霍姆林斯基极力反对片面地以分数衡量学生，他说：“学习、上课、完成作业、经常得到分数——这一切绝不应当成为用来衡量、评价一个人的唯一的、概括一切的尺度。学生是年龄尚小的人，他对这种日常的衡量的体会和感受，是特别敏感、极其脆弱的。应当使学生通过亲身体验，深信人们是用多把尺度来衡量他的，是从各个方面来看待他的。一个人，当他还是个不懂事的孩子时，到我们这里来上学，我们就不应当用对‘学生’这个词的狭义的理解来看待他。如果在教师看来，他只是一种头脑里被填塞知识的生物，他就不会成为全面发展的人。如果一个人不能宣告自己的存在，不能在人类心灵的某一个领域里成为主宰者，不能在活动中和成就中（这一点尤为重要）确立自己的地位，如果他没有感到自己作为一个创造者的自尊感，如果他不能自豪地抬起头走路，那么，所谓的人就是不可思议的。和谐的教育就在于，要使我们所教育的人多方面活动的道德丰富性在学校精神生活的一切领域中得到表现。”②

人在发展过程中，各种因素和各个方面也都存在着相互依存性和相互制约性。要实现全面发展，就要使智育、体育、德育、劳动教育和审美教育深入地相互渗透和相互交织，使这几方面的教育呈现为一个统一的完整过程。苏霍姆林斯基指出：“在培养全面发展的人的工作中，一般地说，没有任何一个问题是次要的，这里的一切都是重要的，如果有任何一点被忽视或者做得不正确，就会使全面发展这一完整的统一体的和谐的基础遭到破坏。”③ 他同时提醒说：“教育者在关心人的每一个方面、每一个特征的完善的同时，任何时候也不要忽略这样一种情况，即人的各个方面和特征的和谐，都是由

① 苏霍姆林斯基著，蔡汀，王义高，祖晶主编：《苏霍姆林斯基选集（五卷本）》（第五卷），教育科学出版社 2001 年版，第 596 页。

② 苏霍姆林斯基著，蔡汀，王义高，祖晶主编：《苏霍姆林斯基选集（五卷本）》（第一卷），教育科学出版社 2001 年版，第 95-96 页。

③ 苏霍姆林斯基著，蔡汀，王义高，祖晶主编：《苏霍姆林斯基选集（五卷本）》（第一卷），教育科学出版社 2001 年版，第 107 页。

某种主导的、首要的东西所决定的。在一个全面发展的、活生生的、有血有肉的人身上，体现出力量、能力、热情和需要的完满与和谐。教育者在这种和谐里，应看到这样一些方面，诸如道德的、思想的、公民的、智力的、创造的、劳动的、审美的、情感的、身体等的完善。在这个和谐里起决定作用的、主导的成分是道德。”①

苏霍姆林斯基要求把学校各项工作作为一个统一整体来进行研究和实施，全校几乎没有“单一”的活动，许多看似单一的活动都体现着德育主导、诸育并行的特点。

以组织学生的行军活动为例，每次行军前，学校都要提出若干知识性目的，要求学生在行军中尽可能多地了解社会、生活、历史、地理知识，激发自然的、社会的、审美的、智力的、劳动的等多方面兴趣。学校还拟订了学生行军中必须掌握的《技能项目单》，包括自己做饭，自己搭帐篷夜宿，在没有太阳和星辰的情况下能辨别方向，能不用火柴取火，能在雨中点燃篝火，能搭盖窝棚等。在一次寻找自然宝藏的行军中，孩子们还找到了铁矿，从此开始了对家乡自然资源的深入勘探。②

除了横向上的协调一致、综合、融合外，苏霍姆林斯基也重视教育的纵向衔接，重视准备、孕伏、铺垫、过渡、承接、延续、一以贯之，促进学生持续和终身发展。他认为：“人并不是由一个个螺丝钉装配而成的，而是和谐培养成的。不能今天培养一种道德品质，明天培养另一种道德品质。在制订和实施教育大纲的时候，都要考虑如何使人的全部品质和谐地确立起来。”③他主张，从一年级孩子来到学校，教师就应为他们规划思想、情感、内心体验与行动和谐一致的发展前景。在这个远景规划中，要逐渐扩大儿童的公民眼界，增长他们的见识，要逐年地使他们由近及远地关心周围世界——从家庭到学校，从农庄到本乡，从本区到本州、到全国。他要求“在一个学校里，一个班级里，在对具体的儿童的工作中，从他们跨进一年级或预备班的门槛开始，直到他们中学毕业，直到他们踏上独立的劳动生活的道路，都要坚持

① 苏霍姆林斯基著，蔡汀，王义高，祖晶主编：《苏霍姆林斯基选集（五卷本）》（第一卷），教育科学出版社 2001 年版，第 93 页。

② 苏霍姆林斯基著，蔡汀，王义高，祖晶主编：《苏霍姆林斯基选集（五卷本）》（第四卷），教育科学出版社 2001 年版，第 239-240 页。

③ 苏霍姆林斯基著，蔡汀，王义高，祖晶主编：《苏霍姆林斯基选集（五卷本）》（第四卷），教育科学出版社 2001 年版，第 755 页。

那样做”[①]。

第三节　引导积极的冲突和斗争：从“非和谐”走向和谐

和谐不等于一团和气、相安无事。恰恰相反，苏霍姆林斯基认为：“安静的、‘平稳的’集体生活，没有矛盾和冲突的集体生活”，往往隐藏着“危险”；“儿童和少年的集体，实质上是靠对美好事物的钦佩心理和对邪恶行为的鄙夷态度来维系的，是靠积极克服一切消极不良的东西来维系的。不这样做，就不可能有集体中各个人的思想、世界观、道德情操和审美情操的一致性”[②]。

一、对现实教育中“非和谐”现象的揭露批判

提出和谐教育这个理想不容易，实现这个理想更加不容易。苏霍姆林斯基在前进的道路上面临来自教育内外的种种障碍。许多障碍看上去并非发生在他所在的帕夫雷什中学，但他的学校不是孤岛，不是世外桃源。周围学校的消极现象无疑会对他的学校产生或明或暗的影响。更重要的是，他是一位疾恶如仇的精神斗士，他听不得那些“不和谐的音调”，更容不下“可以称之为‘非和谐’教育（缺乏和谐的教育）的不良现象”[③]，他视之为教育的灾难。每逢见到这些现象他都不肯沉默，都会一反平日的温和拍案而起，给予无情揭露和批评。在多种多样的“非和谐”现象中，形式主义和弄虚作假尤其让他气愤。例如有些教育行政部门似乎在逼迫学校片面追求教育形式而丢弃其宗旨和灵魂，以名目繁多的活动冲击正常教育。据一位校长统计，从 9 月到次年 4 月就有 92 项活动（活动月、竞赛等等）。这位校长说：“因为搞这些活动，我们才顾不上去教育学生。”[④]苏霍姆林斯基还痛心地举过一个具体例子：

---

① 苏霍姆林斯基著，蔡汀，王义高，祖晶主编：《苏霍姆林斯基选集（五卷本）》（第一卷），教育科学出版社 2001 年版，第 90 页。

② 苏霍姆林斯基著，蔡汀，王义高，祖晶主编：《苏霍姆林斯基选集（五卷本）》（第一卷），教育科学出版社 2001 年版，第 209 页。

③ 苏霍姆林斯基著，蔡汀，王义高，祖晶主编：《苏霍姆林斯基选集（五卷本）》（第一卷），教育科学出版社 2001 年版，第 96 页。

④ 苏霍姆林斯基著，蔡汀，王义高，祖晶主编：《苏霍姆林斯基选集（五卷本）》（第四卷），教育科学出版社 2001 年版，第 773 页。

我认识一个“优秀少先队员”叫沃洛佳（化名），他的“先进事迹”常常被区里的报纸大书特书。然而有一天，沃洛佳的奶奶却找老师诉苦：“这个沃洛佳，是个不懂得怜悯的人……昨晚他披着一件弄脏的外套来啦，就这么往过道里一扔，我一个病老婆子还得给他洗。你瞧我这手指，已被风湿病折磨得没用了……我问他：‘沃洛佳，你这是在哪儿把衣服弄得这样脏？’他回答说：‘完成少先队任务弄的。’”

在沃洛佳的父亲病重时，这孩子照样拧开半导体收音机，整晚整晚地听广播，而父亲多么需要安静啊……

沃洛佳和他的几位八年级同学加入共青团时，本应到区委会去领取团证，而他们竟让犯着气喘病的老校长两次去农庄管委会，找汽车送他们去区中心。其实从学校到区委会只不过10千米。领取团证两天后，沃洛佳的父亲去世了，家里人悲伤万分，而他却若无其事地上学来了，在课堂里还跟同学们逗着玩。

谁能想到，这个曾经给老婆婆劈过柴、挑过水的“积极分子”，竟然这么冷酷无情呢？问题究竟在哪儿呢？①

苏霍姆林斯基沉痛地分析道：应当承认，在我们学校教育里有许许多多不良现象。“这首先是忘却了一个最简单和最明智的真理：育人先育心。在由人的精神财富外化而来的和谐的交响乐中，最微妙、最温柔的旋律当属于人的心灵。在我看来，情感教育中的不文明现象，是经常导致悲惨结局的最大灾难之一。”②他坚持认为，孩子身上出现问题的原因，应该到教育过程中去寻找。他写道：

只要对许多学校的生活作一下粗略的了解，这种灾难就可历历在目。呵斥、恫吓、神经质的紧张和拔得高高的声调，这在许多学校里成了师生关系中常见的症状。教师习惯于恫吓、拍桌子和神经质地提高呵斥的调门，学生一连五六个小时处在不正常的惶恐状态中，只此一件，就已经是一种威胁——不仅威胁着身体健康，而且威胁着道德发展。神经紧张会使儿童心绪烦躁，心灵粗俗……这种不能容忍的教育不文明现象，是以学生的心日复一日、月复一月受到的极大折磨为代价的。学生的敏锐感觉迟钝了，他的心也仿佛麻

① 苏霍姆林斯基著，蔡汀，王义高，祖晶主编：《苏霍姆林斯基选集（五卷本）》（第五卷），教育科学出版社2001年版，第416–417页。

② 苏霍姆林斯基著，蔡汀，王义高，祖晶主编：《苏霍姆林斯基选集（五卷本）》（第五卷），教育科学出版社2001年版，第510页。

木了，变成了一个对人类语言微妙的委婉之情、洒脱之韵、抑扬顿挫之气敬谢不敏的人。

让我们来考察一下这个怪圈。学校，按其天性而言应是仁慈和人道的圣地，是修身养性与充满最微妙、最高尚的人类情感的圣殿。而现在，不管听起来多么奇怪，事实上学校有时却成了专横跋扈和没有公道的场所……[①]

更令他愤慨的是，这么多反常现象在许多学校常常是见怪不怪，甚至习非成是。对这些“非和谐”现象，苏霍姆林斯基坚持边揭露批评，边抓紧实施和谐教育，让教育中的真善美尽快战胜和取代假恶丑。这种“双线作战”式的努力，几乎贯穿了他的一生。

二、鼓励以真正的友谊驱除无原则的义气

苏霍姆林斯基重视学生之间以及师生之间的纯洁友谊。他认为：友谊是人的最高的精神需要之一，是人们精神生活的重要内容，是培养人的感情的学校，没有友谊就没有相互教育。他还认为：友谊与利己主义是不可调和的。友谊教人要奉献精神力量、财富和关怀。友谊能抵制利己主义，教人蔑视自私。一位忠实的人不仅会看到自己，而且会对自己信得过的朋友坦诚相见。一个人如果少年时代没有忠诚的友谊，精神上就会贫乏而空虚，就会成为形孤影单的不幸的人。重要的是，友谊是把人心凝聚起来并使之变得高尚的强大力量，是形成集体的必要条件。“缺乏忠诚的、严格要求的、奉献精神的友谊，这种集体是不可思议的。只有在使友谊忠于理想，生活目的鲜明，严格要求和对邪恶不妥协斗争而大放光彩的地方，才会有最坚强的、思想上最牢固的集体。”[②] 因此，他将培养纯洁高尚的友谊视为培育优良的道德—审美关系，视为学校的重要任务。

苏霍姆林斯基并非提倡一般的友谊，而是倡导“真正的友谊”。在他看来，真正的友谊首先具有共同的崇高的目标，并能以积极活动联合朋友们的精神力量来实现崇高目标。“青年人如能把情感建立在重大原则之上，他们在对待相互关系、友谊和同学情谊上就不会互相包庇、原谅一切、放荡不羁。

① 苏霍姆林斯基著，蔡汀，王义高，祖晶主编：《苏霍姆林斯基选集（五卷本）》（第五卷），教育科学出版社 2001 年版，第 510-512 页。

② 苏霍姆林斯基著，蔡汀，王义高，祖晶主编：《苏霍姆林斯基选集（五卷本）》（第二卷），教育科学出版社 2001 年版，第 518-519 页。

在他们眼中，最珍贵的是真理，而不是个人动机。”[①] 如果朋友之间没有理想上、观点和信念上的一致，那么朋友之间的纽带就可能局限于蝇头小利，高尚的友谊就会滑向庸俗和低劣。其次，真正的友谊意味着相互奉献。友谊包含三大要素：对朋友的信任、严格要求和奉献。这三者的和谐将形成真正的牢不可破的友谊。所谓奉献，不仅仅是物质上的，更多是精神上、理想上的。朋友之间的信任越深，相互要求也就越严格，相互的奉献也就越大。此外，真正的友谊还意味着相互负责、相互教育。苏霍姆林斯基认为，如果你追求真正的友谊，那么朋友应成为你本身的一部分，你看到朋友身上某种不好的东西就应坦率地告诉他；如果和朋友互相原谅、互相包庇，将导致“连环保”“讲义气”等不道德现象，将从内部瓦解集体。他主张：如果你的朋友背叛构成友谊的某种东西的话，那你就要有勇气去中断这种友谊。

三、倡导良心监督下的自我命令与自我审判

和谐教育本身不是目的，目的是为了造就和谐发展的人，促进人在精神发展上尽快从幼稚走向成熟。因而，和谐教育的一个重点就是指导自我教育，即每个人为维护和发展内心的宁静、纯洁、和谐而进行的自我教育。苏霍姆林斯基指出：和谐的教育是指把纪律教育和对集体、对社会、对自己（即对自己的良心）负责的教育同时开展起来。为此，他提出了两方面主张。

一方面是事前的自我命令与自我控制。他认为：“人的最大的胜利就是他能战胜自己。一个人从童年起就要学会支配自己。从小就要学会命令自己，管束自己，逼迫自己去做应当做的事，而且把应该做的事变成你愿意做的事。这是一种和谐。”[②] 他分析说：当孩子刚刚开始认识世界时便有所需要。需要是人的生活的动力，从需要中自然会产生愿望，但个人的愿望应当同集体的、社会的、人民的、祖国的利益和谐一致起来。因此，“每个人都要节制自己的欲望，善于把自己的欲望同别人的欲望加以对比、衡量，放弃自己的某些欲望。……善于为别人的利益而限制自己的欲望，具体表现为通常说的

① 苏霍姆林斯基著，蔡汀，王义高，祖晶主编：《苏霍姆林斯基选集（五卷本）》（第一卷），教育科学出版社 2001 年版，第 501 页。

② 苏霍姆林斯基著，蔡汀，王义高，祖晶主编：《苏霍姆林斯基选集（五卷本）》（第二卷），教育科学出版社 2001 年版，第 425 页。

谦让精神。假如人们不能做到这一点，生活就会变得一团糟”[1]。他提出：要正确判断什么事是应当做的，什么事是要逼迫自己做的。一个人只有把“我想要”和“我应当”和谐地融合在一起，才会是高尚的。

另一方面是事后的自我反省与自我审判。苏霍姆林斯基提出：一个人应该自己审判自己。要使犯有过失的学生，不需教师提醒而能反省自己的行为。要让学生学会把自己的良心当作最无情的审判官而做到问心无愧。他写道：只有当你的心里永远有着良心、羞耻、责任和义务，你才会变成有道德的人。这是你具有高尚道德情操和道德素养的四个最重要的源泉。它们相互联系着，密切交织在一起，和谐地结合在良心里。正是因为有了良心，所以你为别人做了好事时会感觉到愉快；当你做了一件坏事时则会感到难受，觉得自己好像赤裸裸地暴露在众人的面前，并会为自己的完全裸露感到羞愧。独自受良心谴责之苦——积极的行动就从这一点开始了。

第四节　孩子们应当是和谐生活的创造者

苏霍姆林斯基提出的和谐教育并不局限在校园内，全面和谐发展的人也不等于门门功课都是 5 分。他指出，“和谐的发展意味着人显示为：第一，是社会物质生产领域和精神生活领域中的创造者；第二，是物质和精神财富的享用者；第三，是有道德和文化素养的人，是人类文化财富的鉴赏者和细心的保护者；第四，是积极的社会活动者、公民；最后，是基于崇高道德的新家庭的建立者”[2]。简言之，“孩子们在一定程度上应当是这种和谐生活的创造者”[3]。

一、“世界上正在发生的一切都与我有关”[4]

苏霍姆林斯基写道：对一个真正的人来说，世界上发生的一切都同他有

① 苏霍姆林斯基著，蔡汀，王义高，祖晶主编：《苏霍姆林斯基选集（五卷本）》（第二卷），教育科学出版社 2001 年版，第 797 页。

② 苏霍姆林斯基著，蔡汀，王义高，祖晶主编：《苏霍姆林斯基选集（五卷本）》（第四卷），教育科学出版社 2001 年版，第 13 页。

③ 苏霍姆林斯基著，杜志英等译：《家长教育学》，中国妇女出版社 1982 年版，第 118 页。

④ 苏霍姆林斯基著，蔡汀，王义高，祖晶主编：《苏霍姆林斯基选集（五卷本）》（第三卷），教育科学出版社 2001 年版，第 761 页。

直接关系，都在触动着他的心，都会引起他的兴趣。一个人如果作为一个观众来度过自己的一生，这种人是很不幸的。生活之幸福就在于自己能成为一个积极创造生活的人。每个人只要有这样的愿望和决心，同时又有创造的激情，就能够成为一个出类拔萃的非凡人物。为此，他提出了一系列教育主张。

——开拓孩子们的知识视野，使少年作为公民的对世界的观察力得到发展并趋于敏锐。苏霍姆林斯基提醒说："思想的局限性、狭隘性和封闭性会使人们的精神生活变得空虚，并且窒息、摧残和扼杀创造性的禀赋和才能。"① 他要求鼓励学生通过课外阅读开拓自己丰富的智力生活，从知识的江河驶向知识的海洋，成为一位大无畏的航海家。

——引导孩子把关注的目光投向人。世界上最宝贵的事物是人，是人的幸福，要教育孩子们注意观察人，并为人的幸福和快乐付出自己的体力和智力。他告诫孩子们说：世界上有这种人，对待别人的不幸装看不见，专去做自己快活的事，这是可耻的，这种人不配称人。他认为孩子固然弱小，但应当让他们看到世界上还有比自己更弱小者需要保护，应当让他有保护别人的意识。"当我们把儿童看作是如此娇小柔弱的生灵时，恰恰要使他们感到自己是一个巨人，而世界上无数娇小柔弱的生物却在期待和求得他的保护。这种感受对培养儿童的能力、勇敢精神、纯洁的心灵、对邪恶毫不妥协和毫不留情等品质是何等的重要！"②

——不仅让孩子们能欣赏世上美好的事物，还要让学生懂得世上还存在着卑鄙的、龌龊的、不应有的东西。"不仅要使年幼的人懂得什么是可恶的和卑鄙的事，而且要使他们因为看到世界上还有这样的事而感到难过和痛苦。然而这种痛苦不应该是消极的，只有对邪恶的蔑视、愤怒和厌恶以积极的形式表现出来，才有为善良而斗争的精神能源。对可恶的、卑鄙的东西感到愤怒，这种情感会逐渐地转移到自己身上来。这种转移是很微妙的，有了这种转移，才能使儿童向往美好的、理想的事物。一个人不仅在他不慎做了不好的、不应有的、卑劣的事情时，他会感到对自己愤怒和厌恶，而且甚至在想象自己有可能做出这样的事情时，也会痛恨自己。这样，卑劣低下的事就会成为他

① 苏霍姆林斯基著，蔡汀，王义高，祖晶主编：《苏霍姆林斯基选集（五卷本）》（第一卷），教育科学出版社 2001 年版，第 82 页。

② 苏霍姆林斯基著，蔡汀，王义高，祖晶主编：《苏霍姆林斯基选集（五卷本）》（第一卷），教育科学出版社 2001 年版，第 684 页。

内心不能容忍的、不可能也不容许去做的事。”[①]

二、追求物质生活和精神生活的新的融合

在回顾人类历史发展宏观进程时，苏霍姆林斯基写道：在原始社会，人的物质生活和精神生活有机地融合在一起。到了阶级社会，精神生活与取得生活资料的活动分离了，人们不再是平等的。人在长期生存斗争中获得和积累的知识，使人凌驾于动物界之上的知识，竟然从使人变得高尚的手段变为奴役和压迫人的工具。然而即使在此情况下，受奴役者也从未放弃对精神生活的追求。他们在创造大量物质财富的同时，也创造了极其辉煌的精神财富，并在此过程中获得了赏心悦目的精神享受。到了社会主义社会，“个性的自由劳动占着主导的地位，人可以按照自己的素质、能力和禀赋完全和谐地选择自己的生活道路。大家公认每一个人都可以进行自由的、创造性的、有意义的、自己所喜爱的劳动，而同时把劳动看作是一种光荣的责任和荣耀的事情”[②]。

但是，这并不意味着人能够自动地自然而然地达到精神需要与物质需要的和谐发展。苏霍姆林斯基写道：人的物质需要几乎是与生俱来的，无须激发；复杂的是激发人的高级需要即精神的需要。他担心，当代物质福利源源不断地涌进孩子们的生活世界，而孩子们竟然不知道它们从何而来，不知道成人世界为此付出的艰辛劳动，无法形成一种对待物质福利的正确态度。他更担心的是，教育界竟有一些精神生活贫乏的教师。曾有一位女教师骄傲地向他介绍自己的新房子、贵重家具和地毯，表示自己应有尽有，过着富足的物质生活，然而她的柜子里总共只有几本书——绝大多数是课本。苏霍姆林斯基不能不为之担忧：“一个教师在自己的生活中把富足的物质生活摆在首位，而且那富足的观念透着庸俗的市侩气息，这样的人能把学生引向何方，又能进行什么教育呢！”[③]他深深感到：在个人生活中建立起精神需要与物质需要的明智和谐，是全面和谐发展中一个相当复杂而艰巨的问题。

那么，如何激发人的高尚的精神需求呢？苏霍姆林斯基发现：劳动能给

① 苏霍姆林斯基著，蔡汀，王义高，祖晶主编：《苏霍姆林斯基选集（五卷本）》（第一卷），教育科学出版社 2001 年版，第 172 页。

② 苏霍姆林斯基著，蔡汀，王义高，祖晶主编：《苏霍姆林斯基选集（五卷本）》（第一卷），教育科学出版社 2001 年版，第 81 页。

③ 苏霍姆林斯基著，蔡汀，王义高，祖晶主编：《苏霍姆林斯基选集（五卷本）》（第五卷），教育科学出版社 2001 年版，第 53 页。

人以欢乐，充实人的精神生活。因为劳动是一种创造，在劳动中能展示人的能力、禀赋和天才，从而能够确立人的尊严感。自从人开始认识到自身与自然的关系，他就在劳动过程中找到了满足个人精神需要的源泉。他继而发现："如果教育者能够做到使劳动在学生时代就成为精神生活的一部分，那么就会产生一种极其重要的现象：劳动的创造性将激发起新的智力兴趣；人就想要多知道一些，以便更深刻地探索劳动的奥秘；他就会去读书和思考，力求丰富自己在劳动中的创造性探索。……这样一来，一个人就会学习一辈子，渴望知识，并且，总是感到不满足：'我所知道的东西还很少'。"[①] 同时，人的生活中不光只有劳动，人类的文明宝藏和精神财富，如文艺、音乐、绘画、运动、旅行等等都能给予人以高尚的精神享受。苏霍姆林斯基注意到当时社会的一个重要趋势："先进的人对满足自己的物质需要（即生活必需品）已不言而喻，而对最大限度地满足精神需要的意向则日益增强。人的自觉性越高，他与庸俗的物质欲就越格格不入，精神文化财富，首先是知识财富在他身上就越鲜明。"[②] 人的物质生活和精神生活的融合，正从自发的初级阶段进入新的自觉的高级阶段。

可喜的是，社会上出现的这种物质生活和精神生活相和谐的趋势，也开始出现在帕夫雷什中学的学生身上。在一次由毕业生参加的"对未来生活的展望"的讨论会，一位 18 岁的女学生维拉在会上的发言在同学们中间引起反响与深思。维拉说：

我知道，将来与其做一个不称职的教员，不如当一个好的集体农庄的小组长；与其当一个蹩脚的演员，不如做一个好的车工。但如果真是这样的话，那我干什么还要去学习复数几何、诗歌理论、法语和斟酌字句的修辞学呢？……我们明白，并不是所有的知识都能用于劳动，人也并不是单纯为劳动而生存的。也许，我之所以想懂点浪漫主义和感伤主义，就是因为我是人。也许，劳动越是简单就越是需要掌握更多的知识，并具有更高的文化水平，这样就可使生活变得更有乐趣，更加明朗。我决心做一名挤奶员。这种工作可以做得饶有兴趣、富于创造性。但如果全部生活仅限于挤奶，那么世界也

① 苏霍姆林斯基著，蔡汀，王义高，祖晶主编：《苏霍姆林斯基选集（五卷本）》（第一卷），教育科学出版社 2001 年版，第 104 页。

② 苏霍姆林斯基著，蔡汀，王义高，祖晶主编：《苏霍姆林斯基选集（五卷本）》（第二卷），教育科学出版社 2001 年版，第 84 页。

将是枯燥的，没有欢乐的。我相信我的生活中除了挤奶劳动外还一定会有丰富的精神生活。这个信念一直在鼓舞着我。所以我决心掌握法语，以便将来能读雨果的原著。我想做到这一点，首先是要证明：我是一个真正的人。①

苏霍姆林斯基逐字逐句地记录了这段发言。他写道："我们的任务是使每个学生懂得认识和改造世界的伟大意义，认识思维的巨大力量。青年人在选择自己的生活道路时不应打个人小算盘，也不应从狭隘的实用主义观点出发来考虑问题。不管他们将从事何种劳动（这种劳动是他们对社会创造财富的主要贡献），他们应该抱有一种强烈的愿望去学习、去认识世界，以不断丰富自己的精神世界。倘若学生只是以将来是否有用这种观点来看待知识，他就会没有激情、计较个人利益、动机不纯，甚至情操低下。"② 他希望更多的孩子毕业后，都能像维拉这样去生活。

三、批判者、改造者、建设者：多角色集于一身

苏霍姆林斯基认为健全的智力品质包括"思维的批判力、灵活性、广度和活跃性，以及对判断和结论做出批判性检验的能力"③。他将批判性视为智力发达的一个极重要的特点。他还发现人的批判性思维具有天然的基础，特别是在少年向青年过渡的时期，学生对于外界和他人的评价常常表现出批判态度。他指出："有人说青春就是批判的年华，这种说法并不夸张。这种批判的特点是很高的积极性和很强的原则性……受到最尖锐的批判的是这样一些缺点，诸如：在信念上的无原则性和动摇性，巴结迎奉，丧失人的自尊感，个人主义，使个人和集体相对立的意向，懒惰，怯懦，吹牛，自高自大，强夺硬要，等等。"④ 孩子这种批判性思维特点，表明了他们正在努力探寻某种真理并力图形成相应的坚定信念。

青少年的这种自发性的批判思维和态度，需要正确引导才能获得健康发

① 苏霍姆林斯基著，蔡汀，王义高，祖晶主编：《苏霍姆林斯基选集（五卷本）》（第一卷），教育科学出版社 2001 年版，第 287-288 页。

② 苏霍姆林斯基著，蔡汀，王义高，祖晶主编：《苏霍姆林斯基选集（五卷本）》（第一卷），教育科学出版社 2001 年版，第 288 页。

③ 苏霍姆林斯基著，蔡汀，王义高，祖晶主编：《苏霍姆林斯基选集（五卷本）》（第四卷），教育科学出版社 2001 年版，第 523 页。

④ 苏霍姆林斯基著，蔡汀，王义高，祖晶主编：《苏霍姆林斯基选集（五卷本）》（第五卷），教育科学出版社 2001 年版，第 110 页。

展。苏霍姆林斯基注意到："青年人的特点是感觉敏锐，对周围现实的各种现象往往夸大缺点，反应激烈，有时甚至自相矛盾。……如果在个人的意识、感情、兴趣、动机中没有崇高的理想和机因，如果一个人囿于狭小的圈子，那么他对周围现实采取一味指责的态度，就可能发展成为埋三怨四，对自己的处境牢骚满腹、怪话连篇，对非凭个人劳动所得的物质上和精神上的福利肆意贪求，当碰到我们生活中的不良现象时，便幸灾乐祸"，因而，要引导他们过上积极、充实的精神生活，"善于批判地思索周围世界"，使其"不能容忍因循守旧和不合时宜的东西"，激励他们参与"为争取高尚理想胜利的斗争"[①]。让他们不致沦为缺乏热情的博学家和观察家，而成为勇于以自己的立场、观点对社会进步表示极大关注并发挥积极影响的人。

为此，苏霍姆林斯基主张，要善于引导青少年将批判精神指向周围的自然环境和社会环境，使之成为现实生活的改造者和新生活的创造者、建设者。要教育学生抱着积极的态度去看世界，帮助他们树立一条极其重要的信念：人不仅在认识周围世界，而且还能用自己的智慧和创造力去支配和利用自然力，达到改造生活的目的。要帮助他们认识到："在种种活动中最有价值的是那些能把一个人的全部内在精神力量——智慧、情感、观点、信念、意志都用于改造世界，用于创造并增加社会物质财富的活动。"[②]重要的是，要让学生们通过观察、思考、研究、对比，竭力在改造自然界的道路上迈出哪怕是很小的一步。例如，帕夫雷什中学每年春天都要开展"改造祖国自然日"活动，在学校内外植树和建造防护林带，在一些贫瘠荒芜的地块种植果树和蜜源植物。学校还注意引导学生开展一些旨在改造植物本性的科学实验。

孩子们在温室里培育黄瓜已经有好几年了，每棵黄瓜秧可以结 10–12 条黄瓜。孩子们培育出一个黄瓜品种，产量比普通品种要高出 10 倍，而且生长和成熟时间也大大缩短了。孩子们兴致勃勃地观察到，给植物施用矿物肥料，似乎可以使植物产生一种神奇的力量：只要有无机盐营养液，有灯光，就可以在没有土壤、没有阳光的条件下培育出蔬菜来。当外面冷风肆虐、雪花飞

① 苏霍姆林斯基著，陈炳文译：《年轻一代的道德理想教育》，湖南教育出版社 1984 年版，第 27–28 页。

② 苏霍姆林斯基著，蔡汀，王义高，祖晶主编：《苏霍姆林斯基选集（五卷本）》（第一卷），教育科学出版社 2001 年版，第 289–290 页。

舞的时候，温室里却苍翠欲滴，春意盎然，这种景象让孩子们欢欣鼓舞。①

年轻一代不仅仅需要改造自然，还应当学习改造社会。苏霍姆林斯基提出："我们要培养自己的毕业生，不是只会去享受现成的福利，顺从地遵守那些符合我们社会的道德概念和原则的种种规范和准则，而是积极地以革命姿态改造生活，建立共产主义道德。"② 他注意引导学生发现和揭露生活中的种种丑恶现象，并以自己对未来的美好向往去纠正和克服这些消极现象。他相信在社会及个人生活中，向往未来是最重要的激励因素，它鼓舞孩子们不是思考如何适应环境的问题，而是设法改造环境，改造现实。

孩子们改造环境的劳动，也包含着改造每个人自身的无限可能性。人是世间奇迹的创造者。"当人们把已经掌握和获得的智力财富和美感财富变为认识世界、开拓世界和改造世界的手段的时候，也就有了创造性，在这种情况下人的个性似乎已经与自己的精神财产融为一体了。"③ 苏霍姆林斯基相信：批判地分析自己的劳动行为，是正确评价它的成果并努力消除工作中缺点的条件之一。要引导青少年追求完美劳动的欲望，善于以批判态度来对待自己的劳动过程。特别有些年复一年、周而复始的劳动，如果不往其中注入一些新的内容，如果没有不断的改进，人们就越来越会感到单调乏味。而如能以批判态度来对待这些重复性的劳动过程，那么开发真正的创造力就会成为可能。鼓励学生在不断优化劳动过程的同时优化自身，就能使他们确立起坚定的信念："相信劳动能创造神奇般的、巨大的、改造一切的力量；相信劳动人民能够创造自己的美好未来。相信自己。能够发现自己的善良言行和智慧，能为自己在劳动中取得的成就、为用自己的劳动给他人谋福利而感到骄傲。相信我们的社会理想、我们的道德、我们的今天和明天将展示着伟大的真理；能够感觉到自己在命运的漩涡中不是一粒微不足道的尘屑，而是一股巨大的创造力量。"④

① 苏霍姆林斯基著，蔡汀，王义高，祖晶主编：《苏霍姆林斯基选集（五卷本）》（第五卷），教育科学出版社 2001 年版，第 260 页。

② 苏霍姆林斯基著，蔡汀，王义高，祖晶主编：《苏霍姆林斯基选集（五卷本）》（第二卷），教育科学出版社 2001 年版，第 10 页。

③ 苏霍姆林斯基著，蔡汀，王义高，祖晶主编：《苏霍姆林斯基选集（五卷本）》（第三卷），教育科学出版社 2001 年版，第 816 页。

④ 苏霍姆林斯基著，杜志英等译：《家长教育学》，中国妇女出版社 1982 年版，第 112–113 页。

〖推荐阅读原著篇目〗

《全面发展的人的培养问题》，载《苏霍姆林斯基选集（五卷本）》第一卷。

《关于和谐的教育的一些想法》，载《给教师的建议》，杜殿坤编译，教育科学出版社 1984 年版。

第八章

Chapter 8

教师教育：超越狭隘的“专业发展”

苏霍姆林斯基对教师素质的思考有较为独到的观点。他重视教师的专业素质，更重视教师的眼光、胸怀、道德面目、精神世界。他明确指出：教师不仅是一个把知识传授给学生的人，而且是一个兴趣和活动远远超出学校范围的社会活动家。在一位人民教师身上，人民想看到的是一位社会的楷模。然而教育界也有一些人却不能委之以教育年轻一代的事业，这首先是指那些精神生活贫乏的人。精神生活贫乏是一个人，特别是一个教师最可怕的敌人。应当尽一切力量，用各种手段改变这种现象，尽可能地优化教师的精神世界。[①]

① 苏霍姆林斯基著，蔡汀，王义高，祖晶主编：《苏霍姆林斯基选集（五卷本）》（第五卷），教育科学出版社 2001 年版，第 53–54 页。

第一节 多元期待：关于教师职业的若干隐喻

教师的功能不仅仅是教书，他承担着多种使命和多种社会角色。苏霍姆林斯基对教师职业做过许多比喻，表达了他对教师角色的多元期待。

——教师应当“成为知识的明灯”。苏霍姆林斯基说：“所有努力用知识和对科学的热爱来进行教育的教师，都力求做到这一点。他们把自己的个性对学生的影响，看作是一个人把自己的智慧、清晰的脑力、根深蒂固的求知欲望和需求留给另一个人。上课时似乎在必要的知识和超出教学大纲范围的知识之间架起了一座小桥，教师引导学生在这座小桥上走——只有在这种情况下，教育者的个性对受教育者的个性的教育影响才能达到高水平。我把课堂上传授给学生的知识看作是种子，能生出茁壮的思想幼芽，提供丰盛的收获——渴求知识，力图成为更聪明、更发展、精神更丰富的人。如果没有这种收获，学习就会变成读死书，上课会变成对熟背的检查，学生会变成会背诵知识的听话机器。我认为，只有当学生产生了想要比在课堂上获得更多知识的愿望，这种愿望成了推动他学习和掌握知识的一个主要刺激因素时，教师才能成为知识的明灯，因而也成为教育者。”[①] 他还说：“我们教师用知识哺育自己，不仅是为了我们的学生在从集人类斗争和智慧之大成的书籍中读到火热的词句时，能够理解它们不朽的思想，而且是为了我们教师本人成为学生取之不竭的知识源泉，成为学生走向可以满足认识、发现和学海览胜这种高尚渴望的溪流。只有当这股溪流永不干涸时，才有可能用知识进行教育。……如果您在书的世界里没有独特而深刻的个人生活，您就不可能成为教师。就像花朵向着太阳那样，学生的求知智能和敏锐心灵向往的是知识的灯塔——教师。但只有每天给思想之火添上书籍这种智慧燃料的人，才可能成为知识的灯塔。”[②]

——教师应当是雕塑家。“我们如同雕刻家雕琢大理石那样在塑造人。

① 苏霍姆林斯基著，蔡汀，王义高，祖晶主编：《苏霍姆林斯基选集（五卷本）》（第二卷），教育科学出版社 2001 年版，第 716 页。

② 苏霍姆林斯基著，蔡汀，王义高，祖晶主编：《苏霍姆林斯基选集（五卷本）》（第五卷），教育科学出版社 2001 年版，第 596-597 页。

这个毫无生气的石块中有美妙的线条，我们要把它们发掘出来，而把所有多余的东西去掉。”[①]“你是创造未来人的雕塑家，是不同于他人的特殊雕塑家。教育，创造真正的人，就是你的职业。社会把你看成雕塑巧匠，我们国家的未来在很大程度上取决于这种雕塑巧匠。要记住，你的每个错误，都可能变为个人的畸形和精神痛苦、烦恼。……我的青年朋友！要记住，刀子稍一接触洁白的大理石，就会留下终生不可磨灭的痕迹。”[②]你如果不和孩子们在一起，就无从了解他们内心深处的许多想法，因而也不可能用自己的细雕刻刀在你所刻造的那个人的塑像上刻画出精致的线条来。这里的“雕刻”是个比喻，我们面对的毕竟不是石头或金属，而是活生生的人。苏霍姆林斯基提醒说：“人是大自然之子，具有人的激情。而人性之美恰恰就在于人能自觉地使自己变得高尚，在于人总是有志于向上，努力使自己的品德趋于完美。当儿童一旦能自觉地看待他周围的世界，当他能有所见、有所思并能对事物表示自己的积极态度时，就不能把他跟消极被动的钢锭相比拟了。他已是一种积极的力量，他已负有义务，并能体验到责任感了。教育者的任务，是去激发每个人身上的这种巨大的人的力量——在改造环境的同时也提高自己的能力。”[③]

——教师是作曲家和乐队指挥。“形象地说，学校好比一个精致的乐器，它奏出一种人的和谐的旋律，使之影响每一个学生的心灵，——但要奏出这样的旋律，必须把乐器的音调准，而这种乐器是靠教师、教育者的人格来调音的。”[④]苏霍姆林斯基认为：在教育这支复杂的乐队中，教师担任着作曲家、指挥、第一小提琴手以及乐队成员演奏技能主要鉴赏者等重要角色。一个学生要表现自己，并使别人受到鼓舞的最初的动机来自教师，而且只能是来自教师。在这方面集体的行为表现如何，取决于教师，就像音乐是否动听和乐队的演奏是否协调，取决于作曲家和指挥一样。

① 苏霍姆林斯基著，蔡汀，王义高，祖晶主编：《苏霍姆林斯基选集（五卷本）》（第四卷），教育科学出版社 2001 年版，第 679 页。

② 苏霍姆林斯基著，蔡汀，王义高，祖晶主编：《苏霍姆林斯基选集（五卷本）》（第二卷），教育科学出版社 2001 年版，第 680-681 页。

③ 苏霍姆林斯基著，蔡汀，王义高，祖晶主编：《苏霍姆林斯基选集（五卷本）》（第四卷），教育科学出版社 2001 年版，第 752 页。

④ 苏霍姆林斯基著，蔡汀，王义高，祖晶主编：《苏霍姆林斯基选集（五卷本）》（第一卷），教育科学出版社 2001 年版，第 269 页。

——教师“是一位向导”。苏霍姆林斯基写道：“可以对教育这个复杂过程做如下的比方：教育者是一位向导，他熟知崎岖难行的山路上的一切曲折和坎坷，他在向初次上路的年轻人指引道路。他只是指路，但路还得靠行路人自己去走。向导和年轻的行路人，在崎岖小路的艰难攀登中，共尝艰辛和分享快乐。共同的劳动使他们亲近，共同的自豪感使他们高兴。这种追求共同的目标和付出共同劳动的感情，应当把明智的领路人和经验尚少的年轻行路人结合在一起。……哪里有这种共同的劳动，哪里才有教育。”[①] 他还说：“教师成为学生道德上的指路人，并不在于他时时刻刻都在讲大道理，而在于他对人的态度（对学生、对未来公民的态度），能为人表率，在于他有高度的道德水平。谁能唤起学生的人的尊严感，能启发他们去思考活在世上是为着什么，谁就能在他们的心灵中留下最深刻的痕迹。年轻人特别是少年，总是信赖这样的教师：形象地讲，他永远在运动，他坚定地朝着提高自己的学识修养和道德修养的目标前进；他在学生心目中在日新月异地变化着，今天比昨天更好，而明天更胜于今天。”[②]

在苏霍姆林斯基著作中，关于教师的比喻还有许多，例如“园丁”“播种者”等等。在这么多不同的比喻面前，教师到底像什么呢？其实如一句老话所说：“任何比喻都是蹩脚的”：教师既像什么又不像什么。或者说，教师并不固定地像什么。他身处不同的情境，面对不同的对象，能够随机应变地表现出不同的创造性特点。苏霍姆林斯基说得好：“譬如说一个学校有 600 名学生，那么这就意味着要去寻找 600 条不同的道路。帮助每一个学生找到各自的道路，这就是说要扶助他们上路，引导他们步入生活，做一名具有个性的公民。这便是教育工作中最细致、最需耐心之处。我们学校的每一位教师要力求发现学生的天资、去向、兴趣和爱好。对一些学生来说，教师是拖拉机或车床、机器，而对另一些学生来说则是施肥浇水、精心照料秧苗的园丁。这种劳动对教师来说是一种创作，是一种享受，如同画家用彩笔作画，雕塑家在石料上体现自己的构思一样。”[③]

---

① 苏霍姆林斯基著，蔡汀，王义高，祖晶主编：《苏霍姆林斯基选集（五卷本）》（第四卷），教育科学出版社 2001 年版，第 704—705 页。

② 苏霍姆林斯基著，蔡汀，王义高，祖晶主编：《苏霍姆林斯基选集（五卷本）》（第四卷），教育科学出版社 2001 年版，第 768—769 页。

③ 苏霍姆林斯基著，蔡汀，王义高，祖晶主编：《苏霍姆林斯基选集（五卷本）》（第五卷），教育科学出版社 2001 年版，第 356 页。

第二节 教师的职业是一门研究人的学问

“教师的职业是一门研究人的学问，要长期不断地深入人的复杂的精神世界。在人的身上经常能发现新的东西，对新的东西感到惊奇，能看到形成过程中的人——这种出色的特点就是滋养教育工作才能的基础。”[①] 苏霍姆林斯基在对成长中的人的研究中，发现了教师工作的最重要的创造性质。

一、“永远常新的、独一无二的创造活动”

苏霍姆林斯基写道：“教师的工作就其本身的逻辑、哲学基础和创造性质来说，不可能不带有研究因素。这首先是因为，我们与之交往的每一个个体，在一定程度上都是一个具有自己的思想、情感和兴趣的独一无二的世界。”[②] 人的多样性、复杂性是无限的，而相比之下教育真理则是有限的：某一教育真理，用在这种情况下是正确的，而用在另一种情况下就可能不起作用，用在第三种情况下甚至会是荒谬的。“在这项工作中最为可怕的是形式主义和投机取巧，奢望找到一个万灵的教育方式方法。”[③]

他注意到在教育工作中经常会有一些令人感到幸福的发现，它们就像晶莹的宝石一样闪闪发光，这些发现和创造精神犹如星星之火，能驱散教师当中对工作的冷漠和惰性，点燃其创造精神的火花。具体而言，“创造性研究的意义，不仅在于教师发现并研究了教育过程中到目前为止尚未被人注意的某个方面，而且在于这种研究能从根本上改变教师对自己劳动的看法。创造性研究能使教师不再把教育工作看作是同一些事情的单调乏味的重复，看作每天在各个年级里千篇一律地讲课和复习巩固等等，而是看作永远常新的、独一无二的创造活动”[④]。只有对事实进行分析和研究，教师才能从平常的、

① 苏霍姆林斯基著，蔡汀，王义高，祖晶主编：《苏霍姆林斯基选集（五卷本）》（第二卷），教育科学出版社 2001 年版，第 535 页。

② 苏霍姆林斯基著，蔡汀，王义高，祖晶主编：《苏霍姆林斯基选集（五卷本）》（第四卷），教育科学出版社 2001 年版，第 670 页。

③ 苏霍姆林斯基著，蔡汀，王义高，祖晶主编：《苏霍姆林斯基选集（五卷本）》（第五卷），教育科学出版社 2001 年版，第 365 页。

④ 苏霍姆林斯基著，蔡汀，王义高，祖晶主编：《苏霍姆林斯基选集（五卷本）》（第四卷），教育科学出版社 2001 年版，第 675 页。

司空见惯的事情中看出新的方面、新的细节、新的特点，这是养成创造性劳动态度的重要条件，也是教师教育兴趣和灵感的源泉，还能增强教育工作的预见性；如果教师能根据事实分析，预见学生在明天、后天、一年乃至三年之后会成为什么样的人，那么意外事件就会大大减少。需要强调的是，教师进行创造性研究，不是消极地承认眼前发生的一切，而是积极地去影响这一切，对学生的个性发展发挥积极作用。

相反，在漠视教育研究的学校里，教师看不到教育现象的蓬勃的生命力，感觉不到自己是教育现象的创造者，那里的怠惰、消极、漠不关心等这些学校生活中的不良现象，就会迅速蔓延开来。倘若一个教师没有学会分析事实和创造教育现象，那么对于那些年年重复的事情，他就会觉得枯燥乏味，从而失去对自己工作的兴趣。而如果教师对工作不感兴趣，那么学生对于学习也会觉得索然无味。正反两方面的事实让苏霍姆林斯基得出结论：把创造性的思维和创造性的劳动变为形成一代新人的有力手段，这就是当今教师能力的本质所在。为此，他向青年校长们建议："如果你想使教育工作给教师带来欢乐，使每天的上课不致变成单调乏味的苦差，那就请你把每个教师引上进行研究的幸福之路吧。"①

二、谁进行研究，谁就会更快地成为教育能手

一位教师能否成为教育教学的能手，与他的教龄关系不大。苏霍姆林斯基痛惜地发现：有些具有多年教龄的教师，说得形象些，就像干枯了的花朵：仅仅在外形上像朵花，实际上早已失去了鲜艳的色彩和芳香，失去了生命的气息。这种现象虽然令人不愉快，却实际存在着。事实证明：教师发展离不开教育理论指导下的教育研究。具体地说，"教师的成长取决于他的教育学知识的深度。教师的进修提高，首先意味着他对于某一教育真理的看法今天已胜于昨天。一个在努力提高自己的教师，他总是不断地处理着理论与实践的关系，一面在总结自己所积累的丰富的经验，一面在用理论的光芒照亮自己前进的道路。他就是这样成长起来的"②。简言之，"谁能感到自己是在

① 苏霍姆林斯基著，蔡汀，王义高，祖晶主编：《苏霍姆林斯基选集（五卷本）》（第四卷），教育科学出版社 2001 年版，第 670 页。

② 苏霍姆林斯基著，蔡汀，王义高，祖晶主编：《苏霍姆林斯基选集（五卷本）》（第四卷），教育科学出版社 2001 年版，第 815 页。

进行研究，谁就会更快地成为教育工作的能手”[①]。

苏霍姆林斯基提倡的教育研究至少包括两个方面。

其一是学习与钻研教育理论。解剖学、生理学、心理学和缺陷学等方面的书籍，都应当是一个善于思考、进行创造性工作的教师的案头必备的书籍。他特别强调心理学理论，认为没有扎实的心理学基础就谈不上教育素养。他举例说：对脑力劳动方面能力较低的儿童进行的全部专门的教育工作，就是要用心理学的手段改善大脑的状况。例如：把形象和词融为一体的美，就是一种极其重要的心理学手段；让能力较差的儿童在自然界里一面观察自然界的美，一面领悟词的美，这样的结合就包含着一种刺激思维和记忆的巨大力量。他提出：“刚从师范学院毕业的教师，只有整个教育生涯都不断地研究心理学和不断加深自己的心理学知识，才会成为教育工作的真正能手。”[②]

其二是将掌握的教育理论用于对儿童的研究和教育。他说：成为明智的教育者，首先意味着能够理解在我们日常所见的、所做的、所期待的一切事物中的各种因果关系。具体而言，“从你走上教师道路的那一天起，你就应该在内心里暗暗地发誓：要开发每一个孩子的天赋、才能与智力。而为此就必须了解你所培养的人，了解孩子们的健康状况，了解他们思维的个性特点，了解他们智力发展的优势与不足”[③]。“要在很长的时期内用心灵来认识学生的心思集中在什么上，他想些什么，高兴什么和担忧什么。这是我们教育事业中的一种最细腻的东西。如果你牢固地掌握了它，你就会成为真正的能手。”[④]他特别寄语同行们：促使儿童学习，激发他的学习兴趣，使他刻苦顽强地用功学习的最强大的力量，是他们对自己的信心和自尊感。当儿童心里有这股力量的时候，你就是教育的能手，你就会受到儿童的敬重；而一旦这种不能以任何东西相比拟的精神力量的火花熄灭之时，你就变得无能为力了，即使有影响儿童心灵的最英明、最精细的手段，它们都会成为死的东西。

---

① 苏霍姆林斯基著，蔡汀，王义高，祖晶主编：《苏霍姆林斯基选集（五卷本）》（第四卷），教育科学出版社 2001 年版，第 670 页。

② 苏霍姆林斯基著，蔡汀，王义高，祖晶主编：《苏霍姆林斯基选集（五卷本）》（第二卷），教育科学出版社 2001 年版，第 648 页。

③ 苏霍姆林斯基著，蔡汀，王义高，祖晶主编：《苏霍姆林斯基选集（五卷本）》（第五卷），教育科学出版社 2001 年版，第 314 页。

④ 苏霍姆林斯基著，蔡汀，王义高，祖晶主编：《苏霍姆林斯基选集（五卷本）》（第二卷），教育科学出版社 2001 年版，第 539 页。

三、“每位教师……（都）要探索自己的道路”

在教育科学研究中，有许多问题吸引着苏霍姆林斯基，其中一个主要问题就是教师的个性问题。他说：“人道精神、同情心、真诚和严格要求是师生关系的基础，这既是道德思想，也是教育思想。但这种思想在十个教育能手身上就会有十种完全不同的表现。”① 他在重视教师集体建设的同时，也重视鼓励教师个人的探索创新。尽管有现成的教育理论，尽管有全校教师统一的教育信念，但每位教师依然要探索自己的道路，因为每位教师都有各自的学生，他们每个人的个性都是独一无二的。他相信一个能创造性地工作的教师，一旦成为理论与实践之间的中介人，他对教育教学中的问题就会经常有新的发现。他鼓励教师在个人探索中形成自己的教育风格：“一个精神丰富、道德高尚、智力突出的教师，是能够尊重和陶冶自己学生的个性的；而一个无任何个性特色的教师，培养的学生也不会有任何个性特色，他只能造成精神的贫乏。”②

教师教育个性的形成，诚非一朝一夕之事。苏霍姆林斯基鼓励说：真正的教育创造应当是对自己的工作进行不断的研究和创造性总结；一个教师只有善于分析自己的工作，才能成为有才干、有经验的行家。他建议教师以身边的老教师做参照，发现和弥补自己的不足。对老同事的经验研究和观察得越多，就越需要作自我观察、自我分析、自我修养和自我教育。在自我观察和自我分析的基础上，将会产生自己的教学思想。

第三节 真正的教师：与学生在精神生活上的一致

苏霍姆林斯基指出，教师不仅是把知识和技能传授给学生的人，而且就像父母一样，首先是孩子向他学习生活的人。这里包括日常生活，更包括精神生活。教会孩子生活，意味着把人类积累的道德财富传于学生心灵。教师就是传授这种精神财富的人，是从孩提时代起爱抚孩子的人，用关切的双手

① 苏霍姆林斯基著，蔡汀，王义高，祖晶主编：《苏霍姆林斯基选集（五卷本）》（第四卷），教育科学出版社 2001 年版，第 677–678 页。

② 苏霍姆林斯基著，蔡汀，王义高，祖晶主编：《苏霍姆林斯基选集（五卷本）》（第四卷），教育科学出版社 2001 年版，第 678 页。

扶着孩子走出第一步的人，领着他在人生最初的道路上行走的人。

一、“教师的人格是进行教育的基石”

“为了教会孩子生活，教育者首先应当具备良好的品质。教育者的道德纯洁和道德完美，在塑造人这种称之为教育的最微妙的范围内，实质上是取得成功的最重要的唯一前提。”[①] 苏霍姆林斯基经常思考一个现实问题：为什么有的教师能像磁石一般把儿童吸引在自己的周围，而有的教师却使儿童疏远？他举过一例：

有位女教师具有丰富的想象力，能编出许多童话故事，讲述那遥远的地方发生的事。她成了小不点儿们公认的权威，孩子们都很爱戴她。

有一次，女教师领着孩子们来到集体农庄的场院里捡玉米棒子。她布置孩子们开始劳动后，就转身去看她让庄员们为她留的土豆——昨天，她已把麻袋交给庄员们，请她们为她挑选些好点的土豆。不料她一看土豆就生气地喊叫起来：“我花钱就要这些烂货？”

孩子们大吃一惊，仿佛不认识自己的女教师了：她跟他们说话时不是那么温柔，一字一句都是抚爱吗？怎么现在的声调是那样嘶哑，充满了火气？孩子们被她嘴里喷出的那些肮脏的咒骂惊呆了，一个个垂首而坐，连眼皮也不敢抬。一会儿女教师回来了，声调又变得那么温柔，那么亲切，但孩子们已听不懂她的话，他们耳朵里还回荡着女教师刚才辱骂女庄员的那些脏话……

放学后，9 岁的学生瓦利娅坐在窗旁愁眉不展，苦苦思索，并且哭开了，她还在痛苦地回忆白天的可怕场面。本来，瓦利娅跟女教师很要好，常到她家去，向她倾吐自己小小的秘密；而现在她却充满疑窦：女教师跟同学们说话时的温柔，难道只是装出来给人瞧的，而实际上却是个凶狠恶毒的人？瓦利娅哭了很久，她再也不相信这位女教师了，她变得粗鲁了，不听话了。她甚至跟女教师对着干，故意惹她生气，让她烦恼。[②]

苏霍姆林斯基写道：敬爱的读者，可能您也见过这种一切跟大人对着干的孩子，我相信，究其原因，是孩子内心里营造的理想形象，已被他们奉为

① 苏霍姆林斯基著，蔡汀，王义高，祖晶主编：《苏霍姆林斯基选集（五卷本）》（第五卷），教育科学出版社 2001 年版，第 286 页。

② 苏霍姆林斯基著，蔡汀，王义高，祖晶主编：《苏霍姆林斯基选集（五卷本）》（第五卷），教育科学出版社 2001 年版，第 284-285 页。

楷模的人所践踏；当教师的行为有悖于他们向自己学生所灌输的真理时，他们的言教就失效了。

那么，“在教师的个性中是什么东西吸引着儿童、少年和青年呢？是什么东西使他们成为你的名副其实的学生呢？是什么东西使你的学生从精神上联合起来，并使集体成为思想上、道德上和精神心理上的统一体呢？理想、原则、信念、观点、兴致、趣味、好恶、伦理道德等方面的准则在教师的言行上取得和谐一致——这就是吸引青少年心灵的火花。这火花正在变成青少年前进道路上的灯塔。同时，非常重要的是要使这种一致成为教师本性上的需求，成为他的生活准则”①。教师言与行的和谐统一，体现着教育者完美的人格。换言之，教师的每句话，每个举动，都应当是他的个性、道德、仁爱、善良、诚挚等的反映。

“教师的人格是进行教育的基石。教育工作中所实施的一切——观点、信念、理想、世界观、兴趣、爱好等等的形成，都在教师的人格这个焦点上汇合。社会上各种政治的、道德的、审美的思想、真理和观点，都会在教师身上反映出来。而所有这一切，又都将通过教师的个人世界反映在学生身上，并在学生身上得到更高基础上的再现。”② 在当前这个时代，教师只有把道德美和智力的丰富性结合起来，不断地向青年们揭示出人的新的品质，才可能赢得年轻人的心灵和理智。苏霍姆林斯基提醒同行说：教育工作中最令人痛心的一种现象，就是一个教师工作了几年离开学校以后，没有一个人怀着感激的心情追忆他，他也没有在人们心里留下任何痕迹。至于上文例子中的那位女教师，虽然留下痕迹，却是令人反感的劣迹，那更是教育的不幸了。

二、“为缔造师生友谊，需要巨大的精神财富”

“教育是让儿童在精神上不断丰富的过程。……教育的某一个定义也可以这样来表述：教育是教育者和受教育者在精神生活上的一致，是他们的理想、愿望、志趣、思想和感受的一致。把道德信念和思想观点传授给人，教会他怎样在社会上生活，确立他的道德审美原则，所有这些都要求师生在精

① 苏霍姆林斯基著，蔡汀，王义高，祖晶主编：《苏霍姆林斯基选集（五卷本）》（第一卷），教育科学出版社 2001 年版，第 777-778 页。

② 苏霍姆林斯基著，蔡汀，王义高，祖晶主编：《苏霍姆林斯基选集（五卷本）》（第四卷），教育科学出版社 2001 年版，第 767 页。

神上的一致达到双方都感到志同道合的那种程度。”①

例如在课堂上，教师应该永远把每一个学生都看成是不仅从理智上，而且从感情上接受知识的人。应该把每一个学生都培养成渴求知识、坚信自己的力量、能顽强克服困难的人，让学生在领悟知识时成为与教师志同道合的同志，让学生在认知和体验知识时确立自己的思想立场。教师要把教学自始至终变成观点、信念、追求、评价和自我评价的培养过程，并以此作为自己的使命。苏霍姆林斯基写道：在什么条件下知识才能触及人的精神世界，才能成为人所珍视的智力的和道德的财富呢？形象地说，只有当感情的血液在知识这个活的机体中奔腾的时候，才能做到这一点。如果教师在讲课时没有真情实感，如果他对教材的掌握没有达到融会贯通的程度，那么学生的心灵对他所讲的知识就不会产生共鸣。精神生活中没有心灵的参与，就不会有信念。他指出，真正的教育能手是满怀激情地讲课的。可惜在许多课堂上，教师在传授知识时没有注入自己的思想和感情、欢乐和痛苦，他与之打交道的似乎不是坐在课堂里的一个个活生生的具体的人，而是实际上不存在的抽象的学生，这是某些学校教育教学工作的最大缺点。

师生之间大量的精神交往更在课堂之外。苏霍姆林斯基写道：如果把教师跟自己学生相处在一起的全部时间视为一个整体，那么，它的三分之二应当是自愿的、同志式的、友好的交往。在这时，儿童会忘记自己是学生，教师会忘记自己是教育者。这种交往应贯穿于与教学、掌握教材、评分、成绩之类不相关的一切活动中，因智能潜力的不同而导致的智力差异应退居次要位置。在这种交往中，一切人都感到自己是平等的一员，每一个人首先是人，而不仅是老师或学生。只有在这样的交往中，出现在教师面前的才不仅仅是你给他打分的学生，而会作为一个完整的人展露无遗呈现出他的本来面貌。这种交往的本身也是教师欢乐的一个取之不尽的源泉，将永远铭刻在教师的情感记忆里，与学生交往的每一个场面和每一个日子，将成为教师一生中最幸福的光阴。

有人认为教师与学生建立友谊，只需要跟他们去行军、烤土豆、坐在篝火旁分享他们的欢乐就够了，这种看法是很片面的。如果教师只是一般地参

---

① 苏霍姆林斯基著，蔡汀，王义高，祖晶主编：《苏霍姆林斯基选集（五卷本）》（第四卷），教育科学出版社 2001 年版，第 621–622 页。

与集体生活，并没有成为这个集体的灵魂，那么就不能想象有师生之间精神生活的一致。苏霍姆林斯基强调：教师建立与学生的友谊是一种艰巨的劳动，需要用我们的力量、我们的思想、我们的智慧、我们的信念、我们的情感修养，使学生的思想和情感变得高尚起来。概言之，缔造师生友谊需要教师巨大的精神财富；没有这种财富，友谊将会变成低级庸俗的亲昵。他总是注意观察每位教师的天赋素质和志趣爱好，为他们创造条件，以形成“真正教育的那种师生之间的精神上的一致”。他举例说：

我发现一位低年级女教师精于刺绣艺术，又有木刻才能。于是，我便考虑让她负责指导刺绣和木刻小组，让她的手艺像磁铁一般吸引着孩子们。她逐渐成了孩子们的知心朋友。几个月期间，刺绣小组的孩子们专心致志地绣着一幅表现民间故事的有趣图画，简直像是用各色丝线绣出来的一首叙事诗。孩子们在绣这幅作品时，感到自己就是诗人。这位教师和孩子们之间在精神上的一致，在这几个月内并不局限于刺绣活动。这位教师熟悉许多民间童话，还会极其生动形象地讲述书中的内容。孩子们在小组活动时，总是沉浸在书的世界里，养成了对祖国语言的热爱，还形成了一些道德信念。①

苏霍姆林斯基用事实说明：“我们每个人都不应当是教育智慧的抽象体现者，而是帮助少年去认识世界，同时认识少年自己的活生生的人。少年把我们看作什么样的人，这一点具有决定性的意义。对于少年来说，我们应当是具有丰富的精神生活的榜样，只有具备这一条件我们才能在道德上有权教育少年。世界上唯一能吸引少年，使他们感到钦佩，有力地启发他们积极向上的是那些智慧过人、智力丰富而又慷慨大度的人。……智慧培养出智慧，良心培养出良心，有效地为祖国服务培养出对祖国的忠诚。”②

三、“我们每一个教师都要有自己的学生”

苏霍姆林斯基不只是一般地提倡师生精神生活的一致，他还主张每个教师都要有一批“铁杆”追随者——学科领域的志同道合者，即“我们每一个教师都要有自己的学生”：语文教师和历史教师要有自己的学生，生物教师

① 苏霍姆林斯基著，蔡汀，王义高，祖晶主编：《苏霍姆林斯基选集（五卷本）》（第四卷），教育科学出版社 2001 年版，第 624-625 页。

② 苏霍姆林斯基著，蔡汀，王义高，祖晶主编：《苏霍姆林斯基选集（五卷本）》（第三卷），教育科学出版社 2001 年版，第 542-543 页。

要有自己的学生，数学教师也要有自己的学生。所谓“自己的学生”，意味着这些学生不仅在自己所教的这门课学得更勤奋、更好，而且意味着他们身上蕴藏着一种创造能力，会引起他们对这一知识领域的兴趣，激发起他们渴求知识的感情，并在各种道德关系中表现出来。

教师的某种个人爱好和特长，是影响学生的非常强大的手段。这种爱好既与教学科目有联系，同时又能把孩子们引导到超出教学大纲以外的世界。例如：哪里的教师能满怀热情地研究乡土史、开展地方志活动，哪个学校的学生就喜爱历史；哪里有教师爱好解题，并会找机会把理论知识应用到实际中去，哪里的学生就爱好数学；教师如果热爱大自然，生物学就会成为学生喜爱的科目。有位语文教师爱好文学创作，喜欢作诗、写小故事，他不为发表，只为了自己读。孩子们常常在他家里聚会，跟他一起到森林、河边、田野去。他常给孩子们朗读自己的诗和故事，这些语言饱含着创造激情，打动着孩子们的心。给孩子们留下不可磨灭印象的不单是老师的话语，而且是老师整个的人。孩子们都想效法老师，跃跃欲试，也要写故事。苏霍姆林斯基本人曾担任过中学各门学科的教学工作，他在担任物理教学时，常常把一些爱上物理的学生叫到专用教室，进行“超纲学习”。有些八年级，甚至七年级学生也会来这里，在苏霍姆林斯基讲述反粒子和光子火箭时，他们睁着发亮的眼睛，想伸手去拿关于核物理的有趣的书。专用教室里的柜子里有关于科技最新问题的图书，它们是诱导学生超越教学大纲而奔向未知远方的星星之火。专用教室里还有一个为上课做准备的备课角落，当苏霍姆林斯基在这里像耍魔术般地摆弄新教具时，跟他一道工作的还有他的助手——帮助备课的高年级学生。

帕夫雷什中学的每个教师都争先恐后，力求激起学生对自己课程的兴趣，确立自己课程的吸引力。帕夫雷什中学的每个教师都是有才华的人，他们醉心于自己所教的课程，善于燃起学生对自己所教那门学科的爱恋之火。每个老师的身边都围绕着一群“自己的学生”，每个孩子的天赋都在逐步地显露出来，形成各种不同的爱好、能力、志向和才干。苏霍姆林斯基鼓励同行说：“你的学生愈是深深地爱上你所教的科目，你这个教师也就愈优秀，在你个人身上育人者和教书者也就愈加有机地结合在一起。能力、志向、才干的培养问题，没有教师的个性对学生个性的直接影响，是不可能解决的。能力只能由能力来培养，志向只能由志向来培养，才干也只能由才干来培养。”[①]

四、师生共享“在精神上跟书籍交往的幸福”

在苏霍姆林斯基眼中，书籍不仅是珍贵的精神财富，也是连接历史与现在和未来的精神纽带。他写道：我们是站立在两种伟大事物交接之处的人——一面是祖祖辈辈历尽千辛万苦提取和积聚起来的知识，它集中体现于智慧的贮存器书籍里；另一面是儿童，要让人类精神文明在每个学生心中扎下根来，成为每个学生的精神财富即“精髓”。这里，教师自身的精神生活的丰富至关重要。教师的精神生活就是不断地丰富自己的头脑，“这就要读书，读书，再读书!——这是教师的教育素养这个品质所要求的。要读书，要如饥似渴地读书，把读书作为精神的第一需要。对书本要有浓厚的兴趣，要乐于博览群书，要善于钻研书本，养成思考的习惯”[②]。这样才能顺利地实现精神财富的继承和传递。书籍也是连接个体与世界的精神纽带，在每个人面前打开了一个新的天地。一个人读书时在认识世界，也在认识自己，这正是书籍给人的精神生活带来的可贵财富。一个有文化修养的人的最大的幸福，就是跟书籍交往的幸福，就是一个人安静地得到智力上和审美上的享乐的幸福。

书籍也是师生友谊的精神纽带。苏霍姆林斯基认为，“书，这是重要的、永放光辉的明灯，是学校集体的丰富精神生活的源泉。读书，这是一个富有智慧而又善于思考的教师借以通向儿童心灵的门径。如果书籍没有成为学生获得精神财富、享受和满足的源泉，那么学生也就不会有其他的精神需要，他的精神世界就会变得贫乏而毫无生气。没有阅读，师生之间就没有精神上的一致，教师也就无法了解自己学生的个性”[③]。如果一位教师没有在书的世界里的生活，师生的友谊是不可思议的，因为这种友谊的基础是丰富多彩的智力兴趣。谈论书籍的时刻，应当成为师生精神交流最灿烂的时刻。

为了增进与学生的精神交往，苏霍姆林斯基建议老师们每月都要购买三种书：关于所教学科的基础知识的书，关于青少年楷模的生平事迹的书，关

① 苏霍姆林斯基著，蔡汀，王义高，祖晶主编：《苏霍姆林斯基选集（五卷本）》（第二卷），教育科学出版社 2001 年版，第 718 页。

② 苏霍姆林斯基著，蔡汀，王义高，祖晶主编：《苏霍姆林斯基选集（五卷本）》（第四卷），教育科学出版社 2001 年版，第 646 页。

③ 苏霍姆林斯基著，蔡汀，王义高，祖晶主编：《苏霍姆林斯基选集（五卷本）》（第四卷），教育科学出版社 2001 年版，第 682 页。

于人特别是青少年儿童心灵的书。他特别推荐：“你要像寻找宝石那样去寻找关于杰出人物的生平和斗争的书籍，……在你的藏书中，要把这些书籍放到最显要的位置上。要记住，你不仅是教课的老师，而且是学生的教育者、生活的导师和道德的引路人。”①

第四节　教育才干：对工作的热爱与对孩子的信任的乘积

苏霍姆林斯基在谈到教育才干时说：“那是对工作的热爱跟对孩子的信任的乘积。”② 他认为一名优秀教师能够受到学生热爱并在学生中享有崇高声誉，并不仅仅由于他精通自己所教的科目，还由于他能把对自己科目的热爱和对学生的热爱在内心深处结合为一个整体。

一、“惟有慈爱才是有奇效的精神力量”

苏霍姆林斯基写道：“在我们教师这一行业里，教育者是能施影响于他人精神世界的一种力量，而这种力量具体体现于对学生的爱。教师不爱学生，无异于歌手没有嗓音，乐师没有听觉，画家没有色彩感。不爱儿童，就不可能了解儿童。古往今来一切杰出的教育家之所以成为教育文明和人道主义的灯塔，首先正是因为他们热爱儿童。”③ 教师爱孩子，意味着他总是感到跟孩子交往是一种乐趣，相信每个孩子都能成为一个好人，善于跟他们交朋友，关心孩子的快乐和悲伤，了解孩子的心灵，时刻都不忘记自己也曾是个孩子。教师对儿童的热忱、温暖、关怀，可以用“善良”这个词来概括，它是教师长久而艰巨的情感自我教育的结果；它不是抽象的，而是人性的、现实的，充满了对人信任的和善、亲切和热爱，这是一股强大的力量，能在人身上树立起一切美好的东西，使他成为理想的人。

教师对学生的这种爱，苏霍姆林斯基称为“慈爱”。他认为惟有慈爱才是有奇效的精神力量，它能保护儿童的心灵免遭粗俗和凶狠、冷漠和残忍的

---

① 苏霍姆林斯基著，蔡汀，王义高，祖晶主编：《苏霍姆林斯基选集（五卷本）》（第二卷），教育科学出版社 2001 年版，第 648 页。

② 苏霍姆林斯基著，蔡汀，王义高，祖晶主编：《苏霍姆林斯基选集（五卷本）》（第四卷），教育科学出版社 2001 年版，第 692 页。

③ 苏霍姆林斯基著，蔡汀，王义高，祖晶主编：《苏霍姆林斯基选集（五卷本）》（第五卷），教育科学出版社 2001 年版，第 423-424 页。

侵蚀，能防止孩子对善良、慈爱、诚挚的话语麻木不仁。他相信：“慈爱，假如它能在人身上确立起自尊，就会具有一种奇特的性质：它能使儿童养成内心的羞耻感和良心责备感。要善于找到这样一种语言，并善于说出这样一种语言，以便既不贬低儿童，同时又能使他感到羞耻——这是培育心灵最重要的不容违背的准则之一。这种语言不会从教育学教材中背会，也不会写在教授的讲义里。它产生于教师的心田，因他的感情而具有某种特殊的情调。只有当教师用心灵说话时，学生才会听到教师的心声。……就是这些语句，也会触到最敏感的心灵深处，迫使他们去体验自己的行为，激发出心灵的高尚活动。语言的奇特力量，产生于教师的爱和他对人的深刻信心。对人的爱，对人的信心，形象地说，是慈爱的翅膀赖以飞翔的空气。没有这种空气，鸟儿就会像石头一样坠落地上，而似乎是慈爱的语言也只是死板板的声音。”[①]

二、贵在“发现每个人身上的亮点和优秀潜质”

苏霍姆林斯基写道：“相信人——这是一种巨大的精神力量，其中包含着我们这个社会人与人之间关系的真谛。在学校里，每位教师都应该随时随地把这种信念充分表现出来。教师只有把自己的每一个学生都看成是未来的人，他才不愧为一个真正的教育家。”[②]而教育修养水平低下的一个危险根源，就是教师总认为儿童每一个不好的或者只是教师看不惯的行为，都是恶意的、故意的，甚至是有预谋的。“如果一个人不相信孩子，如果他稍有挫折就沮丧，就绝望，如果他认为孩子将会一事无成，认为他在学校不会有所作为，那么，他不仅会使孩子们痛苦，而且自己也会终生感到苦恼。”[③]

孩子身上值得教师相信的地方表现在多方面，最重要的有两方面。

一是孩子们内心深处总有成为好孩子的渴望。苏霍姆林斯基认为，在一个人的自尊感中，蕴含着一个人崇尚好名声、荣誉和自重自爱的最强大的源泉。做一名好教师的一个主要条件，就是相信人的力量，善于发现人的积极因素。“教育才能的基础，是深信有可能成功地教育每个儿童。我不相信

---

① 苏霍姆林斯基著，蔡汀，王义高，祖晶主编：《苏霍姆林斯基选集（五卷本）》（第五卷），教育科学出版社 2001 年版，第 520–521 页。

② 苏霍姆林斯基著，蔡汀，王义高，祖晶主编：《苏霍姆林斯基选集（五卷本）》（第五卷），教育科学出版社 2001 年版，第 162 页。

③ 苏霍姆林斯基著，蔡汀，王义高，祖晶主编：《苏霍姆林斯基选集（五卷本）》（第四卷），教育科学出版社 2001 年版，第 66 页。

有不可救药的儿童、少年和男女青年。要知道，我们面前的这个人才刚刚开始生活在世界上，我们可以使这个幼小的人身上所具有的美好的、善良的、人性的东西不受到压制、伤害和扼杀。”[①]“所谓对儿童的人道态度，就是教师要懂得这样一条简单而明智的真理：离开儿童内在的精神努力，离开儿童要成为一个好人的愿望，那么学校和教育就都成了不可思议的东西。真正的教育能手，对学生也是有督促、有强制、有逼迫的，但是他在做这一切的时候，永远不会去扑灭儿童心中那一点宝贵的火花——要成为一个好人的愿望。……一个真正的教育能手，即使在责备儿童，对他表示不满和愤怒的时候（教师，也像任何有情感有修养的人一样，难免有愤怒的时候），他也从不忘记：绝不能扑灭儿童的这种思想，即目标还未达到，但一定要达到。”[②]

二是每个学生都会有或明或暗的个性和才能。要让每个学生从入学的第一天起就对一些东西感兴趣，乃至着迷，发展自己的创造力，形成一定的生活志向。要相信每一名受教育者的天才和创造力，善于从每个学生身上开发出独特的人格之美。他提醒说，孩子身上的丰富潜能未必能全为人知，因此，“教师永远也无权声称，由于自己的工作和自己的关怀，学生已达到了极限的境界。而学校教育发生的许多灾难，正是这种错误所致。要记住，人的潜能和力量是无穷无尽的，一个学生可能整整一年什么也学不懂和学不会，但他学懂和学会的时刻眼看就会到来。这种‘顿悟’（指思想的觉醒）、这种蕴含在儿童意识里的内在精神力量，有一个渐进的积聚过程。而我们教师则要用信赖去促进这种力量的积聚。无论什么时候也不要急于求成和悲观失望。今天学不会，过 3 年总将学会的，而在这 3 年里，我仍将相信人的力量是无可穷尽的”[③]。

重要的是，教师对孩子的信任应当是真诚的、出自肺腑的，并且能够极自然地传递给孩子，转化为孩子的自信。苏霍姆林斯基指出：促使学生学习的最强大的力量，是产生于他自身对学习劳动的兴趣，以及埋头苦干和持之以恒的精神，并能相信自己，有自尊感。要及时发现每个人身上的亮点和优

---

① 苏霍姆林斯基著，蔡汀，王义高，祖晶主编：《苏霍姆林斯基选集（五卷本）》（第二卷），教育科学出版社 2001 年版，第 537 页。

② 苏霍姆林斯基著，蔡汀，王义高，祖晶主编：《苏霍姆林斯基选集（五卷本）》（第四卷），教育科学出版社 2001 年版，第 707 页。

③ 苏霍姆林斯基著，蔡汀，王义高，祖晶主编：《苏霍姆林斯基选集（五卷本）》（第五卷），教育科学出版社 2001 年版，第 412–413 页。

秀潜质，帮助他们发现自己，感受那种体现内心美的无与伦比的快乐。特别是，“教育家的真正意义是使那些低能、落后的孩子不感到自己是不够格的，且帮助他们能享受到高尚人的快乐、求知的快乐、智力劳动的快乐、创造的快乐”[①]。

三、教育才干在难教儿童教育中不断增长

苏霍姆林斯基对“难教儿童”进行过专门研究。他所称的难教儿童大体分为两大类：一类是因智力因素造成的难教儿童，一类是因非智力因素造成的难教儿童。这两类难教儿童都是客观存在的，现实地考验着每一位教师的教育忠诚与教育智慧。在帕夫雷什中学，由于教师对教育力量深信不疑，由于教师付出了持久而艰辛的劳动，许多难以教育的学生在精神上和智力上得以健康成长。他经过总结，发现这些教师的成功经验在于：

第一，要深信教育的力量。这种信心是每个教师的信念，也是学校的旗帜。“相信教育的力量，就是相信自己的工作，相信我能够成为自己学生的思想和感情的主宰，相信我能使最难教育的学生成为一个真正的人。对于一个教师来说，相信教育的力量，如同一个医生相信生命的巨大力量一样。医生的精神准备是要为人的心脏跳动战斗到最后一分钟。如果一所学校相信教育的巨大力量，而且在那里根本听不到‘他将是一个没出息的人’这类不可救药的话，那么这个学校的学生集体的精神生活就具有无与伦比的乐观主义色彩。”[②]“教育上的人道主义精神就在于：当一个人无法做到大多数人都能做到的事情时，我们要使他并不感到自己低人一等，而要使他感受到人间崇高的快乐——掌握知识的快乐、脑力劳动的快乐、创造的快乐。我们工作中的人道主义的最高境界，就是依靠对于自然界的深刻认识，来征服那些似乎是先天已经决定了的东西。”[③]总之，“只有认为每一个教育对象都可能成为伟大人物的教师，才能把自己称为一个真正的教育工作者”[④]。同时，

① 苏霍姆林斯基著，杜志英等译：《家长教育学》，中国妇女出版社 1982 年版，第 77 页。
② 苏霍姆林斯基著，蔡汀，王义高，祖晶主编：《苏霍姆林斯基选集（五卷本）》（第一卷），教育科学出版社 2001 年版，第 796 页。
③ 苏霍姆林斯基著，蔡汀，王义高，祖晶主编：《苏霍姆林斯基选集（五卷本）》（第四卷），教育科学出版社 2001 年版，第 732 页。
④ 苏霍姆林斯基著，汪彭庚译：《要相信孩子》，天津人民出版社 1981 年版，第 123 页。

要加强这些儿童对自己力量的信心，耐心等待他们在智力活动中哪怕微小进步的到来。这种进步虽然可能只是偶然的成功，但可以使孩子体验到胜利的快乐，并能从胜利中汲取新的力量。爱护难教儿童的这种快乐情绪，乃是教师施展教育技巧的基础。

第二，“真正的教育者关注的是在自己的学生之间建立细腻的情感。这就是说，要使学生愿意把自己心里的温暖给予别人，愿意为别人做好事和创造快乐。对于心里埋藏着痛苦的人，不应当把他当作不幸的人去对待，不应让他感到别人只是在怜悯他，只是出于怜悯才好心对待他。难教育的孩子常常拒绝跟老师诚恳地谈心，这多半是教师的粗心造成的：难教育的孩子从老师的温和善意的话语中感受到的只是怜悯，而任何一个有自尊心的人都不愿自己被人怜悯”①。

第三，每个难教儿童都有各不相同的成因，必须弄清原因，对症下药。难教儿童不是一天形成的，不要企图用某些断然的、闪电式的、异乎寻常的措施，一下子就把孩子心里结成的冰块融化开；谁想闯进儿童的心灵，一下子就清除掉里面的邪恶，谁就必定遭到儿童的反抗。同时，每个难教儿童都有各自的特点，有各自偏离常规的原因以及各自的经历。那些常用的教育方法和措施对于难教儿童未必有多少成效，需要教师探索某些特殊的教育方法和措施。简言之，教师需要创造地工作。

在帕夫雷什中学，校长、教导主任和每位教师每年都需要亲自教育一两个难教儿童。学校经常举行“教育会诊”，共同商讨教育中的难题，分享成功的欢乐。苏霍姆林斯基和同事们的大量艰辛而带创造性的工作，挽救了许多难教儿童。他高兴地写道：我常常回忆起几个最难教育的孩子和他们的经历。他们在几年过程中一直属于难教育的学生，但是最终走向生活时却变成了诚实而热爱劳动的人。

四、学生尚未登上顶峰时，“教师无法安然入睡”

苏霍姆林斯基主张：“孩子应当去仰望人的高峰，而不应当低着头去凝

① 苏霍姆林斯基著，蔡汀，王义高，祖晶主编：《苏霍姆林斯基选集（五卷本）》（第四卷），教育科学出版社 2001 年版，第 782 页。

视坑洼和沼泽。……（要）使他们的眼界永远向着高峰。”[①] 他相信每个学生都有成为优等生的愿望，而且每个学生都能成为“大写的人”，都能登上不同的高峰。攀登高峰就是向自己已有的成就挑战，向自己的潜能极限挑战。人的自豪感来自将看似高不可攀的高峰踩在脚下。“沿着崎岖小道向顶峰攀登的这一步可能就表现在‘看来力所不及’之中。不攀登顶峰，劳动的欢乐是不可能想象的，人对人的企望也是不可想象的，对自己取之不尽的精神力量也不会感到惊讶。”[②] 教育的理想就在于使每个人去追求自己的顶峰，不要迷失通往顶峰的方向，更不要从旁而过。教师才干的集中表现，就是满怀信心地将孩子们一一领上各自通往高峰的道路。

苏霍姆林斯基心目中的高峰不是孤零零的山头，而是林立的群峰，他在著作中列举过知识的高峰、智慧的高峰、劳动的高峰、技能的顶峰、科学和艺术的顶峰、精神的高峰、道德的高峰、友谊的高峰、创造的高峰、人的高峰、人道主义的顶峰、献身精神的顶峰、理想境界的顶峰等等，他笔下的座座高峰可谓远近高低各不相同，各呈异彩——

教师年复一年地领着自己的学生沿着知识的小道向人类智慧的顶峰攀登[③]。

道德信念是个人身上的一种积极力量，是通过思想与行动、认识与行为的一致而可以达到的道德发展的顶峰[④]。

劳动就像攀登一座高山，不经过崎岖难走、使人疲惫不堪的乱石小路，就无法到达光辉的顶峰[⑤]。

“创造”这个词的原意是创造物质和精神方面有重要价值的东西——它是人的精神生活的顶峰[⑥]。

---

① 苏霍姆林斯基著，蔡汀，王义高，祖晶主编：《苏霍姆林斯基选集（五卷本）》（第二卷），教育科学出版社 2001 年版，第 506–507 页。

② 苏霍姆林斯基著，蔡汀，王义高，祖晶主编：《苏霍姆林斯基选集（五卷本）》（第一卷），教育科学出版社 2001 年版，第 647 页。

③ 苏霍姆林斯基著，蔡汀，王义高，祖晶主编：《苏霍姆林斯基选集（五卷本）》（第一卷），教育科学出版社 2001 年版，第 93 页。

④ 苏霍姆林斯基著，蔡汀，王义高，祖晶主编：《苏霍姆林斯基选集（五卷本）》（第一卷），教育科学出版社 2001 年版，第 164 页。

⑤ 苏霍姆林斯基著，蔡汀，王义高，祖晶主编：《苏霍姆林斯基选集（五卷本）》（第二卷），教育科学出版社 2001 年版，第 787 页。

⑥ 苏霍姆林斯基著，蔡汀，王义高，祖晶主编：《苏霍姆林斯基选集（五卷本）》（第一卷），教育科学出版社 2001 年版，第 371 页。

让孩子们在每一个发展阶段，说得形象一点，都能够达到自己的顶峰[①]。

要诚实地评价自己：我能做什么，还不能做什么，我怎样登上自我完善的高峰，以便在达到高峰时能有权说：我是自己意志的主人[②]。

……这是个小小高峰，孩子要付出特别的努力才能登上它，而一旦登上之后，他就会感到他所做到的是那么多而同时又是那么少——因为从小小高峰上更清楚地看到更高的、暂时还攀登不上的峰顶[③]。

无数高峰巍然屹立，有的雄奇，有的峻秀，各自以无穷魅力召唤并吸引着孩子们。苏霍姆林斯基希望每位教师都有这样的责任感：“当学生的精神生活还没有走上正确的道路，向着使人变得高尚起来的目标前进，向着道德美、增长智慧和创造力的顶峰前进时，致使教师无法安然入睡。”[④]

〖推荐阅读原著篇目〗

《我把心给了孩子们》，载《苏霍姆林斯基选集（五卷本）》第三卷。

《给教师的建议》，杜殿坤编译，教育科学出版社 1984 年版。

《人民教师》，载《苏霍姆林斯基选集（五卷本）》第五卷。

《关于教育道德的一封信》，载《苏霍姆林斯基选集（五卷本）》第五卷。

《惟有依靠你们——致未来教师的信》，载《苏霍姆林斯基选集（五卷本）》第五卷。

① 苏霍姆林斯基著，蔡汀，王义高，祖晶主编：《苏霍姆林斯基选集（五卷本）》（第五卷），教育科学出版社 2001 年版，第 115 页。

② 苏霍姆林斯基著，蔡汀，王义高，祖晶主编：《苏霍姆林斯基选集（五卷本）》（第二卷），教育科学出版社 2001 年版，第 770 页。

③ 苏霍姆林斯基著，蔡汀，王义高，祖晶主编：《苏霍姆林斯基选集（五卷本）》（第四卷），教育科学出版社 2001 年版，第 513 页。

④ 苏霍姆林斯基著，蔡汀，王义高，祖晶主编：《苏霍姆林斯基选集（五卷本）》（第四卷），教育科学出版社 2001 年版，第 785 页。

附录一

苏霍姆林斯基著作中文版内容简介

20 世纪六七十年代，苏霍姆林斯基的众多著作在苏联国内外先后以 29 种文字出版发行，销售 400 万册以上。在乌克兰，他的《苏霍姆林斯基选集（五卷本）》销售近 50 万册。[①] 可惜这一盛况远在中国读者视野之外。直到 20 世纪 70 年代末，随着改革开放，国外一股股清新的教育思想之风才次第吹进国门。华东师范大学杜殿坤教授于 1979 年发表《瓦·阿·苏霍姆林斯基谈校长工作经验》一文[②]，于 1980 出版他编译的《给教师的建议》（上册）。此后，苏霍姆林斯基著作便一部部地被译成中文出版，30 多年来绵延不绝。众多翻译家和出版家们卓有成效的劳动，使千百万中国读者有幸结识了这位远方的教育家朋友，读到浸透他心血的"活的教育学"和"教育生活的百科全书"，了解到他生气勃勃的生活世界和崇高的精神世界。本文拟将他著作的中译本做简要介绍，为有兴趣的读者提供搜寻阅读的线索。

《关于人的思考》（《关心孩子的成长》）

本书中译本有三种：一为尹曙初译，湖南教育出版社 1983 年 5 月版。一为诸惠芳译，河北人民出版社 2003 年 3 月版。一为汪彭庚、甘义清所译的《关心孩子的成长》，北京师范大学出版社 1982 年版。本书由 9 篇关于"人"的文章组成。众所周知，"人"的问题在苏霍姆林斯基教育思想体系中始终居于核心地位，贯穿于他教育生涯的全部过程和方方面面，是他的全部思考和实践的出发点和归宿。本书以现实生活中具体生动的事例，形象地阐明了关于人性、人生的重要的思想，阐明了"理想高于生命"的最高伦理价值。作者所憧憬的"人"，"是一块由崇高的共产主义思想，纯洁的道德品质，丰富的精神世界，高尚的情操和完美的体质铸成的合金"。在物质生活相对

① 阿·波里索夫斯基等著，卫纯译：《苏霍姆林斯基著作介绍》，《国民教育》1978 年第 9 期。见杜殿坤编译：《给教师的建议》（上册），教育科学出版社 1980 年 12 月版，第 218 页。
② 《外国教育资料》（后更名为《全球教育展望》）1979 年第 3 期。

丰裕的时代，作者强调精神世界的丰富具有强烈的现实意义：弘扬人性的真善美，追求理想社会的实现，应是全人类的、普遍的、不变的追求。

《要相信孩子》

汪彭庚译，天津人民出版社 1981 年 8 月版，2009 年由教育科学出版社列入该社“20 世纪苏联经典教育译丛”重版。本书由 12 篇文章组成，是作者对自己 25 年教育工作的总结。作者从回忆自己一次因主观臆断而造成终生难忘的教育失误开始，围绕“要相信孩子”的鲜明主题，以生动事例阐述了如何让美好品质在孩子身上牢牢扎根的途径和方法。作者深有感触的是：“从我手里经过了成千上万学生，但奇怪的是，留给我印象最深的并不是那些无可挑剔的模范学生，而是别具特点，与众不同，甚至在某些方面相当难于管教的孩子。这些孩子从表面上看，有许多‘毛病’，如男孩子中常见的、不可驾驭的淘气，调皮捣蛋、不服管教等。但是，透过这些表面现象，我们就可以看到他们中的每一个人身上都潜在着这种或那种特殊的优点。生活实践使我们得出这样的结论：只要学校、教师集体和学生集体，尤其是教师在教育方面尽到努力，就可以也应该把每一个学生培养成正直的，诚实的，热爱劳动的，坚强而勇敢的，忠于祖国和劳动人民的人。”

《学生的精神世界》

吴春荫、林程译，教育科学出版社 1981 年 7 月版。全书由序言与 6 章组成。作者先后研究了 29 个班级的 700 余名学生从入学到结业整个学习期间的生活，分析了这些学生童年、少年和青年早期在德智体美劳诸方面的成长过程，揭示了他们各个时期的知觉、思维、情感、兴趣、需要、意志、心理和语言发展的不同特点，以及影响他们精神世界形成的各种因素，提出了培养学生丰富而崇高的精神世界的途径和方法。作者引述的一位 18 岁的女毕业生的一席话，颇能代表帕夫雷什中学的青年学生对崇高精神世界的向往。她说：“我们明白，并不是所有的知识都能用于劳动，人也并不是单纯为劳动而生存的。也许，我之所以想懂点浪漫主义和感伤主义，就是因为我是人。也许，劳动越是简单就越是需要掌握更多的知识，并具有更高的文化水平，这样就可使生活变得更有乐趣，更加明朗。我决心做一名挤奶员。这种工作可以做得饶有兴趣、富于创造性。但如果全部生活仅限于劳动，那么我会感到世界是枯燥的、没有欢乐的。我相信，在我的生活中除了劳动以外，一定还会有一种丰富的精神生活。这个信念一直在鼓舞着我。所以，我决心掌握法语，以便将来能读雨果的原著。我想做到这一点，首先是要证明：我是一个真正的人。”

《做人的故事》

苏霍姆林斯卡娅编，诸惠芳、肖甦、高文译，人民教育出版社 1998 年 8 月初版，2015 年列入“汉译世界教育经典丛书”再版。本书又名《伦理学文献》，收集了作者为中低年级的孩子们写作的 543 个传说、寓言、童话故事。用小型文学作品的形式阐述道德教育问题是苏霍姆林斯基理论作品的重要特色，是他教育思想体系的重要组成部分。作者认为童话与童年有不解之缘，他和孩子一样对童话情有独钟，童话成了他与孩子友谊的桥梁。作者在书中以热忱而丰富的感情赋予眼前一切事物，包括雨点、微风、石头、浪花等等以鲜活的生命，向孩子们娓娓诉说着世上的真善美，生动地体现了作者永远旺盛的童心。全书抒情的语调，诗一般的风格，淡化了直接教诲和道德说教的味道，增添了润物细无声的教育效能。

《怎样培养真正的人》

译本有二。一为罗联辉译，湖南教育出版社 1987 年 9 月版；一为蔡汀译，教育科学出版社 1992 年 5 月版。本书于 1967—1970 年间写成，是作者去世之前在疾病缠身、身体虚弱的困境中，尽最后努力而终未全部完成的一部遗著。手稿中留下许多修改、补充等反映作者反复思考的痕迹，作者去世后，手稿由女儿苏霍姆林斯卡娅院士整理出版。

苏霍姆林斯基认为，每个人都应有自己的人生主题，他自己的主题便是培养真正的人。本书围绕“怎样才能使人成为有教养的人”这个教育伦理学的中心任务，就 59 个具体问题展开了详尽讨论，形成了相应的道德教诲。本书特别强调：只有真正的人才能培养出真正的人。作者写道：当你看到有的教育者无能为力地摊开双手，声称这个孩子不可救药了，你会感到奇怪的。其实孩子之所以变得难以管教，是因为没有人给他以启迪，没有人以自己的行为让他为人性之美感到惊奇、赞叹。教育者应当自身成为一个真正的大写的人。如果教育者的道德训诫发自内心并充满坚定信念，那么这些话语就会像磁石一样对那些难教育的孩子产生吸引力，教师也就会成为他们的支柱和指路明灯。

《把整个心灵献给孩子》

译本有二。一为唐其慈、毕淑芝、赵玮译，天津人民出版社 1981 年 10 月版；一为李蔚霞译，新疆人民出版社 1989 年 7 月版。在教育科学出版社 2001 年出版的《苏霍姆林斯基选集（五卷本）》中，本书书名改为《我把心给了孩子们》。本书生动记述了作者与一个班 31 名学生五年间（学前一年，小学四年）朝夕相处、心心相印、一道欢乐、一起流泪的难忘岁月。本书结尾时作者满怀深情地写道："孩子们啊！……五年来，我拉着你们的手一步一步向前走，我把整个的心都给了你们。诚然，这颗心也有过疲倦的时刻。而每当它精疲力竭时，孩子们啊，我就尽快到你们身旁来。你们的欢声笑语就给我的心田注入新的力量，你们的张张笑脸使我的精神重新焕发，你们那渴求知识的目光激发我去思考……我遐想未来，仿佛看到你们都已长大成人，我的亲爱的孩子们：我看到你们一个个都成长为英勇无畏的苏维埃爱国者，都怀有一颗赤诚的心，都有一个聪慧的头脑，都有一双灵巧的手。"本书是作者晚年的作品，是他所有著作中的一部精品，1969 年出版后，先后获得乌克兰教育协会一等奖（1973 年）和乌克兰苏维埃社会主义共和国国家奖（1974 年）。

《让少年一代健康成长》（原名《公民的诞生》）

黄之瑞、张佩珍、姚亦飞、章昌云、杨季舫、王家柚译，倪家泰校，教育科学出版社 1984 年 4 月版。这是作者继《我把心给了孩子们》一书后的续篇，思考的是十至十五岁少年的思想信念、兴趣爱好、智力素养、道德素养、情感素养及劳动素养的形成和发展问题。众所周知，人在少年期的生理心理的变化之大之急，有如人的"第二次诞生"，这一期间的教育问题一直为人们所困扰。苏霍姆林斯基首先从探索"少年观察世界与儿童观察世界有什么不同之处"，力图站在少年学生的立场上进行观察、记录，撰写出《我用少年的眼光观察事物》的研究报告。经过长期艰苦的思考，作者终于在“从事教育工作的第 34 个年头得出了一个结论：少年期教育的困难就在于，人们很少教育儿童把自己看做、理解并感觉为集体的一分子、社会的一分子、人民的一分子”。这让作者确立起“公民教育”的主题，力求让人的“第二次诞生”成为“公民的诞生”过程。这一结论有效地指导着作者的教育实践，收到了预期的成效。作者写道：“6 月里的一天，我们来到树林里，坐在我们心爱的照满阳光的林间空地上。就在明天，我的全体学生将拿到八年制学校的毕业证书。我高兴的是：他们获得了牢固的知识，爱科学、爱书本，学会了思考并理解周围世界和自己。他们每个人都发现了自己的长处——爱劳动，体验到在心爱的工作中取得成就的欢乐，成了能工巧匠，成了创造者，成了真正的人。……对我来说，这一切都是对我的劳动、对我的那些兢兢业业的白昼和辗转不眠的黑夜的最高奖赏。”本书曾获得乌克兰教育协会授予的一等奖。

《给儿子的信》

张田衡等译，教育科学出版社 1981 年 3 月版，收录了作者给儿子（年轻的大学生）的 22 封书信，内容涉及青年一代的思想修养、文化学习、精神生活等诸多方面，寄托了父辈对青年一代的殷切期望。在这些信中，作者回顾了自己苦难的家史，语重心长地与青年人探讨了祖国、劳动、自我修养、爱情、友谊、审美观、理想等问题，希望青年一代从为祖国利益而付出的劳动中看到自己生活的意义。作者特别强调了生活中的思想性问题，他给儿子写道：“思想性、理想，这是个伟大的、神圣的词。不管是谁，也不管他是自觉地还是不自觉地，如果企图把人类思想的美加以庸俗化，用市侩的自负和淡漠，用庸人的嘲笑去玷污这个纯洁而庄严的词，那他就是对人本身的玷污。思想性，这是真正的人性。你是否还记得歌德的话：‘凡是没有了思想的人，最终剩下的只是有一丝感觉的躯壳。’我还记得，这句话在你少年时代是怎样使你大为吃惊。你当时还问我：‘那么是不是说就变成动物了？’是的，我的儿子，一个人在他的心田里没有了思想，他就开始接近于动物，无异于行尸走肉了。”全书情真意切，很容易使读者联想起一部中国名著——《傅雷家书》。

《育人三部曲》

人民教育出版社 1998 年 1 月初版，2015 年列入“汉译世界教育经典丛书”再版，包括三部著作，其中《把整个心灵献给孩子》涉及小学儿童阶段的乐学生活，《公民的诞生》涉及中学少年阶段的和谐发展，《给儿子的信》涉及大学青年阶段的成才修养。译者认为：这样的“三部曲”也可称作“三部作”，但称“曲”更切题。因为苏霍姆林斯基的教育创作具有浓烈的诗情、画意、乐韵，善于把现实主义与浪漫主义融成为一曲一曲的教育乐章。《育人三部曲》中的每一部均有中译单行本，后经苏霍姆林斯卡娅对每一部略作增删辑成一册，并撰写了《成长的三个阶段》的序言。本书中的《把整个心灵献给孩子》由毕淑芝、赵玮、唐其慈、王义高译，《公民的诞生》由肖甦、诸惠芳译，《给儿子的信》由叶玉华译。译者根据增删后的新本作精心重译，使之更具精品价值。

《年轻一代的道德理想教育》

陈炳文、王树椿、刘锡辰译，杨楠校，湖南教育出版社 1984 年 10 月版。全书围绕道德理想教育的主题，由绪论和 5 章组成，着力阐述个人道德理想的形成过程以及理想在个人精神发展中的作用。为了使研究结论尽可能客观真实，作者搜集并研究了来自学生精神生活的大量第一手资料，包括口头的和书面的材料，特别是学生的书信和日记这些能反映精神世界隐秘的原始资料。作者和学生保持着深厚的友谊和相互信任，因而有机会接触和利用到这些资料。

本书提出：“对社会的贡献要大大超过向社会的索取”，这应当成为新一代确立道德理想的原则。作者援引一位女学生的《我的道德理想》一文中的话说：“做一个诚实的劳动者——工人或集体农民——受到的尊敬并不亚于工程师、农艺师、教育家。据我看，主要的问题在于：一个人在劳动中要发挥出自已全部的精神力量。一个好的女挤奶员，假如她把自己的全部创造精神投入劳动，她就同农业部长一样是一个社会活动家。”作者特别强调，每个人都要在为社会发展的创造性劳动中寻找自己的幸福，每个人都应以“全面地发挥自己的一切才能”作为自己的“使命、职责、任务”，拒绝干瘪和平庸，发扬为社会建功立业的英雄主义精神，创造具有重大意义的社会财富，使之长存于子孙后代的怀念之中。

《培养道德完美的一代新人——苏霍姆林斯基德育论文选粹》

刘伦振译，北京理工大学出版社 1992 年 5 月版。译者从《苏霍姆林斯基选集（五卷本）》中选译了 26 篇关于德育的论文，并写有《试论苏霍姆林斯基的德育理论体系》的前言，对苏霍姆林斯基关于德育目标、结构、手段等基本观点进行了恰当的评述。

《胸怀祖国》

刘爱琴、安方明译，湖南教育出版社 1985 年 8 月出版。本书的主体部分是《学生的爱国主义教育》，包括致读者，论述热爱祖国、热爱家乡等 6 部分内容和后记。这是作者逝世前完成的最后一部著作。作者写道：“这本书也许可以作为我的总结。我在学校工作了三十五年，我的言语和感情触动了上千颗心。回顾走过的道路，我想：在我复杂、艰难和欢乐的事业中什么是最重要、最神圣和最宝贵的呢？……（就是）让青年的心中怀有一个神圣的东西，即祖国的幸福和强大，她的尊严和荣誉。”作者指出：俄文中的“祖国”一词与“生养”“父亲”的词根相同。“祖国是我们的无价之宝，是我们父亲、祖父和曾祖父的土地，这土地给我们提供起码的生活资料，并埋葬着我们的祖先。”作者揭示了爱国主义包含着热爱人民和仇恨敌人两个不可或缺的方面。他讲述了一个真实感人的故事：在卫国战争的一次战斗中，筑在树上的一窝夜莺被炮火震落到地上，小夜莺惊恐地啼叫着，一位青年战士看到这一景象，马上抱起夜莺窝小心翼翼地安置到残存的树杈上，老夜莺马上飞回自己的窝里与小夜莺们团聚了。当天，这位有着温情和美丽心灵的战士在冲锋陷阵中无情地刺死了法西斯军官。作者写道：这位“心中融合了温情和仇恨、爱抚和愤怒的苏联战士，体现出了祖国的精神。……孩子们，我希望你们每个人的胸中也同样跳动着一颗既会爱也会恨的心”。

《培养学生的爱国主义精神》

尹曙初、刘尚勋译，湖南教育出版社 1984 年 1 月版，包括 7 篇论述爱国主义教育的文章。本书摆脱了此类读物容易出现的空洞说教，赋予爱国主义以富于个性色彩的具体内容。作者认为：在我们称之为“祖国”这个伟大、神圣、含义相当广泛的字眼里，每一个人都倾注了自己的理解与感情。一个人终生难忘他生长的地方，忘不了他住房窗下生长着的那株树，忘不了他孩提时代像摇篮曲一样催他入眠的萧萧风声，会记得那显示大自然威力的狂风暴雨，会记得那金灿灿的晚霞……母亲当年给他唱过的歌至今会萦绕在他的耳际，母亲给他讲过的童话中主人公的形象会永远留在他的记忆里……所有这一切的背后，都是因为有一个强大的祖国。作者援引一位战友的话说：“我曾在一艘商船上工作过两年，既到过日本，也到过中国，还到过夏威夷群岛。无论这些地方的天有多么蓝，可是对于我来说，总比不上我的祖国大地之上的蓝天。仿佛在我的故乡，蓝蓝的天宇更高，清新的空气更爽，就连清风送过来的花草气味在这个世界上都是独特的。南洋诸国夜空中的星星本来特别明亮，可是我一看见这些星星，就动了思乡之情，想念我北部故乡的天空。在异国他邦，无论我看见多么好看的花卉，我总是怀着深深的乡恋，想起故乡田野之上开放着的任何一种不好看的野花。”作者认为学生爱祖国的感情是从爱家庭、爱学校、爱故乡、爱集体农庄、爱工厂、爱祖国语言开始的，应当让学生从小就能积极地认识他们所理解、珍视、亲近的一切。作者同时坚信：热爱祖国的感情只有同一个人诸方面的智力活动和道德活动紧密结合起来，才能促进爱国主义觉悟的形成，增强对祖国的责任感，以自己的创造性劳动为祖国增添光彩。

《学生集体主义情操的培养》

杨楠译，湖南教育出版社 1984 年版。全书有 11 章。本书据俄罗斯联邦教育科学院出版社 1956 年版本翻译，是作者出版的第一部著作。作者认为，人天生是社会性动物，人离开社会和集体将无法生存，更谈不上全面和谐的发展。帕夫雷什中学的集体有多种多样的组织形式，除了传统的班级、团、队和学生会组织外，还有大量由学生打破年级界限而自愿结成的相对稳定的小型集体，包括学科小组、劳动小组、读书小组、兴趣活动小组等等。其间，高年级学生将在组织和领导这样的集体中成长为“学校出色的社会活动家”。他们毕业后，中年级学生则成长为新的骨干。各种小组构成了富有活力的人际关系网络。学生在不同集体中交替过着各具特色的精神生活，日积月累，会培养起热爱集体、关心同学、热爱劳动、慷慨无私等高尚品质。帕夫雷什中学的集体主义教育正是在这样的情境中展开的。作者用大量事实再现了这个教育集体情境中的感人情景。一位生性孤僻的女孩子，父亲在前线牺牲，母亲病重住在医院，她刚刚十岁就要带着五岁的弟弟和三岁的妹妹。在班集体的帮助下，她终于走出困境。毕业后她回忆说：我最忘不了老师和同学们来到我家的那天。我当时十岁，一双手既要带妹妹又得带弟弟。弟弟妹妹哭哭啼啼，望着他们，我也哭了。老师和同学们帮助了我，我心里永远充满着感激之情。如今我已是成年人了，我根本无法无动于衷地从啼哭的小孩身旁走开。我非常感激我的启蒙老师，是他在遥远的童年时代就给我们培养了这样一种美好的感情——关心同志，乐于助人。苏霍姆林斯基还提出：要引导学生从精神上跳出班级、学校的框框，学会关心和思考国家大事，培养参加社会生活的能力。这就使集体主义情操的培养更具现实的社会意义。

《培养集体的方法》

安徽大学苏联问题研究所陈先齐、陈茵梅、干正、蒋雪琦译，安徽教育出版社 1983 年 4 月版。集体主义教育是苏霍姆林斯基毕生探索的重大教育领域之一。本书是他在去世前最后两年中写成，集中阐述了作者的集体主义教育思想。作者坚信：人的特征是社会的产物，人的社会本质表现于人与人之间的交往和相互关系之中。他把集体视为人们在精神上的结合体，阐述了集体应具备的诸多性质：思想性、统一性、主动性、创造性和首创精神，高尚的兴趣、需要和愿望的和谐一致，严格的纪律与个人的自我负责精神，创造并保持好的传统使之成为精神财富代代相传，等等。作者指出：人关心人、人对人负责，是学校集体在组织上和道德上统一的基础，而自私自利则是削弱集体的主要危险。作者特别强调集体中的劳动教育：没有劳动，集体是不可思议的；个人只有在劳动中，即在为人们付出体力和智力、在为人们创造幸福时，才可能产生义务、责任和严格要求等关系。本书还将学校集体分为学生集体和教师集体。学生集体不仅是教育的对象，而且是一支活跃的能起积极作用的力量，是教育过程的主动参加者。要力求达到教师集体和学生集体两个集体间的和谐，形成统一而充满活力的学校集体。除了集体教育外，作者也很重视个别教育，重视对每个学生的心灵产生直接影响。

《论劳动教育》

肖勇、杜殿坤译，湖南教育出版社 1987 年 9 月版。本书原名《培养共产主义劳动态度（农村学校教育工作经验）》，于 1959 年写成。当时苏联社会对劳动者的需求十分迫切，而部分青年却存在着轻视劳动，特别是体力劳动的现象。针对这一现象，苏霍姆林斯基领导的帕夫雷什中学进行了普通学校实施劳动教育和综合技术教育的探索，取得了令人信服的成功经验，本书即是这些经验的系统总结。该校的劳动教育是一个完整体系，包括全面丰富的内容和多种多样的类型。其中认识性的无偿劳动主要帮助受教育者树立“劳动是人的一种需要”的观点，使其产生相应的道德体验，并且掌握必要的劳动知识和劳动技能技巧。生产劳动主要通过提高劳动生产力创造物质财富，并且获取一定报酬，满足学生个人乃至家庭的部分物质和精神生活的需要，这是学生道德成熟的一个重要前提。学校强调脑力劳动与体力劳动相结合，强调让学生掌握通用的专业知识技术，并逐步向相邻的专业知识技术转移；奠定综合技术的坚实基础，使学生有更多机会理智地选择自己的生活道路。学校除了在校内安排劳动教育外，还组织学生参加集体农庄的生产劳动，让学生亲自为社会创造物质财富，并且学习农庄庄员的优秀品质，认清自己的长处与不足，认清自己在社会中的位置。

《论爱情》

李元立、关怀译，刘群校，工人出版社 1986 年 1 月版。该书还有两种译本:《爱情的教育》（世敏、寒薇译，教育科学出版社 2001 年 4 月第 2 版）、《关于爱的思考》（张金长、李天民、李业勋译，广西人民出版社 1986 年 2 月版；广西师范大学出版社 2005 年 4 月版）。这三部著作都包括《致女儿的信》（6 封）。另有一部刘文华、杨进发翻译的《给女儿的信》，包括当代儿童心理学家、原苏联教育科学院院士阿莫纳什维利给女儿的 10 封信和苏霍姆林斯基给女儿的 6 封信，由北岳文艺出版社 2011 年出版。还有一部多位作者的论文集《祝您家庭幸福》（尤钦等译，天津人民出版社 1986 年 7 月版），收录了苏霍姆林斯基一篇《论爱情》的文章。

本书内容丰富，包含了友谊、爱情、家庭、女性及相关教育问题。苏联哲学副博士列昂尼德·戈洛瓦诺夫为本书写了序言《一个值得深思的重要课题》。本书集中论述了苏霍姆林斯基的爱情观和爱情教育观。作者在实际工作中发现教育的一个重大缺陷，就是对男女之间的爱情——个人内心深处最隐秘的领域的严重忽视，致使一些青年甚至少年在没有成熟和成年之前就遭遇爱情悲剧，影响终身发展。另有一些教育者则无知地对待学生精神生活的隐秘角落，以各种禁令把崇高、纯真、美好的情感从青年男女的相互关系中驱除出去，结果在无意中让不健康的好奇心更加炽烈，或者使青年男女之间因禁令而产生交往恐惧。苏霍姆林斯基根据自己的教育经验确信：同青年男女讨论爱情问题既是可能的，也是应该的；要在儿童和少年时代，在他们产生性爱之前就能接受道德高尚的友谊和爱情的种子。作者把爱情问题同人的道德进步和整个社会进步联系起来考察，主张通过正确的及时的爱情观教育，使青少年们提前做好道德准备以迎接高尚纯洁的爱情，在全社会树立起和谐的健康的道德气氛。

《青少年心灵美的培养》

肖辉、晨楠译，湖南教育出版社 1982 年版。原书由苏联学者 T.B. 萨姆索洛娃从苏霍姆林斯基著作中摘录有关章节编辑而成，由“人的道德本质，对人性的理解”“培养真正的人就是要发扬人的心灵美”“珍惜幸福生活”三个部分组成。苏霍姆林斯基认为：培养真正的人就是要发扬青少年的心灵美，就是教育青少年竭力追求真善美。培养人应当“按照美的规律”进行创造性工作，“我们称之为教育的一切东西，都是在‘人’身上复现自己这种伟大的创造”。教育者要在受教育者身上培养起社会所需要的鲜明个性，“如果他离开你的时候是灰溜溜的、毫无个性的——那就意味着，你没有在他身上留下任何东西。对于一个教师来说，恐怕没有任何东西比这种结果更令人伤心的了”。“假如有一个少年从我的生活里经过，无论在（我）记忆中还是在心坎里，都不曾留下痕迹，那么这对我就是最大的惩罚。”作者认为，培养青少年的心灵美也就是培养善良的感情，这种教育应当紧密结合各种各样的环境和生活本身，从在家庭中培养对母亲的尊敬，从关怀和爱护亲人以及发展同情心入手，然后过渡到关心社会上的事物，过渡到公民教育上。培养学生美好心灵的过程同样会感染教师，“人在别人身上培养善良的感情，同时也（将）在自己身上培养善良的感情”，这就是教学相长。

《少年的教育和自我教育》

姜励群、吴福生、张渭城、杨春发译，北京出版社1984年9月版。本书从《苏霍姆林斯基选集（五卷本）》第五卷中选译19篇相关论文，重点论述自我教育问题。苏霍姆林斯基认为：自我教育并不是教育的某种辅助手段，而是教育的坚实基础，能有效地激发自我教育的教育才是真正的教育。自尊是自我教育之母，自尊感中蕴含着一个人崇尚好名声、荣誉和自重自爱的最强大的源泉。保护好儿童的自尊心，才会有真正的自我教育。自我教育从认识自己开始，体现在自我批评、自我管束、自我评价等各个方面。如果一个人在童年时代就体验到克服自身弱点的欢悦，他就会以批判的目光看待自己，由此也便开始了自我认识和自我教育。自我教育在德、智、体、美和劳动教育各领域均有用武之地，其重要途径是阅读好书，特别是阅读那些描写英雄模范的书籍，使英雄模范的精神生活成为自我衡量的重要尺度。可以说，真正的自我教育始于对人的高尚和伟大的仰慕。如果一个人在少年和青年时代能衷心仰慕非凡人物的崇高精神，如果他曾通宵达旦地埋头阅读这些优秀书籍，并在自我内省中迎接黎明，严肃地追问自己应该做些什么，那就说明他已经能自觉地进行自我教育了。

《苏霍姆林斯基论教育》

由苏联学者C.索洛维奇克从苏霍姆林斯基著作中摘录若干片段编辑而成，分为6个部分：教育和教育者、学习、劳动、美、集体、道德和信念，每一部分前都有编者撰写的导语。本书中文版有两种，一是《苏霍姆林斯基论教育》，陈茵梅、夏雪华、干正、陈先齐、蒋雪琦译，安徽大学苏联问题研究所1984年10月内部印行。一是《教育的艺术》，肖勇译，湖南教育出版社1983年9月版。

苏霍姆林斯基认为：世界上没有什么东西比人的个性更复杂、更丰富的了；教育途径也像人自身一样复杂纷纭。教育过程中不存在孤立的手段，不能用同一种手段解决所有的教育任务，也不应从整个教育体系中抽掉任何一个方面。他基于对儿童的高度信任，极力主张让儿童在成功的基础上建立起自尊感和自信心，让儿童站在一座小小的高峰上，憧憬“那些耸立得更高的、暂时还没有攀登上去的顶峰”。教育中经常会出现这样的情况：那个怎么也对付不了功课的学生，在课外小组里调换了几种劳动之后，终于在某一项劳动中取得了一次“有意义的成绩”，这会使他激动不已，使他恢复元气，产生自豪感和自信心。应当经常让儿童体验到成功与克服困难的欢乐，否则无论采取什么教育方法也不能提高他的能力。对于儿童发展，教育者需要足够耐心，甚至等待若干年，直到某一天某一瞬间，在某些环境和情绪的契合下，孩子会茅塞顿开，他的心会颤动着，充满了幸福的感情……“等待这一瞬间，相信它会来临，为它做准备——这就是教育者始终要做的全部工作。”苏霍姆林斯基强调教育工作的平衡和分寸，视其为一切场合下教育的主要的起码的条件。他强调美的教育，认为正是孩子对美的向往才会揭下自身那张刀枪不入的“厚皮”，以细腻的感情聆听教师的教诲，变成可教育的人。教育艺术的背后是教师自身的人格：教师所说的一切也应当就是他的行为，他就是一个活生生的榜样——这样的教育才将是有效的和成功的。从以上内容看，译者将原书名《苏霍姆林斯基论教育》改为《教育的艺术》不无道理。

《苏霍姆林斯基论智育》

本书中译本有两种。一为王义高译《瓦·阿·苏霍姆林斯基论智育》，北京师范大学出版社 1985 年 7 月版；一为刘文华、杨进发、陈会昌合译的《智育的奥秘——苏霍姆林斯基论智育》，山西人民出版社 1988 年 2 月版。原书由苏联 9 位教育专家成立的“编委会”根据《苏霍姆林斯基选集》摘编而成。编委会秘书、教育科学副博士穆欣为本书所写的前言指出：“苏霍姆林斯基关于智育问题的原理和结论基本上都收进了本书。这些原理与结论对于千百万读者，对于整个教育科学界，具有永恒的意义。”全书分为 5 个部分：智育、智育的本质及其在共产主义教育体系中的地位和作用，学校是知识、教养、智力素养和脑力劳动的发源地，自然界与智育，给孩子提供脑力劳动的乐趣和取得学习成绩的喜悦，怎样发展孩子们的思维和智能“两套教学大纲”与学生的智力发展。每个部分又分为若干小节，完整而又层次分明地再现了苏霍姆林斯基的智育思想。刘文华等译者在《智育的奥秘》书前撰有《一部完整的当代教学论经典》一文，自述在翻译过程中有一种强烈感受：“觉得好似在游历一处名山大泽：每向上攀登一步，就进一步领略到奇峰胜景的无限风光；在大泽中行舟，每向前划动一步，就进一步感受到流水的无比清澈和幽深。”这其实也是苏霍姆林斯基著作的总体特色。

《给教师的一百条建议》

周蕖、王义高、刘启娴、董友、张德广译，申强校，天津人民出版社1981年11月出版。随着苏霍姆林斯基的教育探索不断取得成功，越来越多同行向他写信求教。他收到过成千上万封教师来信，促使他写成这本书，针对教师来信中100个常见问题提出自己的建议。全书分上下两篇。上篇50条，主要提出如何对学生进行智力教育的建议；下篇50条，着重就如何促进各种教育力量相互协调以保证学生全面发展提出建议。译者推荐说：“作者采用提‘建议’的新颖形式，恳切地跟读者促膝谈心，使人听来毫无刻板、说教之感。全书皆为经验之谈，涉及教师经常遇到的棘手问题，读来令人倍感亲切、深受启发；各条建议有论有据，教育学、心理学、教学论的重要原理渗透全书，有继承、有发展、有创新，构成完整的教育思想体系，是值得教育工作者认真研读的一本好书。”

《给教师的建议》

杜殿坤编译，教育科学出版社出版。上册出版于1980年12月，下册出版于1981年11月。编译者根据我国教育工作的实际，从《给教师的100条建议》中精选出50条编为上册，另从苏霍姆林斯基的其他著作里选出50段精辟论述，同样采用“问题与建议”的形式编为下册。上下册合起来也是一百条建议。上下册分别附有《苏霍姆林斯基著作介绍》[①]和中央教科所胡克英研究员撰写的两篇导读性文章：《生动活泼的现代教学论》和《改革教学的良好借鉴》。1984年6月，教育科学出版社出版《给教师的建议》的修订本（全一册）。杜殿坤教授对全书内容做了进一步调整，删去了原来的若干附录，使全书更为精练。这部编译之作，由于编译者殚精竭虑，充分考虑到中国教育的实际和中国读者的需要，因而比苏霍姆林斯基的原作《给教

① 阿·波里索夫斯基等著，卫纯译。

师的一百条建议》内容更丰富、更切实，在中国的影响也更大。30 多年来，这部精心编译的著作深受读者欢迎，到 2011 年 6 月已印刷 26 次，印数高达 65.5 万册。

《和青年校长的谈话》

赵玮等译，杜殿坤校，上海教育出版社 1983 年 6 月版；教育科学出版社 2009 年 3 月重版。本书收录了作者和青年校长的 8 次谈话：教师创造性劳动的几个基本问题，教育现象之间的相互依存性，学校集体的精神生活，难教儿童，关于道德教育的几个问题，怎样指导学生的脑力劳动，关于听课和分析课的几点建议，怎样做学年总结。本书是作者的代表作之一，不仅总结了自己担任校长的实际经验，而且深刻揭示了教育工作与管理工作的内在联系，广泛地探讨了办学理论的诸多问题。他关于“对学校的领导首先是教育思想的领导，其次才是行政的领导”的见解，今天已成为普遍认同的办学名言。他关于校长每天至少要听两节课的要求和实践，也已成为优秀校长努力的目标，越来越多的中小学校长正在自觉地跟着他学当校长。

《帕夫雷什中学》

赵玮、王义高、蔡兴文、纪强译，教育科学出版社 1983 年 2 月版。全书由前言和 7 章组成，系统总结了作者在帕夫雷什中学办学的实践经验与理论思考。帕夫雷什中学是乌克兰农村的一所十年制普通中学，苏霍姆林斯基教育生涯的大部分时间在此度过。他以这里为实验基地，探索、形成并逐步完善自己的教育思想体系；他以这里为自己和孩子们以及志同道合的同行们的精神家园，一起度过了 22 个紧张而又欢乐的春秋寒暑，抒写了动人心弦的教育诗篇。在他们的努力之下，这所偏僻的农村中学逐步变成享誉世界的教育实验中心之一，变成各地教育工作者心目中的圣地。本书既是苏霍姆林斯基担任帕夫雷什中学校长工作的全面总结，也是帕夫雷什中学发展的真实而生动的记录。

《家长教育学》

杜志英、吴福生、张渭城、关益、叶玉华译，中国妇女出版社 1982 年 9

月版。本书还有两种译本。一是《睿智的父母之爱》，罗亦超译，河北人民出版社 1999 年 10 月版；一是《家庭教育学》，李蔚霞译，新疆人民出版社 1991 年 11 月版。全书的主体部分由前言和苏霍姆林斯基与家长们的 7 次谈话组成，另外收有一系列关于家庭教育的文章。

帕夫雷什中学校园内有一条标语："母亲，请记住，你是主要的教育家，主要的教育者。未来的社会就决定于你。"帕夫雷什中学成功的秘诀之一在于，它的教师队伍十分庞大，"编外"教师比列入编制的人数多二三十倍，他们就是学生的父母亲。苏霍姆林斯基出于和谐教育的思考，和全校教师一起创造性地开办了一所系统性强、覆盖面大的"父母学校"，主要形式是讲课和讨论，系统学习解剖生理学、神经系统、身体和心理发育、儿童精神生活等方面的知识，同时穿插讨论真实的事例。苏霍姆林斯基也很重视同家长的个别联系，和家长一起研究如何教育孩子。成百上千封的家长来信则向他诉说管教孩子的困难和烦恼。所有这一切，促成了苏霍姆林斯基关于家庭教育的系统思考。他认识到："只有学校教育而无家庭教育，或只有家庭教育而无学校教育，都不能完成培养人这一极其细致、复杂的任务。良好的学校教育要建立在良好的家庭道德的基础上，而家庭教育是一门培养人的科学。"教育孩子的人要懂得科学，要讲究方法。"无论是家长，还是将要建立家庭的青年都需要有一本《家长教育学》，需要有一本关于家庭、婚姻的道德修养以及如何教育孩子的书，它应成为每个公民手边必备的书。"为此，他深入实际调查研究，和教师们一起探讨家庭教育问题，研究学校和家庭的配合问题，写下了几十篇有关家庭教育和家校合作的教育论文，《家长教育学》一书就是他长期思考和实践的结晶。

《关于全面发展教育的问题》

王家驹、张渭城、杜殿坤、白振汉译，湖南教育出版社 1984 年 5 月版，收入《苏霍姆林斯基选集（五卷本）》第一卷时题目改为《全面发展的人的培养问题》。本书于 1969 年 10 月至 1970 年 4 月期间写成，作者准备据此申请教育科学博士学位。本书是他此前教育著作内容的概括与深化，同时提出了教育理论和实践的一系列新问题及其解答，其中最后一个问题即是教育信念。他指出：深信教育的力量，这应当成为每一个教师的良心，成为整个学校的一面旗帜。相信教育的力量就是相信自己的劳动，相信自己能够影响学生的思想和情感，相信通过教育能够把最困难的甚至被视为无可救药的学生造就成真正的人。“凡是对教育的力量充满信心的地方，集体生活就具有鲜明的、独特的乐观主义色彩。”遗憾的是作者于 1970 年 9 月 2 日因病去世，未能进行教育科学博士学位的答辩，不过苏联教育界公认这是一篇优秀的博士论文。

《苏霍姆林斯基选集（五卷本）》

蔡汀、王义高、祖晶主编，教育科学出版社 2001 年 8 月版。共五卷。第一卷包括《全面发展的人的培养问题》《学生的精神世界》《培养集体的方法》三部著作。第二卷包括《年轻一代共产主义信念的形成》《怎样培养真正的人》《给教师的 100 条建议》三部著作。第三卷包括《我把心给了孩子们》（即《把整个心灵献给孩子》）《公民的诞生》《给儿子的信》三部著作，亦即“育人三部曲”。第四卷包括《帕夫雷什中学》《和青年校长的谈话》两部著作。第五卷为论文集，共收作者各个时期的 68 篇论文。该选集包括了苏霍姆林斯基的主要著作，体现了他教育思想体系的博大精深，出版后引起强烈反响。

《苏霍姆林斯基教育智慧格言》

肖甦主编译，人民教育出版社 2014 年 10 月版。编译者从苏霍姆林斯基的俄文著作中精选出数千条“格言式的教育论断”，译成中文。全书分为教育真谛、教师爱生、教师育人、教师发展、校长工作、学生发展、家长教育等 7 个部分。主编译者肖甦教授撰写了编译前言和后记。苏霍姆林斯基的女儿苏霍姆林斯卡娅院士、中国教育学会名誉会长顾明远教授分别为本书撰写序言。苏霍姆林斯卡娅写道：“这是一本篇幅浓缩的、以苏霍姆林斯基的精练语句表达深刻教育含义的读本。”顾明远教授写道：“希望老师们把这些格言作为座右铭，时时翻阅，对照自己的工作，相信会有所领悟，有所收获。”

单篇著作、书信

《在家庭中怎样对儿童进行爱国主义教育》，原载苏联《家庭与学校》

杂志 1955 年第 6 期，后收录于瑞索耶娃等多位作者合著的《我教育儿子的经验》（李浩华、周定一译，北京出版社 1958 年 1 月版）。这篇文章可能是最早被译成中文的苏霍姆林斯基著作。此文也收录于《苏霍姆林斯基选集（五卷本）》第五卷，题为《关于苏维埃爱国主义教育的几点看法》。

《共产主义劳动和共产主义道德》《社会和教师》，分别由理坚和秋水译自《苏维埃教育学》1961 年第 4 期、第 12 期。两文均收于人民教育出版社 1964 年编辑出版的《苏联教育资料汇编（1956—1964）》第四辑。编者称：这一辑主要辑录了“苏联知名教育家的论文、讲演或报告”，“以论述教育学理论问题为主”。这表明自 20 世纪 60 年代初，苏霍姆林斯基就已成为知名教育家、教育学家，并且受到中国教育理论界的注意。

《苏联杰出教育家苏霍姆林斯基未发表过的书信》（6 封）。常建译自苏联《苏俄报》1983 年 10 月 2 日，载于《外国教育研究》1984 年第 2 期。

《苏霍姆林斯基致赫鲁晓夫的信》，原载苏联《苏维埃教育学》1988 年第 3 期。中译本有二。一为韩骅译，载于《外国教育研究》1988 年第 4 期；一为杨进发、刘文华译，载于《教育理论与实践》1989 年第 3 期。这封信是苏霍姆林斯基 1958 年给苏共中央第一书记赫鲁晓夫的一封信，主要就普通中学的培养任务、劳动教育的目的、学制以及其他一些问题，对赫鲁晓夫的若干改革意见提出了坦率的批评。

还有一些由中国编者根据苏霍姆林斯基著作中文本摘编的语录集之类的读物，这里就不作介绍了。

苏霍姆林斯基教育思想汪洋浩博，他的每部著作均如汇入其中的重要支流。本文逐条勾勒，不免失之粗略。“涉浅水者见鱼虾，涉深水者见蛟龙”。只有亲自通读全文，含英咀华，方能身临其境，从字里行间感受到他极富创造性的朝气蓬勃的教育生活，领略其教育精神和教育思想的丰富内涵。

（本文原载《江苏教育研究》2011 年 A9 期，收入本书时作者做了修改）

附录二

寻觅之乐：我搜集“苏著”的历程

不知从什么时候开始，我在课题研究的文献检索阶段每每奢望“竭泽而渔”：力求将相关资料搜索殆尽。前些年打算系统地研究苏霍姆林斯基，第一步当然就是搜集他的著作。苏霍姆林斯基著作甚丰，中译本多达 30 余种，其中许多著作出版于 20 世纪 80 年代，至今已难觅踪迹。经过几年坚持，我终于陆续找全了“苏著”的中译本（书名从略，请参阅本书附录一）。

从苏霍姆林斯基著作题名中，我们似可大略看到苏霍姆林斯基教育思想之梗概。既可看到教育的永恒主题，也可看到特定时代留给他的鲜明印记；既可看到他涉猎之广——他几乎探讨了教育的方方面面，他的著作被誉为教育百科全书，也可看到他思考问题之集中——集中于孩子的全面发展，可以说他的旗帜上只有四个大字：为了孩子。另外，我们从中还可以看出他的文风：平实、明晰与亲切，丝毫见不到耸人听闻、故弄玄虚、装腔作势的影子。人如其文，他是一位能与读者推心置腹、倾诉衷肠的朋友式的教育理论家。正因为如此，1979 年中国打开封闭多年的国门后，在汹涌而来令人眼花缭乱的外部信息面前，一大批翻译家竟不约而同地选中了“苏著”，在没有号召者和组织者的情况下，自发地将他的著作逐部翻译成中文。翻译家的工作绝非简单的文字转换，而是充满情感和智慧的再创作。他们的辛勤劳动，使千百万中国教育工作者得以结识这位白皮肤蓝眼睛的外国教育家朋友，他们的功绩无论如何不应被遗忘。

登记苏著时我还做了两项统计，获得了令人惊叹的发现。

第一，我大概统计出了苏著全部中译本的字数。不计算由编者编译的（如《给教师的建议》）、重复出版的（已收入《选集》的单行本）、同书异译的（如《论爱情》《爱情的教育》《关于爱的思考》），苏著中译本总字数约 336 万字。如果从他 1956 年出版第一部著作《学生集体主义情操的培养》算起，到他逝世的 1970 年，平均每年约 22 万余字。这里不包括他尚未发表和已在国内发表尚未译成中文的著作，不包括他在教育教学工作中编写的多种校本教材，不包括他为学校制订的各种计划和总结。如此巨大的写作量无法不让人叹服！何况，写作并非他的职业，只是他千头万绪繁重工作的一小部分。除了教育理论家角色外，他同时更是一位教师，一位校长，一位教育实践家，一位教育改革家乃至一位社会活动家。更何况，他是一位在卫国战争中身负重伤，出院时心脏附近还留有定时炸弹般的弹片的“二级伤残”战士！面对这卷帙浩繁的著作，我们不能不感叹生命的奇迹，不能不产生探究奇迹背后动因的强烈欲望。

我的第二项工作是想统计苏霍姆林斯基著作中译本的发行量。不过，我逐渐发现这一数字其实无法准确统计——它不断地被刷新。以影响最大的《给教师的建议》一书为例，它于 1981 年初版后即畅销不衰，到 2011 年已连续印刷 26 次，总印数高达 65.5 万册。如此巨大的发行量，真的不知道有哪一位教育家能与之比肩！回顾20 世纪50 年代在“一边倒”的以俄为师的政策下，我国曾大规模地翻译出版苏联教育论著，其中凯洛夫的《教育学》新老版本共印刷 18 次，总数为 50 万册。不过要知道，那中间体现着强大的国家意志。两相比较，苏霍姆林斯基的著作凭借自身魅力，30 余年来源源不断地走向广大教师的书桌床头，影响范围之大，持续时间之长，堪称教育史上的一大奇迹，其奥秘何在？这无疑激发了我抑制不住的好奇心。

二

搜集苏著的过程给予我的不止是惊叹。面对眼前这一大摞苏著，我常会沉浸于温馨回忆之中。

这本《给儿子的信》是我购得的第一部苏著。记得 20 世纪 80 年代初在泰兴县教育局工作期间，我已读过几部苏著，脑海中已留下苏霍姆林斯基的名字。一次县新华书店举办特价书市，提前面对我们几位爱书者“预展”。几间特大的库房里堆满了书籍：领袖经典、名家专集、科技读物、生活百科、地摊文学，相互混杂，凌乱不堪。在茫茫书海中，这本仅仅 99 页的《给儿子的信》，薄薄的书脊上连书名都看不清楚，我竟然发现了它，不能不算是一种缘分。书价 3 角，打 4 折 0.12 元，但它在我心目中却是无比珍贵：它将是永远伴随我的良友；有了第一部，我会有第二部、第三部……

前几年，我开始有意识地搜集苏著。最先想到的是从网上下载。在宗锦莲博士帮助下，我成功地下载了多部苏著。到南京图书馆和有关高校图书馆借阅复印，又找到了几部。最后还剩三四部却怎么也找不着。我把希望寄托于原出版社，特别是湖南教育出版社，该社在 20 世纪 80 年代集中出版了一批苏著，可能还有少量库存，于是我直接打电话找该社领导商购。该社办公室张主任（一位豪爽的女士）在电话中热情地答应帮助查找，表示哪怕只剩一本样书也会提供给我。遗憾的是，该社书库多次搬迁和清理，多年前的存书早已荡然无存；老一辈编辑人员多已离岗，连样书也无法找到了。

再到网上的旧书店试试吧，也许会有意外收获。记得几年前我曾从网上一家“孔夫子旧书网”购到三卷本《中国教育家评传》，尽管价格高得出奇，我却如获至宝。不过这一次却未能如愿，也许是苏霍姆林斯基的书太受人喜爱了吧？

一般地说，在苏霍姆林斯基的三十多部著作中缺三四本并无大碍，况且这几本又非他的代表作。不过人常有一种逆反心理，越是找不着的便越想找。我也是这样。我固执地认为，多一部苏著就多一扇认识作者的窗口，少一分盲人摸象的风险。

于是我决定另辟蹊径：直接求助于译者。

从网上得知，苏著《胸怀祖国》的译者之一安方明，乃首都师范大学国际与比较教育研究室主任，我曾读过她的专著《社会转型与教育变革：俄罗斯历次重大教育改革研究》，文笔不错，估计译笔亦佳，于是我拨通了安教授的电话。安教授十分热情，随即表示愿将自己留作纪念的孤本寄给我。我深知孤本的价值，不敢稍有闪失，收到书后随即复印，当天就将原书交“特快专递”寄还。两天后接到安教授短信：“书已收到，还需要什么请告知。”再次让我感动。

这部《培养学生的爱国主义精神》的译者是尹曙初。在网上只搜索到他曾在《湖南师范大学学报》上发表过一篇关于俄语语法的论文，其他信息一无所知。我猜他会不会是湖南师大的一位教授？在一系列电话询问之后，果然获知他的工作单位：湖南师大外国语学院俄语教研室。不过电话那头的先生遗憾地告诉我，尹教授早几年已经仙逝。一番唏嘘之后，那位先生又热情地告诉我尹教授家中的电话。打通了尹教授家的电话后，他的儿媳告诉我，她印象中公公好像有这样一部译著，但需仔细查找，找到后会寄给我。不几日，我果真收到尹教授公子尹晓天先生寄来的书，我感慨不已，并于当天复印，当天寄还。

还有一位译者是天津市教科院的刘伦振先生，现已退休在家。他曾翻译过《静静的顿河》等苏俄文学作品，后来逐渐为苏著吸引，自愿加入了苏著翻译队伍。他翻译的《培养道德完美的一代新人——苏霍姆林斯基德育论文选粹》一书中的论文，绝大部分都已收入《苏霍姆林斯基选集（五卷本）》第五卷中，刘老师接到我的求助电话后，特地为我寄来未收入《选集》的论文复印件。

最后还剩一部《论劳动教育》，肖勇、杜殿坤译，湖南教育出版社1987年版。网上关于“肖勇”的条目多达十几万条，几乎找不到我需要的信息。杜殿坤教授又已作古，不过突然间我记起他的公子杜晓新好像也是华东师大的一位教授，网上一查果然，于是写信求助。不几日我即收到一封快件，是杜晓新教授委托他的研究生邱天龙先生寄来的《论劳动教育》复印装订本。上述诸位同行的热心相助，使我深受感动。我想，这肯定与他们直接或间接地接近过苏霍姆林斯基有关。近朱者赤。苏霍姆林斯基的一颗赤诚的爱心犹如强大的磁场，接近过他的人都会不由自主地受到磁化。

还有这部俄文版的《帕夫雷什中学》。它来自苏霍姆林斯基的故乡，是地地道道、最正宗的苏霍姆林斯基原著。2010年我访问乌克兰期间，苏霍姆林斯卡娅院士赠送给我们几部关于苏霍姆林斯基的著作。我特地向她索要了这部原版的《帕夫雷什中学》，因为该书译成中文出版时删去了所附录的图片，我想获得这些图片，这是了解苏霍姆林斯基的一条重要途径。

最后这一摞新出版的散发着油墨味的苏著，是教育科学出版社赠与我这位“忠实读者”的礼品。该社出版的《苏霍姆林斯基选集（五卷本）》，从编辑出版角度看质量确实不错，先后获得过几项大奖。不过我在逐句逐字的阅读中还是发现了极少数校对失误，随手记录汇总后寄给该出版社，供他们再版时参考修改。该社综合编辑室主任祖晶女士感叹我读书认真，陆续寄来一批新印的苏著作为答谢。祖晶主任还邀请我参与该社《陶行知选集》的审读，这正好使我可以将苏霍姆林斯基与陶行知做一番比较。

三

寻觅苏霍姆林斯基著作的过程，给予我多重快乐。

其一，我自忖自己有一种“钦佩的天性”，在圣者、贤人、君子面前常怀敬仰之心。被誉为“世纪智者”的罗素在他的《快乐哲学》中说：凡是希望增加快乐的人，就应该努力增加钦佩的天性而减少嫉妒的天性。可见，多些钦佩便能少些嫉妒而多些快乐。我千方百计搜寻苏著，正是出于对苏霍姆林斯基的由衷崇敬，其间也增加了自己的快乐。

其二，淘书本来就是我的一大乐趣。罗素先生认为：现代都市人感受的那种特殊的厌烦，可能与脱离自然的生活有某种关联：“脱离了自然万物，生活就变得灼热、污秽、枯燥，犹如沙漠中的跋涉。”[①] 而与天地万物相沟通，本身就含有令人快慰的成分。古人说：“仁者乐山，智者乐水”，我还要加上一句自身体验——“钝者乐书”：迟钝如我者每每指望“近书者智”，添些慧心，去点愚气。几十年来，寻书读书已成了我内在的自然需要，成了我日常生活的元素。顺其自然地生活，自会让我乐以忘忧。

其三，寻觅之乐是一种苦尽甘来之乐。有人说：快乐就是我们的需求得到了满足。不过我还认为，唾手可得的满足所获快乐极为有限，经过曲折和奋斗得到的满足才使人倍感快乐。苦与乐相倚相存，不经一定的苦，必无相当的乐。寻觅之途无疑有苦，所谓“寻寻觅觅，冷冷清清，凄凄惨惨戚戚”，述尽寻觅之苦。其实呢，苦中有乐，苦后有乐。没有“众里寻他千百度”之苦，就难以品尝到“蓦然回首，那人却在，灯火阑珊处”的惊喜与快乐。

其四，快乐能够传递、分享、回馈、增生。我的快乐能与广大读者分享，不又增添了我新的快乐？

或许你会问：搜集这么多苏著，莫非想成为苏著版本收藏家？非也。“醉翁之意不在酒，在乎山水之间也。”我寻觅高山流水，只是为了徜徉，为了领略，为了对话，也为求得灵魂的安顿。面对搜集到的苏著我满怀期待，期待着新的寻觅，新的发现，新的惊喜与新的快乐。

（本文原载《江苏教育研究》2011 年 B9 期，收入本书时作者做了修改）

① 伯特兰·罗素著，王正平、杨承滨译：《快乐哲学》，中国工人出版社 1993 年版，第 41 页。

后记

1983年前后，我陆续读到苏霍姆林斯基的几部著作，深受感动。此后，我开始留意这位教师出身的教育家。自2005年起，我集中搜索研读了他的著作，做了大量的读书笔记，产生了许多需要进一步了解的问题，也产生了采访“卡娅”（苏霍姆林斯基的女儿、乌克兰教育科学院院士苏霍姆林斯卡娅，我们总是按照中国习惯友好地称她“卡娅”）的迫切愿望。在此，我要衷心感谢中国苏霍姆林斯基研究会会长、北京师范大学博士生导师肖甦教授，她得知我的愿望后多次安排我采访来华讲学的卡娅，并且亲自担任翻译。可惜卡娅每次在华时间总很短暂，访谈难以深入，我们相约到乌克兰做深入访谈。

2010年10月，经我国驻乌克兰大使馆原一等秘书吴盘生先生积极联系，我有幸接到乌克兰教育科学院邀请，前往乌克兰专程考察苏霍姆林斯基的生平。在历时20天的考察中，在吴盘生先生的陪同下，我们与卡娅先后做了三次长时间的访谈。我们还访问了苏霍姆林斯基的出生地和故居，访问了他求学的七年制学校、克列缅丘格师范学院和波尔塔瓦师范学院，并重点访问了他长期工作的帕夫雷什中学和基辅市的苏霍姆林斯基实验学校。同时，我们还参观了两处马卡连柯纪念馆，瞻仰了乌申斯基墓。我在此行中弄清了苏霍姆林斯基生平的若干细节（仍有某些不清楚之处），获得了许多珍贵的实际感受。2011年，我以比较充分的准备申报了江苏省“十二五”教育科学规划重点课题“苏霍姆林斯基研究”。

2013年4月，吴盘生先生发起《苏霍姆林斯基在中国》丛书的编写，诚邀我加盟。我赞同盘生兄的主张，但考虑到自己承担了省级重点课题，需要完成计划中的两部专著，任务已经超重，恐难以再接受新的任务，曾几度请辞，均未获得盘生兄“批准”。思考再三，我决定暂时搁下手头课题，先完成丛书的撰写任务。在拙稿完成之际，我衷心地感谢盘生兄的友情敦促，感谢丛书顾问、中国陶行知研究会会长、北京师范大学博士生导师朱小蔓教授对本书提纲的审阅指导，也感谢出版社李菁总编、程娟编辑的精心编校。

孙孔懿

2016年9月

苏霍姆林斯基在中国丛书

总 跋

苏霍姆林斯基的卓越贡献令人敬仰

《苏霍姆林斯基在中国丛书》的首批新书现在与大家见面了，这是“中国陶行知研究会苏霍姆林斯基研究专业委员会”办成的一件大事。此时，我心里很高兴、激动。

这件大事办成，历时数年，颇不容易。丛书初成，首先有赖于朱小蔓教授的鼎力支持和悉心指导，也依靠了唐云增先生的先期发端和不断推动，还受益于青年学者杨一鸣博士的睿智谋划和积极勤奋。朱小蔓教授、唐云增先生在我国教育界，堪称“苏霍姆林斯基式的教育科研工作者”，他们德高望重，备受尊敬；杨一鸣博士在青年学者中实属佼佼者，他对苏霍姆林斯基教育思想的满腔情怀，代表了青年一代的美好教育追求。

办成这件大事，当然也离不开丛书编委会全体成员的团结协作、共同奋斗，更取决于各册作者的辛勤耕耘和呕心沥血。

今天，在经济全球化背景下，在我国的教育改革和发展进入新阶段的时刻，为什么要编写这套丛书？办这件大事的意义和价值何在？这是大家必然关心的问题。

是的，当我们的教育改革进入攻坚阶段之时，当我们面前的青少年学生与任何时候都不同之时，当我们的年轻教师面对海量资讯和多元价值而难以抉择之时，我们急切地需要一个看得见、摸得着、可以信赖的学习榜样，需要一个富有情感、血肉丰满的时代楷模。而苏霍姆林斯基就属最好的选择之一。

我国成都的李镇西老师，1998 年底就被苏霍姆林斯基女儿称为“中国的苏霍姆林斯基式教师”（当时我有幸在场），他最崇拜的教育家就是陶行知和苏霍姆林斯基。他在专著《追随苏霍姆林斯基》中这样写道：“苏霍姆林斯基是前方的太阳，永远照耀着我们前行，让我们的教育之路不会迷失”“苏霍姆林斯基是一个美好的梦，读他，就是追梦”。李镇西老师积极追随苏霍姆林斯基，满含热泪地读他的书，十分用心地践行他的教育思想，带着自己的创造不断前行，于是，李镇西成功了。

我们编写这套丛书的意义之一，就是为我国年轻一代的教育工作者提供学习条件，使他们了解苏霍姆林斯基教育思想在我国教育界几度掀起的传播高潮，了解其影响的广泛和深远程度，了解其广受欢迎的内在教育因素和文化条件，了解其间涌现出的许多先进人物和感人故事，从而在心中保留那难得的、写满生动教育故事的历史画卷。

我们编写这套丛书的初衷，也在于使年轻人真实地感受到：一个普通的中小学教师和校长持续地努力奋斗的前景不可小觑，他生命力量中蕴藏的潜能和可能达到的高度是如此惊人！我们力图使年轻人在此基础上思考这样的问题：苏霍姆林斯基为什么这么令人敬仰？我们自己是否可以通过自身的努力，站到巨人的肩膀上，积极提高教育素养，达到新的高度，直至攀登教育的高峰？

奇迹总是由人来创造的。当今时代就给创造奇迹的有志者提供着舞台。

苏霍姆林斯基，一个普通乡村中学校长，创造了教育实践和理论的范例，他震动了世界学界，得到了国际教育界赞许，被公认为世界级的教育大家，这在20世纪中叶的社会主义教育发展史上，是绝无仅有的。

瓦·阿·苏霍姆林斯基（1918—1970），一所乡村中学——巴甫雷什中学的校长。他从“第二次世界大战”硝烟中归来，辞官到乡村中学当校长，一当就是22年，他的人道主义教育实践的卓著成效，连同其中展示的“我把心献给孩子”的教育情怀，超越了万水千山，令世界各国教育工作者由衷佩服；他通俗而不凡的理论建树，突破了意识形态的阻隔，牵动了东西方教育工作者的心，让大家关注和敬仰：人们争相翻译和阅读他的著述，研究他的教育思想，访问他创办的学校。而且，这种关注和敬仰，遍及世界，经久不息，一直延续至今天。这无疑是一个奇迹！

让我们看看：苏霍姆林斯基创造了怎样的奇迹呢？

首先，苏霍姆林斯基做着“真教育”，他办好了一所真正的学校。他扎根于乡村学校的实践，创造了令人信服的人道主义教育样板，做出了实实在在的成绩，令世界对社会主义教育刮目相看。他永远把教育实践视为教育研究的根基，让实践成为优秀文化和人文精神传承的过程，把自己的心血乃至整个生命化解于此，努力在实践中验证和发展教育理论。他的双脚永远站在学校的土地上，他永远在课堂里（每天听2节课），在学生中（认识所有的学生），他直面各种教育问题，触摸着学生生命的脉搏，在不断解决问题的过程中，用心培养每一个学生，同时吸取鲜活的教育营养，推动他的“教育学是人学”的实验室工作前进。他办好了一所乡村学校，拿出了一个经得起推敲的教育样板——巴甫雷什中学，这所学校成了世界名校。他证实了：真正的教育家都是与一所名校联系在一起的，真正的教育家是“接地气”的。

其次，他真有学问。苏霍姆林斯基知识渊博，学养深厚。他从小就以一颗谦卑和空灵的心投入阅读，后来，他身为校长，永远以高强度的专注力异常勤奋地读书（每天早上4点起床阅读）。他博览群书，阅读古今，思考人类，洞察社会，审视自我，构建了健康的社会认知及自我认知。他着眼根本，专研“人学”，服务现实，从不人云亦云、故弄玄虚。而且，他脚踏实地，精通中小学全部教材和教学法理论，他几乎教过中小学的所有课程。他的教育学、心理学和哲学等学科的修养之深，远远超乎常人。他学风踏实，勤奋写作，著述丰厚，言之有物，他的著作被翻译成世界的主要语言文字，被公认为是“活的教育学”和“教育百科全书”，他的学问成了宝贵的教育遗产。

再次，他有自己的教育思想。苏霍姆林斯基思想深刻，着眼根本，前瞻未来，堪称“教育战线上的思想家”。他成天生活在孩子中，欣慰于学生的天真，敬畏着生命的严肃，感受着家长和社会的信任，掂量着教育的现实责任和时代使命，思索着对人性的尊重和对精神的关切，他心怀人类未来，前瞻新的世纪，他永远在追问：怎样的中小学才是好学校？什么是“真正的教育”？什么是“真正的人”？未来世界连同教育将走向何处？他在长年的教育实践中苦苦求索，在不间断的教育实验中验证答案，在广泛涉猎、持久深入的阅读中深思熟虑，通过勤奋写作及时总结，他沿着“教育学是人学”的线路前行，逐步形成了一整套独特的以人为本的教育主张，从而催生了举世无双的教育思想体系——苏霍姆林斯基教育思想。

还有，他坚守良知，敢讲真话，为人磊落，是一位真正的教育家。苏霍姆林斯基具有超越世俗的教育追求，拥有一颗美丽的心——以完美教育理想为血液循环的心。他满怀激情，又头脑清醒，在持续的阅读和不竭的实践中接触人类思想的精华，攀登教育理想的制高点，让自己的精神和心灵突破教条的桎梏，冲出时空的限制，超越四周的环境，凝成共产主义的教育信仰，在内心深处养成浩然之气，铸成不竭的精神力量。从而，他以“人民教师——民族的良知和青年的楷模”要求自己，鄙视对学术的无知与怠慢，嘲笑对物质的贪婪与迷信，拒绝对权力的膜拜和恐惧，批评教条主义和形式主义，抵御社会和个人的沉沦。所以，他即便面对“围剿”也总是朝气蓬勃，积极达观。他挺直腰杆，拒绝平庸，追求真理，在平凡中显得那么不平凡，从而显示出巨大的人格魅力。

那么，是否可概括地说：苏霍姆林斯基作出了怎样的教育贡献而令人们敬仰呢？

考察苏霍姆林斯基的一生，通览他公开发表和未及发表的全部著述，纵观其教育理论和实践的建树，可以简要归结为：在苏联教育界他作出了如下10个方面的贡献。

第一， 他在苏联教育界第一个公开提出“人是最高价值”，“教育学是人学，它的基础在实质上就是创造幸福。”（五卷本第三卷第783页）。在“阶级斗争为纲”的年代，他举起了社会主义人道主义的教育大旗，把马克思的“异化”论述应用于教育理论和实践，主张学校一定要把学生当人，真正当作“大写的人”， 把 “为了学生的欢乐和幸福”、全力“培养真正的人”作为教育的根本目的，这无异于石破天惊。

第二，他旗帜鲜明地反对普遍存在的形式主义和教条主义。苏霍姆林斯基认为必须反对教师照搬先人教条、学校只按行政指令办事的倾向。他特别提倡教育要面向每个具体的学生，他指出：“请记住，没有也不可能有抽象的学生。”他批评道，有教师在谈到教育教学要“面向学生”时，这里的“学生”，通常被理解为“中等的”“抽象的”学生，其实，这根本不存在；教师面对的是一个个活生生的学生，只有从每个学生的具体实际出发开展教育教学，并努力走进他的心中，这才真是面向学生。所以，他在写作中总是会采用学生名字（隐去了姓氏），展示一个个鲜活的学生个性，在他那里看不到教条主义和形式主义的影子。

第三，他带头成功地实现了课堂教学改革。他提出了“要引导孩子参与学习”“要教会学生学习”“要丰富学生的智力生活”。他提出了“蓝天下的学校”，从早期教育开始，就让学习充满吸引力，孩子就参与教学； 他主张从小就把学习工具交给学生，打好学习技能的基础，熟练掌握“五把刀子”

（读、写、算、观察、表达），读、写、算要达到半自动化程度；他制订了“第二教学大纲”，开发新的课程，主张课内课外学习时间之比需达到1:1，为学生扩展和丰富智力背景提供条件；他十分关注培育学生的学习兴趣，形成稳定的学习意愿，增强持续的学习动力；他主张教师改进与学生的交往风格，努力营造“充满爱的课堂”“有情感的课堂”，形成良好的“智力情感场”。事实上，苏霍姆林斯基在巴甫雷什中学就构建了以“教学三原则”——需要、难度、愉悦为核心的，特有的“苏氏教学法”体系，其内涵为：①趣味性教学——千方百计让孩子（后进生）“喜欢”学习、“参与”学习；②发展性教学——发展学生的思维、情感、创造力等；③研究性学习——三年级起就布置课题研究型作业，引导学生参与课题研究；④合作性学习——在小组讨论中交流智能与情感，在完成学习任务中发展个性；⑤个性定向性教学——发现每个学生的特长，针对学生的实际，强化个别指导，提供展示机会，促进学生个性发展。

第四，他力排众议改革教育教学评价，提出在（低年级）教育和教学中可以“取消消极性评价（不打不及格）”，延迟采用分数评价，甚至可以取消分数，以全力爱护和增强每个孩子的自信心，给学生以适度的空间和自由。他指出：“在学习中取得成就——这一点，形象地说，乃是通往儿童心灵中燃烧着‘想成为一个好人’的火花的那个角落的一条蹊径，教师要爱护这条蹊径和这点火花。”在他眼里，学校应是人生的启蒙园，是前进的加油站，课堂是增强学生学习兴趣和动力的场所。教师如果用消极性评价挫伤学生的积极性，用坏分数做皮鞭抽打孩子的自信心，这无异于对学生犯罪。

第五，他第一个明确提出“广义德育”的概念。他指出“应当把学习和掌握知识的过程，放在广义的德育计划中，当作集体和个性生活的一部分”，要“发挥教学的德育作用，并找到帮助学习困难学生的策略”。他反对把德育从教育教学中剥离出来，主张综合地、有机地实施德育。他反对好高骛远，提出了脚踏实地的德育要求，其中，放在首位的是公民（平民）德训：“三热爱”（热爱劳动、粮食、老百姓），“四崇拜”（崇拜祖国、母亲——人、书籍、母语），是基本的做人准则。他认为，道德目标应当有切实的基点，即以善良——设身处地为他人着想的善良，加上正义感——不容忍恶行的正义感作基点，在此基础上，包涵着从“平民”（公民）目标到“圣贤”目标的广阔区间内的自由选择及逐步提升。

第六，他第一个公开指出“在苏联的共产主义社会中存在恶行”，提出必须加强精神和心灵的教育。他在教育学研究中引进了“精神”（相对于“肉体”）“灵魂”“心灵”“良心”“生命”“死亡”“爱情”“意愿”“情感”“欢乐”“幸福”等诸多概念，突破了经典苏联教育学的刻板教条，从根本上改造其概念系统。他由此提倡教育走进学生心灵，深入学生精神生活，增强学生崇尚真善美的情趣，重视提高孩子识别和反对假丑恶的觉悟、能力，为切实搞好公民（平民）人格教育，培养“真正的人”打下扎实的基础。

第七，他第一个提出学校的“情感文化”，提倡建设“情感文明”，提高教师的情感素养。苏霍姆林斯基认为，不重视学生的情感就是没有真正把学生当人。他要求教师：将认知与情感有机结合起来，十分密切地关注学生的体验、感受；在确立教育目标时，把切实培养学生的自尊感、同情心、正义感放在第一阶段，并把培养责任感、友谊感、成就感、舒适感等纳入其中；从排除师生交往障碍入手，切实建立情感沟通，开展师生精神交往，真正注入关爱（自爱，爱人类）并强化之，形成积极情感的正向循环，从而构建学校和班级的良好情感氛围。

第八，他第一个挑战了苏联经典教育学的写作风格，开创了用散文方式撰写教育专著的先河。苏霍姆林斯基反对撰写教育著述时普遍存在的不良倾向——程式固化，面孔铁板，矫揉造作，故弄玄虚，烦琐冗长，不知所云。他带头把教育著作写得通俗、形象、生动、有激情，写得人物灵动，富有情境性，让读者如临其境，喜欢阅读，读有所得。他指出，教育学著述的精髓在于朴素、本真、实用。

第九，他在教育界大胆亮起了“自由”的旗帜。他反对把纪律和集体作为教育的目的，认为必须将其视作教育的手段，他提倡“对待孩子就应如对待一个自由的生命体”“孩子是学习的主体”，要真正尊重学生的民主权利，主张给学生以选择自由，培养自由意志，学习自我评价，要求学生将“学习中的自由”与“做人的责任”适度结合，承认以约束为前提的自由；他反对校长和教师独断专行，主张指导学生学习民主操作和参与民主管理（班级及学校的管理），彻底挑战了专制教育思想；他认为，这些都要从课堂、班级和家庭做起。

第十，他第一个公开批评马卡连科的集体教育思想，指出其中的诸多缺陷，挑战了理论权威。苏霍姆林斯基在不久前解密的《前进》一文中指名批评前辈教育家马卡连科，列数其如下错误：机械搬用马克思关于集体的论述，把集体看作教育的目的，以“平行影响原则”削弱教师自身的教育作用，把学校的纪律看成“斗争”的纪律，在解决个人与集体矛盾时主张“毫不留情”……他坚持正确的方法论，以过人的理论勇气，从实际出发，独立思考，始终坚持了教育本质的人文性、教育研究的整体性和教育理论的实用性；提倡教育回归到人性之本，以人为目的，深入学生的心灵。

至此，我们可以看到：苏霍姆林斯基是模范的实践家，是渊博的理论家，是深刻的思想家。苏霍姆林斯基作出的贡献是非同一般的，是伟大的，他将被载入人类教育史册。

著名的教育学专家朱小蔓教授曾经这样写道：“苏霍姆林斯基教育思想是国际全民教育进程的不熄灯塔”“苏霍姆林斯基的确是一位伟大的思想先锋、思想的超前者、卓越实践的创造者。对他思想和实践的诠释在现今时代依然有巨大的张力，依然具有无穷的魅力”。

毋庸讳言，苏霍姆林斯基并不是神，如同历史上任何一位伟人那样，他也不可能十全十美；阅读他的著作，可以感到些许历史局限，或称时代烙印。但是，这恰恰证实，在我们面前的是一个真实的苏霍姆林斯基，是一个活生生的苏联农村中学校长，是一位满怀教育激情的、勇于改革教育的实践家和理论家。我想，某些历史的局限丝毫不影响苏霍姆林斯基的高大形象和不朽精神。

读着苏霍姆林斯基的著作，我们总会不断感到汗颜，因为他书中的话语似乎就是对我们的拷问，它们就在敲打着你的心——每个有良知的教师的心！读着他的书，我们又总感到眼明心亮，因为他的教诲总给有时迷惑的我们指明解决问题的思路、前行的方向。

掩卷沉思，我们仿佛看到：苏霍姆林斯基就站在我们面前！

是啊！他在深情地期盼着我们……

吴盘生

2016年10月